Proudhon, 1864. Eigener Scan vom Original.

Pierre-Joseph Proudhon
DIALEKTIK DER DEMOKRATIE

Texte 1848-1863

herausgegeben
von Stefan Blankertz

edition g. 132

Rothbard Institut
FÜR IDEOLOGIEKRITIK

Verlag: BoD · Books on Demand GmbH
In de Tarpen 42, 22848 Norderstedt, bod@bod.de
Druck: Libri Plureos GmbH
Friedensallee 273, 22763 Hamburg
© 2025 Stefan Blankertz
ORCID-iD: 0009-0009-0352-548X
editiongpunkt.de
Alle Rechte vorbehalten

ISBN 978-3-7583-5150-1

INHALT

«Wer Sozialismus im wahren Sinne des Wortes sagt, meint damit Freiheit von Handel und Industrie, Gegenseitigkeit der Versicherung und des Kredits, Gleichgewicht und Sicherheit der Vermögen, Teilhabe des Arbeiters an den Gewinnen der Unternehmen und Unverletzlichkeit der Familie bei der Weitergabe des Erbes. Die Demokratie dagegen neigt zum Kommunismus, nur per Kommunismus kann sie sich Gleichheit vorstellen. Was sie braucht, sind Obergrenzen, Zwangsanleihen, progressive und verschwenderische Steuern, begleitet von sozialstaatlichen Einrichtungen, Hospizen, Asylen, Kinderkrippen, von Staatsunternehmen, Rentenkassen, Spar- und Hilfsfonds, der ganzen Ausrüstung der Armutsverwaltung und der Uniformierung des Elends. Vor einem Volk von gelehrten Arbeitern, die gleichermaßen denken, schreiben und mit Hacke und Hobel umgehen können und deren Frauen in ihren Haushalten ohne Dienstboten auskommen würden, würde sie zittern. Sie freut sich über die Erbschaftssteuer, die die Familie zerschlägt und das Eigentum in die Hände des Staats legt.» – *Proudhon*, 1863[1]

---

[1] Aus: *Du Principe fédératif et de la Nécessité de reconstituer le Parti de la Révolution*, Paris 1863, S. 135f. Aus Gründen der Verständlich- und Lesbarkeit ist das Zitat hier etwas gekürzt; vollständig auf S. 259f.

EINLEITUNG

Der größte aller Sozialisten sei Proudhon gewesen, sagte der deutsche Anarchist Gustav Landauer 1911.[1] – Welche Art Sozialist? Und was zeichnete ihn vor den anderen aus?

1848. Ganz Europa im Revolutionsfieber. Im Februar begann es in Frankreich, die Revolution fegte die harmlose, aber konservativ-verstaubte Monarchie des Bürgerkönigs hinweg, die nach der Julirevolution 1830 inthronisiert wurde, um sie durch eine liberale und soziale Demokratie zu ersetzen. Im Monatstakt folgten Italien und Deutschland, mit weniger Erfolg. Die deutschen und italienischen Revolutionäre mischten als Zutat in ihre Forderungen die nach nationaler Einheit.

Weil die Revolution von 1848 zu der unmittelbaren Vorgeschichte der heute herrschenden bürgerlichen Demokratie zählt, wird in der offiziellen Geschichtsschreibung der Eindruck erweckt, beim Programm der Revolutionäre habe es sich mehr oder weniger um ein stimmiges, also harmonisches Ganzes gehandelt. Sie wollten alle ungefähr das Gleiche und das, was sie wollten, hätte auch ohne innere Widersprüchlichkeit umgesetzt werden können, wenn die monarchistische Reaktion es nicht verhindert hätte. In ihrem berühmt-berüchtigten *Kommunistischen Manifest* setzten Karl Marx und Friedrich Engels sich zwar bereits theoretisch von der Ideologie der bürgerlichen Demokratie ab, schlossen das Manifest jedoch mit zehn Forderungen, die in keiner Weise über sie hinaus gingen.

---

[1] Gustav Landauer, *Aufruf zum Sozialismus* (1911), Köln 1923, S. 43. In meiner Lieblingsausgabe, herausgegeben v. Heinz-Joachim Heydorn, Frankfurt/M. 1967, S. 93.

Marx brauchte mehr als 25 Jahre, um sich am Paradigma der 1848er abzuarbeiten: 1875 kritisierte er das Gothaer Programm der Vorläuferorganisation der SPD, in dem die Forderungen von 1848 einfach fortgeschrieben wurden. Das Kind war allerdings bereits in den Brunnen gefallen. Der realpolitische Einfluss des Marxismus, sei es in der reformistischen Variante der Sozialdemokraten, sei es in der späteren revolutionären Variante der Bolschewisten, nachher: Kommunisten, zielte darauf ab, die Staatsgewalt auszubauen. Alle kritischen Ansätze, die Marx vorsichtig von Proudhon gelernt hatte (ohne es je einzugestehen), blieben graue Utopie.

... Proudhon, *wer*? Pierre-Joseph Proudhon, 1809 bis 1865, französischer Demokrat und Sozialist und allem voran Hegelianer, hatte 1840 den Anarchismus als politische Idee und revolutionäre Bewegung aus der Taufe gehoben. Anarchismus, Anarchie: Es geht auch ohne Herrschaft, es geht besser ohne Herrschaft. Unter Demokratie verstand Proudhon nicht stupides Abstimmen beliebiger Massen über Dinge, die sie weder verstehen noch etwas angehen, sondern die Entscheidungsfindung in überschaubaren und freiwilligen Gruppen. Unter Sozialismus verstand Proudhon nicht die bürokratischen und diktatorischen Prozeduren in zentralstaatlichen Verwaltungseinheiten, sondern den lebendigen Austausch und die mitmenschliche Solidarität ohne äußeren Zwang.

Mit beiden Kennzeichnungen setzte Proudhon sich in Gegensatz zu den herrschenden Interpretationen der Revolution, und zwar ganz besonders in Gegensatz zu deren nationalistischen Aspekten.[1] Nicht aber in Gegensatz zu

1 Vgl. Proudhon, *Für dezentrale Nationen*, Berlin 2022. Drei von mir erstmals deutsch edierte Texte aus den Jahren 1862 und 1864 gegen die zwangsstaatliche Vereinigung Italiens. Vgl. auch Michael Bakunin,

den wirklichen Bestrebungen des Volks. Sicher kann man ein kritisches Fragezeichen machen hinter Proudhons manchmal mystifizierende (und sehr hegelianische) Bezugnahme auf einen Gesamtwillen des Volks, der sich nicht unmittelbar ausdrückt. Diese Bezugnahme ist nicht nur theoretisch wenig überzeugend, sondern sie lässt sich auch politisch übel missbrauchen als Legitimierung einer revolutionären Avantgarde, die weiß, was das Volk ‹eigentlich› wolle. Diese Gefahr ist bei Proudhon allein dadurch gebannt, dass er für Demokratie und Sozialismus als einzige Voraussetzung die Freiheit proklamierte. Er sah die Gefahr des Missbrauchs auch selber: In einer meisterhaft ironisch komponierten Passage des folgenden Textes[1] fragt er, wie das Volk sich denn äußere und auf welch eine Weise festgestellt werden könne, dass diese Äußerung authentisch sei, ganz abgesehen von dem Problem, ob das Volk sich wohl irren könne. Hervorzuheben ist wiederum das Datum, zu welchem Proudhon dies schrieb: 1848. Wie Bakunins Prophetie zum Charakter der marxistischen Diktatur, formuliert im Anfang der 1870er Jahre, lässt diese Passage sich lesen als hellsichtige Kritik der quasi-religiösen Anbetung der Massen, derer sich die Kommunisten nach 1917 befleißigten.[2]

Und bei all dem war Proudhon kein verschrobener Einzelgänger oder Außenseiter. Obgleich weder ein begnadeter

---

Unterschied ist Leben, Harmonie der Tod: Brief 1872, ebenfalls erstmals von mir in Deutsch ediert (Berlin 2020).

[1] Siehe S. 43-46 sowie 50-57.

[2] Ein verspäteter – und insofern auch grotesker – Widerhall quasi-religiöser Anbetung der Massen fand sich in den *Männerphantasien* Klaus Theweleits (1977): Der faschistischen Männerphantasie einer straff geführten Masse stellte er die führerlose, unendlich kreative und befreite kommunistische Masse entgegen, die es, wie er sehr wohl wusste, nie gegeben hat (und nie geben wird).

Organisator noch ein charismatischer Redner, wurde die von ihm entworfene anarchistische Philosophie zu dem bedeutendsten Motor der revolutionären Bewegung in Frankreich und, nachdem der Russe Michael Bakunin (sowohl ein Charismatiker als auch ein Organisator) Mitte der 1860er Jahre seine Nachfolge als der Fürsprecher der Anarchisten angetreten hatte, in Europa, in den USA und in Lateinamerika. Dies änderte sich erst mit dem erfolgreichen Staatsstreich der bolschewistischen Marxisten in Russland 1917.[1]

Wenn es um die revolutionäre (‹linke›) Heranziehung von Hegels Philosophie geht, wird meist auf Marx und das Umfeld der deutschen Junghegelianer verwiesen. Die Junghegelianer waren aber hauptsächlich mit Atheismus beschäftigt. Es war *Proudhon*, der Hegel verwandelte in einen revolutionären Soziologen.[2] Nun ist bekannt, dass Hegels Eigenverständnis dahin ging, die konservativ-preußische aufgeklärte Monarchie zum höchsten Gipfel des Geistes zu erklären, und dass er mit Lobliedern auf den Staat nicht hinterm Berg hielt. Wie konnte Proudhon ihn zum Schutzheiligen des Anarchismus machen?

Allen Lobliedern auf den Staat zum Trotz hatte Hegel dem Staat weder Zweck noch Funktion zugeschrieben. Der Gang der Geschichte – der gern bespöttelte Weltgeist – führt laut Hegel über das zunehmende Selbstbewusstsein der Menschen zur Verwirklichung von Freiheit. Der Staat bzw. die Verfassung des Staats ist nicht der Motor dieser Entwicklung, sondern deren bloßer Ausdruck. In diesem

---

1 Vgl. Stefan Blankertz, *Nur ein altmodisches Liebeslied? Glanz und Elend des klassischen Anarchismus*, Berlin 2023.
2 Und das noch vor Max Stirner, dessen *Einziger und sein Eigentum* 1845 erschien.

Sinne führt der Staat gar keine sozialen Aufgaben aus. Sie werden durch die Gesellschaft übernommen. Man kann da tatsächlich auf die Idee kommen, dass die Entwicklung zur Freiheit den Punkt erreicht, an dem der Ausdruck über eine zentrale Staatsgewalt überflüssig ist. Friedrich Engels' Formel vom «Absterben des Staats» geht direkt auf Proudhon zurück, außer dass für Proudhon dieses Absterben weder in ferner Zukunft stattfindet noch eine dazwischengeschaltete Diktatur braucht, sondern so rasch als möglich beginnt.

Für Proudhon hat die Freiheit eine politische, soziale und wirtschaftliche Form. Durch diese Einbeziehung der wirtschaftlichen Freiheit unterscheidet Proudhons Ansatz sich von dem aller anderen Sozialisten, wie er selber bemerkte[1] und wie Bakunin später hervorhob: Als einziger unter den Sozialisten hatte Proudhon keine Tendenz zur Bevormundung.[2] Die politische Freiheit sah Proudhon in Dezentralisation und (freiwilliger) Föderation, die soziale Freiheit in Selbstorganisation und die wirtschaftliche Freiheit in einer auf Gegenseitigkeit gegründeten Eigentumsordnung (Mutualismus). Dies scheint derzeit sehr weit weg von einem politischen, sozialen und wirtschaftlichen Alltag, der seit 200 Jahren auf eine Festigung der Gewalt des Staats hinausläuft. – Insofern ist Proudhons hegel'scher Optimismus, die Menschheit sehe in naher Zukunft einer glänzenden Freiheit entgegen, widerlegt. Der beklagenswerte Zustand der Erde mit fortgesetzter Unterdrückung und andauernden Kriegen lässt freilich Proudhons Heilmittel aktuell werden.

1 Vgl. Pierre-Joseph Proudhon, *Les Confessions d'un Révolutionnaire, pour servir à l'Histoire de la Révolution de Février*, Paris 1849, S. 71.
2 *Le Socialisme* (1867), in: Michel Bakounine, Œuvres, Band 1, hg. von Max Nettlau, Paris 1895, S. 39.

Proudhons Argument 1848 gegen Gewaltenteilung und allgemeine Wahl (mit dem er an Rousseau anschließt),[1] dass in ihnen die Volkssouveränität sich nicht würde abbilden lassen, kann man lesen als Bolschewismus: Eine Elite von Avantgarde-Revolutionären weiß, was das Volk will. Sein Bedauern über den Krieg gegen die Reichen und sein Insistieren auf Klassenfrieden[2] kann man wahlweise lesen als faschistischen Korporatismus oder als Vorwegnahme der Sozialen Marktwirtschaft. Und in der Tat fallen aufgrund seines an Hegel motivierten dialektischen Stils Sätze, die ihm mal das Aussehen eines Bolschewisten, mal eines Faschisten, mal eines Ludwig Erhard verleihen,[3] wenn man sie aus ihrem Zusammenhang der Dialektik reißt. Dass er alles dies nicht ist, wird erst dann klar, wenn man hinzunimmt, dass *Freiwilligkeit* oberstes Prinzip für ihn darstellt. Avantgarde ohne Befehlsgewalt, Faschismus ohne Führer, Soziale Marktwirtschaft ohne regulierenden Staat gibt es nicht. Positiv ausgedrückt: Sofern sie alle auf den Einsatz eines regulierenden Staats verzichten, seien sie herzlich willkommen in Proudhons Welt.

Klassenkampf folgt bei Proudhon nicht wie bei Marx und Engels aus Produktionsverhältnissen, sondern aus der Relation soziologischer Gruppen zum Staat: Wenn sie ihn zum Instrument der Umsetzung ihrer Interessen machen, geraten sie in einen unauflöslichen Verteilungskampf untereinander. Innerer und äußerer Frieden ist nur jenseits des Staats zu erzielen.[4]

[1] S. 47f. Anders (?) im Text zum föderativen Prinzip 1863, siehe S. 259.
[2] Siehe S. 50, 64f, 74, 77, 89f, 137, 147-157.
[3] Als Ludwig Erhard, abwegig? Jedenfalls vertrat dies Thilo Ramm in seiner Edition einer Auswahl von Proudhons Schriften (1963).
[4] Vgl. hierzu Stefan Blankertz, *Das libertäre Manifest*, Berlin 2015.

In den Revolutionstagen Anfang des Jahres 1848 schrieb Proudhon einen Text mit dem unspektakulären Titel *Die Lösung der sozialen Frage*. Meines Wissens wurde dieser Text noch nie vollständig ins Deutsche übertragen. Er besteht in seinem ersten Teil aus dem Nachdenken über die Rechtmäßigkeit der Revolution und im zweiten Teil aus dem über die negative Dialektik der Demokratie: Einerseits steht die Demokratie für die Freiheit des Volks, anderseits entwickelt sie sich zum Instrument von dessen Unterdrückung. Jenen zweiten Teil habe ich in meiner Edition an die erste Stelle gesetzt, weil der erste Teil mehr zeitbezogene Anspielungen enthält, die von heute aus gesehen erst interessant werden, wenn man Proudhons Dialektik der Demokratie verstanden hat.

1863, kurz vor seinem frühen Tod im Januar 1865 aufgrund der Spätfolgen einer Cholera-Infektion von 1850, schrieb Proudhon das Pamphlet *Vereidigte Demokraten und ihre Widersacher*, in welchem er noch einmal auf die grundsätzlichen Bedingungen für eine wahre Demokratie im Gegensatz zu einer Rechtfertigung der seelenlosen Staatsmaschinerie einging. Auch er ist meines Wissens noch niemals zuvor auf Deutsch erschienen.
Was war 1863 anders als 1848? Zunächst einmal: Es gab keine revolutionäre Situation. Zwar herrschte in Frankreichs Bevölkerung ein gewisser Unmut und ein gewisser Überdruss über die autoritär-demokratische Führung unter Kaiser Napoléon III – einen Kaiser, den das Volk mit großer Mehrheit vor 15 Jahren zum Präsidenten gewählt hatte, dessen Putsch zum Diktator auf zehn Jahre es per Plebiszit ebenso sanktionierte wie seine Ernennung zum Kaiser. Zur Aufbesserung seines Images bot der siegesgewisse Kaiser seiner republikanischen Opposition eine

einigermaßen faire Wahl an. Alles, was er verlangte, war, dass jeder Kandidat einen Treueeid auf den Kaiser leisten muss, um zur Wahl zugelassen zu werden. Liberale (soweit sie sich nicht sowieso schon in den Dienst der Regierung gestellt hatten), Demokraten und Staatssozialisten, die gemeinsam die republikanische Opposition ausmachten, witterten ihre Chance: Sie erstellten *en bloc* Kandidatenlisten, leisteten den Eid und riefen die Bevölkerung dazu auf, sich als Wähler registrieren zu lassen. Proudhon, gerade hatte der schwer Kranke das Tauwetter in der Herrschaft des Kaisers genutzt, um aus seinem belgischen Exil in die geliebte Heimat zurückzukehren, sagte ‹Nein!› und riet dem Volk in einem Pamphlet von 100 Seiten, das ich hier zum ersten Mal in deutscher Sprache präsentiere, sich der Stimme zu enthalten. Der Regierungspartei erklärte Proudhon, dass sie sich durch die weiterhin in Kraft bleibenden Beschränkungen der freien Wahlen in einem Selbstwiderspruch befinde: Sie berufe sich auf die Zustimmung des Volks (nicht auf göttliche Einsetzung des Kaisers),[1] behindere jedoch die Artikulation dieser Zustimmung, die natürlich und logisch die Möglichkeit einschließen müsse, dass das Volk der Regierung des Kaisers seine Zustimmung verweigere. Der (republikanischen)[2] Opposition hielt Proudhon entgegen, dass sie, indem sie

[1] Der Kaiser war nicht nur per Plebiszit legitimiert, sondern ließ seine Regierung vom Volk wählen und war dem Parlament verantwortlich. Sein ‹Prärogativ› – das übergesetzliche Vorrecht des Regenten – blieb auf wenige Sachverhalte beschränkt.
[2] Es gab auch eine monarchistische Opposition, die Proudhon kaum ansprach. Sie befand sich ebenfalls in einem Selbstwiderspruch, weil sie für die Legitimität einer Regierung keine Zustimmung des Volkes, vielmehr die göttlich gegebene Erbfolge der Monarchie reklamierte, gleichzeitig die Zustimmung des Volkes zu diesem Prinzip anstrebte; andernfalls hätte sie sich nicht zur Wahl stellen dürfen.

den Eid auf den Kaiser leiste und die Beschränkungen der freien Wahlen – wie Pressezensur und ein eingegrenztes Versammlungsrecht – akzeptiere, das System des Kaiserreichs legitimiere und dergestalt ihre Opposition absurd mache. Dabei argumentierte Proudhon streng innerhalb der Idee der Demokratie, da sein Punkt der Selbstwiderspruch war. Seine Kritik an der Demokratie, die er 1848 formuliert hatte, scheint nur an manchen Stellen durch. Dass er diese Kritik nicht zurücknahm, machen die beiden Ausschnitte klar, die ich aus seiner Monographie zum föderativen Prinzip entnehme, ebenfalls 1863 erschienen, und die ich anschließend wiedergebe.

Wie ist diese Wahl ausgegangen? Frankreichs Population betrug 1863 rund 37 Millionen Menschen, darunter etwa 30 % Minderjährige. Bloß Männer waren wahlberechtigt, daraus ergibt sich ein Potenzial von rund 12,5 Millionen Wählern. Von diesen haben sich ungefähr 10 Millionen, also 80 %, zur Wahl registrieren lassen, eine recht hohe Rate. Freilich gaben nur kaum mehr als sieben Millionen eine Stimme ab, egal ob gültig oder nicht. Das ist eine erstaunliche Differenz. Drei Millionen schrieben sich in die Liste ein, nahmen das Wahlrecht aber nicht in Anspruch. Die Gründe hierfür kennen wir nicht; ich will keineswegs ableiten, dass es in Frankreich damals drei Millionen Anhänger Proudhons gab. Die republikanische Opposition erhielt knapp über eine Million Stimmen, wenig mehr als die Monarchisten. Wenn Proudhon zur Wahl aufgerufen hätte, wäre die republikanische Opposition im Parlament eventuell doppelt so stark vertreten gewesen,[1] und dort hätte sie, was Proudhon in seinem Pamphlet präzise dar-

1 Proudhon rechnete mit ca. 500 000 Stimmenthaltungen aufgrund seines Aufrufs (siehe S. 234; vgl. auch S. 226), sodass man sagen kann, sein Erfolg sei gut und gerne doppelt so groß gewesen wie erhofft.

legte, kein Bisschen zusätzlich gegen die überwältigende Mehrheit der Bonapartisten ausrichten können.

Und wie Proudhon ihnen verhieß, kam die Botschaft der Nichtwähler beim Kaiser an, wie indirekt auch immer. Im Parlament ergab sich eine Zusammenarbeit der liberalen Kräfte innerhalb der Bonapartisten mit Republikanern; die Liberalisierung wurde fortgesetzt. Aber wie Proudhon treffsicher prophezeite, reichte es keineswegs, um Frankreich zu stabilisieren. Militärische Abenteuer, Kolonialismus[1] und politische Begünstigung von wirtschaftlicher Monopolisierung führten zu einer Erosion, bis sich 1870 beim Krieg gegen Preußen zeigte, dass die einst so stolze Nation völlig marode geworden war. In der Niederlage Frankreichs triumphierte der Proudhonismus: Die Pariser Kommune entstand, die, obwohl sie von der Staatsgewalt bloß kurze Zeit drauf brutal niedergeschlagen wurde, die revolutionäre Bewegung in ganz Europa für hundert Jahre beflügelte. Ihre Grundsätze waren der Föderalismus und Mutualismus Proudhons, der Aufbau der Gesellschaft aus autonomen Gruppen, die sich föderieren, und der Wirtschaft nach dem Prinzip der Gegenseitigkeit. Der Ruhm der Pariser Kommune war so groß, dass selbst Marx nicht umhin kam, sie zu hofieren und fälschlich als eine Verwirklichung *seiner* Ideen auszugeben.

Zurück zu Proudhons Wahlpamphlet von 1863. Regierung und Opposition einen Selbstwiderspruch nachzuweisen

---

1 Kolonialismus wird auch heute meist noch als eine Ausbeutung der kolonialisierten Völker betrachtet. Proudhon ist neben den von ihm leider unterschätzten und abgelehnten Manchester-Liberalen einer derjenigen, die früh hinwiesen, dass die wirtschaftliche Nettobilanz des Kolonialismus für die Masse der Bevölkerung der den Kolonialismus betreibenden Staaten negativ ist. Er wurde nicht aus Gründen der Wirtschaftlichkeit betrieben, sondern aus Gründen des Ausbaus der Staatsgewalt. (Siehe S. 267-269.)

und damit zu hoffen, sie umstimmen zu können, ist das nicht reichlich naiv? Lassen sich Menschen und vor allem politische Parteien von ihrem Kurs abbringen, wenn man zeigen kann, dass sie einem Selbstwiderspruch erlegen sind? Beruhen Leitlinien der Politik nicht vielmehr auf ökonomischen oder sonstigen Interessen statt logischer Widerspruchslosigkeit und Reinheit der Ideen? Genau das ist es, was Proudhon entlarven wollte. Sein Pamphlet gegen die Wahlbeteiligung ist ein gutes Stück Ideologiekritik. Mit ihm zeigt er auf, dass es gerade nicht die Idee der Demokratie (des allgemeinen Wahlrechts) ist, die die Politik von Regierung und Opposition leitet. Wenn es jedoch eure Interessen sind, die ihr mit der Macht durchsetzen wollt, sagte Proudhon, dann bitte seid so ehrlich, diese vor dem Volk zu nennen. Aber wird es euch dann noch zustimmen? Proudhon hegte die vielleicht wirklich naive Hoffnung, dass dem nicht so wäre.

Im Wikipedia-Eintrag wird nahegelegt, Proudhon habe sich an Napoléon III gewandt, um seine Ideen mit dessen Hilfe durchzusetzen, weil das Volk ihm nicht folgte.[1] Der, der ihn einsperren ließ und damit sein Volksbank-Projekt zerstörte! Die Texte, auf die sich derlei Unsinn stützt, habe ich ediert.[2] Die möglichen Passagen sind bitterböse Satiren. So fasste die Zensur des Kaisers sie auch auf und kürzte die Veröffentlichung – in Frankreich durften sie überhaupt bloß deswegen erscheinen, weil die Regierung von Napoléon III schwächelte und ihre Zensur lockerte, um die Unterstützung von den Liberalen zu gewinnen. Im

---

1 «Nachdem Louis Blanc in der Bevölkerung eine weitaus größere Anhängerschaft gefunden hatte, versuchte Proudhon, Napoléon III zur Unterstützung seiner Pläne zu gewinnen.» Stand 11. 9. 2024. Ob Louis Blanc tatsächlich mehr Anhänger hatte, ist fraglich.
2 Pierre-Joseph Proudhon, *Für dezentrale Nationen*, Berlin 2022.

Wahlpamphlet von 1863 gibt es Passagen, die ebenfalls als Zustimmung zum Regime verstanden werden können, so man den ironischen Ton überhört.[1]

Als Bakunin nach Proudhons Tod dessen Erbe antrat und Integrationsfigur des Anarchismus wurde, traf er zwei begriffliche Entscheidungen, die sich mittelfristig als verhängnisvoll erwiesen – das Festhalten am positiven Gebrauch der Worte Sozialismus und Demokratie. Die herrschenden Verhältnisse undemokratisch zu nennen und wahre Demokratie zu fordern, wirft Proudhons eine Frage auf: Sollen fünfzig plus ein Prozent über fünfzig minus ein Prozent ungebremst herrschen?[2] Wie drückt sich der wahre Wille des ganzen Volks aus?[3] – Und Sozialismus zu fordern, wirft Proudhons andere Frage auf: Soll die Gewalt des Staats eingesetzt werden, um gegen die Minderheit oder sogar gegen die Mehrheit eigene Überzeugungen durchzusetzen? Was werden die Folgen sein? Sicherlich nicht Wohlstand, sondern Elend für alle![4] Proudhon 1848. Man hätte es wissen können. Man hat es gewusst. Und ist dennoch in die falsche Richtung marschiert.

Für eine Dialektik der Demokratie. – «Die Auflösung der natürlichen Gruppen bei den Wahlen wäre die moralische Auflösung der Nation selber, der Ruin des allgemeinen Wahlrechts und die Verneinung des Gedankens der Revolution.» – *Proudhon*, 1863.[5]

1 Siehe S. 215-218.
2 Siehe S. 69; vgl. auch S. 70.
3 Siehe S. 46-57.
4 Siehe S. 77; vgl. auch S. 74.
5 Siehe S. 180. – Eine jener Stellen, auf welche Martin Buber in *Pfade in Utopia* (1945) Bezug nimmt.

1. Aus dem demokratischen Prinzip, aus dem allgemeinen Wahlrecht, folgen nach Proudhon drei Grundsätze. Der erste Grundsatz ist Versammlungs- und Pressefreiheit. Dies würde heute keiner mehr bestreiten; damals musste er dies umständlich herleiten und begründen. Und obwohl kontextlos gesehen kein heutiger Demokrat die Notwendigkeit der Versammlungs- und Pressefreiheit als Voraussetzung der Demokratie bestreiten würde, sieht das im Kontext des politischen Tageskampfes ganz anders aus. Selbst in den alten Demokratien Westeuropas und Nordamerikas kehren Zensur und Verbot missliebiger politischer Organisationen wieder.[1] Und dies hängt mit dem zweiten Grundsatz zusammen.

2. Der zweite aus dem demokratischen Prinzip folgende Grundsatz lautet, dass die Demokratie (die Mehrheit der Wähler) ihr Votum ändern kann. Auch dies scheint zunächst völlig unstrittig zu sein. Die Mehrheit kann heute die eine und morgen die andere Partei wählen, heute den einen, morgen den anderen Kandidaten ins Amt heben. Dabei kann sie mal für Auf-, mal für Abrüstung stimmen, mal für sozialistische, mal für liberale Reformen. Alles das wird einer Mehrheit zugestanden. Aber sie kann, und hier sieht man die ganze Genialität von Proudhon, auch sich selber negieren. Die Mehrheit kann dafür stimmen, die Versammlungs- und Pressefreiheit einzuschränken oder abzuschaffen. Das ist faktisch so, und Proudhon erkannte es bereits zu seiner Zeit, was uns dann erst schmerzlich durch die Wahlen von faschistischen, kommunistischen oder theokratischen Diktatoren deutlich wurde. Mit einer Mehrheit, die die demokratischen Grundrechte (Presse-

---

1 Die Behauptung, der Nationalsozialismus hätte durch Pressezensur und Partei- oder Vereinsverbot sich verhindern lassen, mein Gott, die ist historisch, ökonomisch, psychologisch und soziologisch abwegig.

freiheit, Versammlungsrecht) negiert, begibt die Demokratie sich in einen Selbstwiderspruch: Sie ist nicht mehr «mit sich selbst identisch», wie Proudhon es formulierte. Die Antwort der heutigen Demokratie lautet, dass dem Volk eben nicht erlaubt werden dürfe, per Mehrheitsbeschluss die Freiheit einzuschränken. Aber wir sehen hier die Wunde des Selbstwiderspruchs, auf die Proudhon den Finger legte: Dem Volk nicht zu erlauben, per Mehrheitsbeschluss die Freiheit einzuschränken, ist eine Einschränkung der Freiheit. Eine solche Einschränkung lässt sich praktisch bloß in der Weise umsetzen, dass man die Presse (heute: Medien) einer Zensur unterwirft sowie das Versammlungsrecht einschränkt.

3. Aber Proudhon war Dialektiker. Auf These und Antithese folgt die Synthese, und das ist der dritte Grundsatz, den Proudhon aus dem Prinzip des allgemeinen Wahlrechts meint, unmittelbar logisch ableiten zu können. Und dieser Grundsatz lautet, dass die im allgemeinen Wahlrecht auszudrückende Souveränität des Volks eben gar nicht darin besteht, die nummerische Mehrheit der abgegebenen gültigen Stimmen möge sich knallhart durchsetzen. Vielmehr bestimmt er die Allgemeinheit des Wahlvotums, mit welchem das Volk seine Souveränität artikuliert, als einen größten gemeinsamen Nenner all der widersprüchlichen Meinungen und Auffassungen im Volk. Das ist genau das, was Rousseau schon gesagt hatte.[1]

1 Weil die Formulierung entscheidend ist (und fast immer übersehen wird), hier zitiert nach dem Original des *Contrat Social*, 1762, S. 48: «& s'il n'y avoit pas quelque point dans lequel tous les intérêts s'accordent, nulle société ne sauroit exister. Or c'est uniquement sur cet intérêt commun que la société doit être gouvernée.» (Wenn es nicht einen Punkt gäbe, in dem alle Interessen übereinstimmen, könnte keine Gesellschaft existieren. Und nur nach diesem gemeinsamen Interesse darf die Gesellschaft regiert werden.)

Wenn dieser Grundsatz eingehalten wird, kann die Mehrheit niemals die Freiheit aufheben, es sei denn, es würde Einstimmigkeit herrschen (und selbst dann wäre die Freiheit nicht eingeschränkt, weil es niemanden gäbe, dem man sie nehmen könnte). So bleibt das allgemeine Wahlrecht «identisch mit sich selbst». Nun erhoben damals Politiker ein Geschrei, wie sie es auch heute tun: Unter dieser Voraussetzung sei aber keine Politik zu machen, die Gegner könnten jede politische Aktion per Veto verhindern. Proudhon, der erste Anarchist, lacht sich hier ins Fäustchen und schmunzelt: Um so besser. Wenn ihr es nicht schafft, die verschiedenen Meinungen und Interessen unter einen Hut zu bringen, dann tut ihr besser daran, von einer Umsetzung Abstand zu nehmen.

Aus dem dritten Grundsatz leitete Proudhon ein weiteres Prinzip ab: Föderalismus. In einer Wahl, in der Millionen Menschen zur Abstimmung aufgerufen sind, drücke die Volkssouveränität sich sowieso niemals aus. Hier wiegt die Stimme jedes Einzelnen fast nichts. Sie wird auch zu einem nahezu beliebigen und willkürlichen Akt. Es sind zu viele Dinge, über die zugleich abgestimmt wird: über Pakete von politischen Maßnahmen, deren Konsistenz alles andere als sicher ist, und über Kandidaten, die dem Wähler nahezu unbekannt sind, ausgenommen in den Selbstdarstellungen des Wahlkampfs. Örtliche Gegebenheiten und Belange gehen unter. Wir sehen auch heute in den extrem zentralisierten Staaten, dass bei regionalen Körperschaften der kleinsten Einheiten Parteienpolitik kaum noch eine Rolle spielt und die gemeinsamen Interessen im Vordergrund stehen, dass Einstimmigkeit viel leichter zu erzielen ist. Neben diesen regionalen Körperschaften bezog Proudhon aber auch die nicht-regionalen Körperschaften in sein föderalistisches Prinzip ein, freie

Vereinigungen, in denen sich gemeinsame Aufgaben und Interessen bündeln.

Von Proudhons beiden Schattenseiten – Antisemitismus und Frauenfeindlichkeit – ist in den vorliegenden Texten wenig zu spüren. Zwei antisemitische Ausfälle leistete er sich. 1848 aber nicht dort, wo von Spekulanten die Rede ist,[1] sondern in einer allgemein gehaltenen Bemerkung.[2] 1863 in einer schlichten Aufzählung von Personen, denen er nicht wohlgesonnen war.[3] Beide Ausfälle zeigen, dass Antisemitismus beim Wort genommen die Enthaltung von jeder Ratio oder Logik ist, denn an beiden Stellen macht es gar keinen Sinn, einer durch Abstammung oder Religion definierten Gruppe eine soziologische Rolle zuzuschreiben. Insofern stellen sie im Text Proudhons unerklärliche Fremdkörper dar: sie ließen sich streichen, ohne die Aussage zu verändern. Antisemitismus ist Teil seines ganz persönlichen Wahns, nicht aber Teil seiner Argumentation oder Philosophie.

Anders liegt die Sache bei einer Fußnote, mit der er im letzten hier aufgenommenen Text, einem kurzen Kapitel aus der ebenfalls 1863 erschienenen Abhandlung über das föderalistische Prinzip, zum in jener Zeit gerade stattfindenden amerikanischen Bürgerkrieg Stellung nimmt. Eine Bemerkung könnte ihm als rassistisch angekreidet werden, wenn man sie aus dem Zusammenhang reißt, nämlich dass es den Schwarzen (was für eine hirnrissige Verallgemeinerung) an philosophischem Verständnis und körperlicher Schönheit gebreche. Freilich ist diese Bemerkung die Wiedergabe eines Vorurteils der weißen

1 Siehe S. 72, 108.
2 Siehe S. 150f.
3 Siehe S. 231.

Amerikaner. Es bleibt, wie ich zugestehen muss, etwas in der Schwebe, ob Proudhon es teilt (was beschämend und eines Soziologen unwürdig wäre), zumindest nennt er es ein Vorurteil, das er unter anderem auf die Bibel zurückführt – bei seiner Feindschaft gegen das Christentum im Allgemeinen und den Protestantismus im Besonderen kein Hinweis darauf, dass er dieses Vorurteil gutheißt. Nachdrücklich protestiert Proudhon gegen den Plan der Lincoln-Administration,[1] die befreiten Sklaven zwangsweise zu deportieren, entweder nach Afrika oder in eine wenig besiedelte Region der USA (im Gespräch war wohl Texas). Proudhon sagte richtigerweise vorher, dass, wenn die Deportation ausbleibe, die Schwarzen nicht etwa zu den Weißen ebenbürtigen Bürgern würden, sondern auf einen niedrigen Sozialstatus verwiesen blieben. Damit zeigte er sich nicht einverstanden. Ebenso hellsichtig ist Proudhons Bemerkung in diesem Zusammenhang, dass es die Brüderlichkeit unter den Völkern nicht fördere, wenn man Vorurteile verbiete oder so tue, als würden sie nicht existieren.

Ein Exkurs zum (niemals in Angriff genommenen) Plan Thomas *Jeffersons* zur Befreiung der Sklaven, die er zwar theoretisch forderte, für die er aber praktisch kaum etwas unternahm. Jefferson war wie Lincoln (aber eben offensichtlich anders als Proudhon) der Auffassung, dass nach einer Abschaffung der Sklaverei Weiße und Schwarze nicht ohne weiteres zusammenleben könnten. Er nannte als Gründe die Vorurteile der Weißen auf der einen, aber eben auch die Erinnerungen von Schwarzen an das ihren durch Weiße zugefügte Leid auf der anderen Seite. Sein

---

[1] Ein Plan, der in heutigen Hymnen auf Präsident Abraham Lincoln als Sklavenbefreier meist keine Erwähnung findet. Geschichte wird nach wie vor von den Siegern diktiert. Auch ChatGPT wiegelt ab.

Plan bestand jedoch nicht in Deportation. Die befreiten Sklaven sollten vielmehr mit Land, Vieh, Gerätschaft und vor allem auch mit Waffen ausgestattet werden. Sie sollten ihre eigene Nation bilden oder sich gegebenenfalls aus freien Stücken den USA anschließen. Diesen Plan hätte man zu dem Zeitpunkt, an dem er formuliert worden war, nämlich Ende des 18. Jahrhunderts, durchaus umsetzen können. Mitte des 19. Jahrhunderts möglicherweise nicht mehr. Wie dem auch sei, die Lincoln-Administration dachte in eine andere Richtung. Denn ihr Monogramm entsprach exakt dem, was Proudhon bekämpfte – demokratische Einheit.

Zurück zu Proudhons Schattenseiten. Frauenfeindlichkeit? In der Passage, wo es um die Bevölkerungsteile geht, die trotz des allgemeinen Wahlrechts nicht repräsentiert sind, zählt Proudhon ausdrücklich die Frauen auf.[1] Für 1848 stimmt es zwar nicht, wie er schreibt, dass noch nie jemand das Frauenwahlrecht vorgeschlagen hätte, denn in der Französischen Revolution forderte es Olympe de Gouges (1748-1793), die unter der Terrorherrschaft von Robespierre dann als Föderalistin hingerichtet wurde. Aber es scheint tatsächlich erst einige Jahrzehnte später ein brennendes Thema der Arbeiterbewegung geworden zu sein.

Einen Originalabzug des Portraits von Proudhon, das Titel und Frontispizseite ziert, habe ich erworben. Bin immer noch aufgeregt wie ein kleines Kind zu Weihnachten, die Reliquie in Händen zu halten. Das Portrait ist vermutlich kurz vor seinem Tod entstanden. Proudhon starb an den

---

1 Siehe S. 62-64. «Ihr eliminiert die Frauen.» Von Proudhons Liste großer Frauen mag man halten, was man will; deutlich wird, dass er mit dieser Eliminierung nicht einverstanden ist.

Spätfolgen der Cholera-Infektion aus den 1850er Jahren; im Gefängnis zugezogen? Er saß wegen Beleidigung des Präsidenten Louis Bonaparte, der sich kurz drauf zum Kaiser Napoléon III krönen ließ. Eine erneute Drohung mit Gefängnis für eine Veröffentlichung trieb Proudhon 1858 ins Exil nach Belgien. 1862 durfte er anlässlich einer Liberalisierung des Kaisers nach Paris zurückkehren. In dem Jahr vor seinem Tod Januar 1865 war Proudhon fast erblindet und schrieb seine letzten wunderbaren Essays mit Hilfe seiner Tochter Catherine (1850-1947).

Der Photograph ist Charles bzw. Carl Reutlinger (1816-1888), ein deutscher Pionier der Fotografie mit Studio in Paris. 54 Portrait-Photos sind von ihm überliefert. Der Abzug muss von Mitte der 1870er Jahre stammen, denn auf der Rückseite präsentiert er stolz seine Medaillen, darunter eine aus dem Jahr 1873 (Weltausstellung in Wien, «Medaille für Fortschritt»).

Auf die Existenz des Photos und die Tatsache, dass es ein Antiquar feilbietet, stieß ich im Rahmen der vorliegenden Proudhon-Edition. Die Texte entdeckte ich, als ich letztes Jahr für meinen Vortrag am InKontakt Gestaltinstitut zum 100. Jahrestags des Erscheinens von Martin Bubers *Ich und Du* einige Proudhon-Zitate aus *Pfade in Utopia* recherchierte (Buber zitiert stets ohne Quellennachweise). Proudhon legte den Grundstein für Bubers politische Theorie. Bubers *Pfade in Utopia* war das erste Buch eines Anarchisten, das ich je las (Ende 1970); bisher hatte ich mich jedoch noch niemals daran begeben, seinen Zitaten nachzuspüren. – Buber besaß eine intime Kenntnis von Proudhons Werken und Proudhons Denken prägte Buber weit mehr, als sich in der Sekundärliteratur aufgearbeitet findet. Die vorliegende Edition trägt insofern auch zum besseren Buber-Verständnis bei.

«Im Parlament wird das Proletariat agieren wie Beamte: Richter in eigener Sache sein, immer bereit, das Budget anzuzapfen, aber nichts zu ihm beitragen, die Diktatur hofieren, bis das Kapital durch die Steuer erschöpft ist, das Eigentum keine Frucht mehr bringt und der allgemeine Bankrott die parlamentarische Bettelei ins Leere laufen lässt.» – *Proudhon*, 1848[1]

1 Siehe S. 64f.

1775 Revolution in (Nord-)Amerika und Unabhängigkeit vom British Empire. – Schwacher Zentralstaat. – Lose Konföderation (Staatenbund).

1789 Französische Revolution. Erklärung der Menschenrechte. Konstitutionelle Monarchie.

1791 Erste Französische Verfassung.

1792 Erste Französische Republik. – Radikalisierung und Terrorherrschaft unter dem Jakobiner Maximilien de Robespierre. Der Zentralismus setzt sich durch. Man proklamiert die *Eine und Unteilbare Nation*.

1794 Robespierre wird gestürzt und hingerichtet.

1795 Neue Verfassung in Frankreich. Die Formel von der *Einen und Unteilbaren Nation* bleibt.

1797 Amerika: Konflikt um die Verfassung. Zentralisten versus Dezentralisten. – Die Zentralisten gewinnen den Machtkampf: Verabschiedung der Verfassung.

1799 In Frankreich putscht Napoléon sich an die Macht.

1804 Napoléon lässt sich zum Kaiser krönen und überzieht Europa mit Krieg. Überall errichtet er einerseits Diktaturen, andererseits führt er das bürgerliche Gesetz ein.

1814 Niederlage Napoléons.

1815 Napoléons kurzzeitige Rückkehr und die endgültige Niederlage. – Restauration der Fürstenherrschaft in ganz Europa unter Dominanz Österreich-Ungarns.

1830 Julirevolution in Frankreich. Der Bürgerkönig Louis-Philippe kommt auf den Thron. – Goldenes Zeitalter der französischen Bourgeoisie.

1847 ‹Sonderbundkrieg› in der Schweiz. Der Staatenbund wird zum Bundesstaat.

1848 Ab Januar: In einigen Regionen des späteren Italien
nationalistisch-republikanische Aufstände.[1]
Februar: Revolution in Frankreich. Zweite Republik.
März: In etlichen Ländern des ‹Deutschen Bundes›
kommt es zu Umsturzversuchen.
März: Luxemburg.
März: Dänemark.
März: Ungarn.
März: Posen.
April: Moldau.
Mai: Siebenbürgen.
Juni: Walachei.
Juni: Prag.
Juni: Neue Unruhen in Paris. Niederschlagung durch
General Louis-Eugène Cavaignac.
September: Slowakei.
Oktober: Wien.
Dezember: Die Franzosen wählen mit großer Mehr-
heit Louis-Napoléon Bonaparte zum Präsidenten.
1849 Februar: Rom.
Mai: Dresden.
Mai: Iserlohn.
1851 Putsch in Frankreich. Louis-Napoléon Bonaparte ist
Diktator. Plebiszit.
1852 Louis-Napoléon Bonaparte erklärt sich zum Kaiser
Napoléon III. Plebiszit.
1871 Frankreichs Niederlage gegen Preußen. Abdankung
von Napoléon III. – Die Dritte Französische Republik
und das Zweite Deutsche Kaiserreich folgen.

1 Zu Proudhons Kritik an nationalistischen Bestrebungen in Italien
vgl. *Für dezentrale Nationen* (Texte 1862-1864), Berlin 2022. Vgl. auch:
Michael Bakunin, *Unterschied ist Leben, Harmonie der Tod: Ein Brief
von 1872*, Berlin 2020.

FÜR UNGEDULDIGE LESER

Zu den Forderungen der 1848er-Revolution

«Das [französische] Volk forderte [während der Februar-revolution 1848] nicht, wie es einige Utopisten wollen, dass die Regierung den Handel, die Industrie und die Landwirtschaft übernimmt, um diese Bereiche zu ihren Aufgaben hinzuzufügen und die französische Nation zu einer Nation von Lohnarbeitern zu machen.»[1]

«Denkt das Volk an die Abschaffung der kommunalen Selbstverwaltung, an die Einführung von progressiven Steuern, staatlichen Betrieben, Landwirtschaftsbanken, Papiergeld? Oder denkt es nicht vielmehr daran, dass eine außerordentliche Besteuerung des Reichtums bedeutet, den Reichtum zu töten; dass die Befugnisse des Staats nicht ausgeweitet, sondern eingeengt werden müssen; dass unter Beschaffung von Arbeit nichts anderes ver-standen werden sollte als die Förderung des Wettbewerbs; und dass der größte Dienst, den man der Landwirtschaft erweisen kann, statt für sie eine spezielle Staatsbank ein-zurichten, darin besteht, all ihre Beziehungen zum staat-lichen Bankensystem abzubrechen?»[2]

Zum Problem zentralstaatlicher Demokratie

«Die Freiheit, das muss man wissen, ist mit Demokratie so unvereinbar wie mit der Monarchie. Früher bildete die Sklaverei einer Kaste die Grundlage für die Existenz der Demokratie, heute wird es die Sklaverei aller sein.»[3]

1 Siehe S. 126.
2 Siehe S. 54f. – Sensationell: Einer, der sich als Sozialist bezeichnet und gegen die progressive Besteuerung der Reichen eintritt!
3 Siehe S. 96f.

«Die Demokratie ist die ins Unendliche erweiterte Idee des Staats.»[1]

«Es gibt keine legitime Vertretung des Volkes, und es kann auch niemals eine solche geben. Alle Wahlsysteme sind Lügenmechanismen: Man muss bloß eines kennen, um alle zu verurteilen.»[2]

«[In der Wahl zum Parlament] wird *erstens* angenommen, dass das Volk befragt werden könne, *zweitens*, dass es in der Lage sei, auch zu antworten, *drittens*, dass sein Wille sich authentisch feststellen lasse, und *viertens*, dass eine Regierung, die auf dem geäußerten Willen des Volkes beruht, legitim wäre.»[3]

«Wenn ich beweise, dass die Demokratie weit davon entfernt ist, die vollkommenste aller Regierungen zu sein, sondern die Volkssouveränität verneint und das Prinzip ihres Untergangs darstellt, dann heißt das faktisch und rechtlich, dass die Demokratie nichts weiter ist als eine willkürliche Verfassung, die auf eine andere willkürliche Verfassung folgt, dass sie keinen wissenschaftlichen Wert besitzt und dass man in ihr nur eine Vorbereitung auf die ‹eine und unteilbare [d. h. zentralistische] Republik› [der Jakobiner] sehen muss.»[4]

«Als praktischer Mensch frage ich, auf welch eine Weise Seele, Vernunft oder Wille des Volkes gleichsam aus sich selbst heraustritt und sich manifestiert? Wer ist es, der ihm als Organ dienen kann? Wer hat das Recht, anderen zu sagen: ‹Durch mich spricht das Volk›? Wie soll ich es glauben, dass einer das Organ des Volkes sei, der sich von einem Podium aus an zusammengewürfelte Individuen

1 Siehe S. 108.
2 Siehe S. 62.
3 Siehe S. 45.
4 Siehe S. 46.

wendet, die ihm applaudieren? Wie kann Kraft der Wahl der Bürger, ja gar ihres einstimmigen Votums, das Privileg verleihen, dem Volk als Sprachrohr zu dienen? Und wenn Sie mir 900 von den Mitbürgern gewählte Personen wie Hostien beim Abendmahl vorführen, weshalb sollte ich dann glauben, dass diese 900 Delegierten, die sich unter-einander nicht einigen können, vom Atem des Volkes in-spiriert werden? Und wie kann mich das Gesetz, das sie zu machen gedenken, verpflichten?»[1]

«Wie sollen die gegensätzlichen Wünsche, die entgegen-gesetzten Tendenzen in einem gemeinsamen Ergebnis, in dem einen und universellen Gesetz, zusammenfließen?

Die Demokratie ist weit davon entfernt, diese Schwierig-keit zu lösen, ihre ganze Kunst, ihre ganze Wissenschaft besteht ja darin, Entscheidungen herbeizuzwingen. Sie greift auf die Urne zurück; die Urne ist zugleich Mittel der Nivellierung, Waage und Kriterium der Demokratie. Mit der Wahlurne eliminiert sie die Menschen; mit der Ab-stimmung über Gesetze eliminiert sie die Ideen.

Noch vor kaum einem Monat erregte man sich in allen Tonlagen über den Wahlzensus von 200 Francs. ‹Was!, Geld soll jemanden zum Wähler machen?›

Aber ist es heute nicht das Gleiche in grün? Was wiegt eine Stimme, die jemanden zum Vertreter macht, eine Stimme, die das Gesetz verabschiedet! In irgendeiner gegebenen Frage, von welcher die Ehre und das Heil der Republik abhängt, werden die Bürger in zwei gleich große Fraktionen geteilt. Beide bringen ernsthafte Gründe, schwerwiegende Expertenmeinungen und gesicherte Tatsachen vor. Die Nation ist im Zweifel, das Parlament hängt in der Luft. Ein Abgeordneter geht ohne nennens-

---

1 Siehe S. 47.

werte Gründe von rechts nach links und die Waage neigt sich – er macht das Gesetz.

Und dieses Gesetz, das Ausdruck irgendeines launischen Willens ist, wird als Ausdruck des Willens des Volkes angesehen. Ich muss mich ihm unterwerfen, ich muss es verteidigen, ich muss dafür sterben! Ich verliere durch eine parlamentarische Schrulle das wertvollste meiner Rechte, ich verliere die Freiheit! Die heiligste meiner Pflichten, die Pflicht, mich der Tyrannei mit aller Kraft zu widersetzen, fällt einem souveränen Dummkopf zum Opfer!

Die Demokratie ist nichts anderes als die Tyrannei der Mehrheiten, die abscheulichste aller Tyranneien, denn sie stützt sich weder auf die Autorität einer Religion noch auf einen Geburtsadel noch auf die Vorrechte des Talents oder des Vermögens, sondern hat die Zahl zur Grundlage und trägt den Namen des Volkes als Maske. Herr de Genoude verweigerte unter der Herrschaft des [Königs] Louis-Philippe die Zahlung von Steuern, weil, wie er sagte, die Steuern nicht von einer echten Nationalvertretung verabschiedet wurden. Herr de Genoude war zu zaghaft, hier auf halbem Weg stehen zu bleiben. Denn wenn eine demokratischere Mehrheit für den Haushalt gestimmt hätte, sollte dann die Minderheit glauben, auch sie habe dem Haushalt zugestimmt und sei folglich zur Zahlung verpflichtet, obwohl sie *gegen* den Haushalt votierte?

Im ersten Teil dieses Buches bewies ich die Legitimität der Revolution und moralische Notwendigkeit der Republik, indem ich zeigte, dass am 22. Feb. [1848] alle Meinungen, alle unterschiedlichen Parteien zu einem Reformpaket übereinkamen, dessen allgemeine Formel unweigerlich die Republik war. Die Demokratie mit dem allgemeinen Wahlrecht zerstört die Rechtfertigung, die einzige, die es für ihre Entstehung geben kann. Sie versucht, die Massen und die Kommunen zu überreden, sich der Republik anzuschließen; wenn dieser Anschluss nicht erfolgt, wird sie ihn mit Gewalt herbeiführen! Einschüchterung, das ist das Argument der Demokraten für die Republik! So wird klar, dass das allgemeine Wahlrecht, dass die Demokratie nicht die Souveränität des Volkes ausdrückt.»[1]

«Wenn die Monarchie der Hammer ist, der das Volk zerschmettert, so ist die Demokratie die Axt, die es teilt, und beide führen gleichermaßen zum Tod der Freiheit. Das allgemeine Wahlrecht ist eine Art Atomismus, durch den der Gesetzgeber, da er das Volk nicht in der Einheit seines Wesens sprechen lassen kann, die Bürger auffordert, ihre Meinung pro Kopf, *viritim* [d. h. Mann für Mann], auszudrücken, absolut so, wie der Philosoph Epikur das Denken, den Willen sowie die Intelligenz durch Kombinationen von Atomen erklärt. Das ist politischer Atheismus in der schlechtesten Bedeutung des Wortes. Als könnte aus der Addition einer beliebigen Anzahl von Stimmen jemals ein allgemeiner Gedanke hervorgehen!

Aus dem Zusammenprall von Ideen gehe das Licht hervor, sagte man in früheren Zeiten. Das ist wahr und falsch wie all diese Sprichworte. Zwischen dem Zusammenprall und dem Licht können tausend Jahre liegen. Die Geschichte begann vor kaum einem halben Jahrhundert, sich vor uns zu enthüllen; die Ideen, die in Rom, Athen, Jerusalem und Memphis einst umherschwirrten, erleuchten erst die Menschen unserer Zeit. Ohne Zweifel hat das Volk gesprochen; sein Wort, das sich in den Stimmen Einzelner verliert, versteht aber kein Mensch. Das Licht der antiken Ideen entzieht sich den Zeitgenossen. Zunächst tauchte es vor den Augen von Vico, Montesquieu, Lessing, Guizot,

---

1 Siehe S. 70-72.

Thierry und ihren Konkurrenten auf. Dient es der Nachwelt, wenn auch wir uns an die Gurgel gehen?

Das sicherste Mittel, um das Volk zum Lügen zu bringen, ist die Einführung des allgemeinen Wahlrechts. Die Abstimmung pro Kopf ist in Bezug auf die Regierung und als Mittel zur Feststellung des nationalen Willens genau das gleiche, was in der politischen Ökonomie Umverteilung des Bodens wäre. Ein solches Gesetz würde die Bodenrechte auf die Behörde übertragen.

Da die ersten Autoren, die den Ursprung der Regierungen untersuchten, lehrten, alle Macht wurzele in nationaler Souveränität, hat man tapfer geschlussfolgert, dass es am besten sei, alle Bürger per Stimme, Füßen oder Zettel abstimmen zu lassen, und dass in der Mehrheit der Wähler sich der Wille des Volkes angemessen ausdrücke. Man führte bei uns die Gebräuche der Barbaren wieder ein, in Ermangelung von Argumenten durch Akklamation und Wahl vorzugehen. Ein materielles Symbol hält man für die wahre Formel der Souveränität. Den Proletariern sagt man: ‹Wenn ihr wählt, macht euch das so frei wie reich; ihr gebietet über Kapital, Produkt und Lohn; ihr könnt, wie ein zweiter Moses, gebratene Wachteln und Manna vom Himmel regnen lassen; ihr seid wie die Götter, denn ihr werdet nicht mehr arbeiten müssen, oder, falls ihr doch arbeiten müsst, wird das so wenig sein, dass es sich anfühlt wie nichts.›

Was man auch tut und was man auch sagt, das allgemeine Wahlrecht, das Zeugnis der Uneinigkeit, kann nur Uneinigkeit hervorbringen. Und mit dieser elenden Idee – ich schäme mich für mein Vaterland – wühlt man seit gut 17 Jahren das arme Volk auf!»[1]

1 Siehe S. 78-80.

Zur Tendenz der Demokratie, Staatsausgaben zu erhöhen

«Die Demokratie ist teurer als die Monarchie.»[1] – «Weit davon entfernt, dass die Demokratie den gegenwärtigen Haushalt kürzen könnte, stehen die Wetten zehn zu eins, dass sie ihn erhöhen wird.»[2]

«[Die Demokratie] wird die Staatsausgaben um etliche Millionen erhöhen; sie wird sich der großen Firmen und dann der kleineren Betriebe bemächtigen; sie wird den Wert von Industrie und Handel zerstören; sie wird die Quelle des Kapitals versiegen lassen; sie wird die freie Arbeit belasten, den freien Handel gefährden, den freien Unterricht abwürgen, den freien Konsum einschränken und die freie Wahl verbieten.

Deshalb stoppt die Demokratie jetzt den Verkehr, deshalb schließt sie Betriebe, deshalb erklärt sie Verträge für null und nichtig, deshalb belastet sie Märkte, deshalb treibt sie Handel, Industrie, Landwirtschaft und den Staat in den Bankrott. Bezogen auf die Regierung ist alles, was logisch aus dem Prinzip folgt, der Absicht zuzuschreiben.»[3]

«Es ist bewiesen, empirisch, dass jede durch den Staat ausgeführte Dienstleistung im Allgemeinen 50 % mehr kostet, als sie wert ist, z. B. Straßenbau, Steuererhebung, Schutzzoll usw.»[4]

Zur Bedingung wahrer (dezentraler) Demokratie

«Wenn das Vorrecht der Bürger nur darin bestünde, alle 3 bis 6 Jahre zwischen Eigennamen zu wählen, Namen, Vornamen und die Parteizugehörigkeit eines Kandidaten

---

1 Siehe S. 97.
2 Siehe S. 106.
3 Siehe S. 96.
4 Siehe S. 106f.

mehr oder weniger korrekt auf ein Fetzen von Papier zu schreiben und diesen Wahlzettel dann schweigend in eine Urne zu werfen, die von einigen Beisitzern bewacht wird, dann wäre das allgemeine Wahlrecht nur eine leere Zeremonie und käme dem regelmäßig erneuerten Rücktritt des souveränen Volks gleich, so müsste man zugeben. Zu Recht würde das Volk sich von derartigen Wahlen fernhalten; man sollte demnach nicht seine Gleichgültigkeit anklagen, sondern seinen gesunden Menschenverstand loben.»[1]

«Das allgemeine Wahlrecht, sage ich, setzt für seine freie und vollständige Ausübung ein Land voraus, das durch seine natürlichen Gruppen strukturiert ist: Provinzen oder Regionen, Kommunen, Kantone, Gemeinden und Körperschaften usw. Das Ergebnis der Abstimmung ist der vielfältige und zusammengefasste Gedanke, der von diesen Kollektiven zum Ausdruck gebracht wird; sie sind dazu aufgerufen, sich ihren jeweiligen Interessen entsprechend zu äußern. Dies ist von äußerster Wichtigkeit. Hieraus ergibt sich, dass auch in dieser Hinsicht die Organisation der Gesellschaft, sowohl von ihrer politischen als auch von ihrer wirtschaftlichen Ordnung her gesehen, vollständig im allgemeinen Wahlrecht gegeben ist, eine Organisation, die nichts Utopisches oder Willkürliches an sich hat, da sie sich aus der Natur der Dinge ableitet, nicht aus eitlen akademischen Spekulationen, aus dem Belieben der Massen oder aus der Entscheidung eines zentralstaatlichen Parlaments. Das allgemeine Wahlrecht mit den vernünftigen Wahlkreisen ist – warum sollten wir das nicht zugeben? – nicht nur eine politische, sondern überdies eine wirtschaftliche Revolution, wie sie Freiheit,

1 Siehe S. 241f.

Gerechtigkeit, Wissenschaft und ein weiser Fortschritt nahelegen. Alle landwirtschaftlichen und industriellen Verbände, alle Arbeiter- und Kapitalistenvereinigungen, alle Verträge auf Gegenseitigkeit leiten sich hieraus ab; mehr als zuvor muss die Regierung sich aus der Initiative heraushalten und die gesellschaftlichen Energien allein wirken lassen, denn jede Einmischung der Macht würde die Autonomie der Massen Lügen strafen, das Schicksal der Nation verfälschen und ihre Existenz gefährden. Wir wissen, dass die Wählergruppen zwar zueinander in einer Interessensbeziehung stehen, die sie zu gemeinsamem, sich in Regierungszentrale oder Staat manifestierenden Handeln treibt, aber dass sie dennoch unabhängig voneinander und von der zentralen Autorität selbst bleiben müssen, da ohne diese Unabhängigkeit freie Wahlen nur noch einen fiktiven Wert besäßen – das allgemeine Wahlrecht wäre teils aufgehoben und mit demokratischem Anschein würde alles wie früher unter das monarchische Vorrecht der zentralen Autorität fallen.

Die Folge ist, dass die Bürger vor Ort das Recht haben, sich zu versammeln und zu beraten, wann und wie sie wollen, sich mit den Bürgern der Nachbarorte zu versammeln und zu beraten, und das sowohl in Bezug auf ihre eigenen Angelegenheiten als auch auf gemeinsame Interessen und die des Staats; des weiteren darf die Zentralregierung, obwohl nichts, was die allgemeinen Interessen betrifft, außerhalb der Reichweite ihrer Tätigkeit liegt, ihrerseits niemals Gesetze erlassen in Sachen Handel, Industrie, Landwirtschaft, öffentliche Baumaßnahmen, Kredit- und Bankenwesen, Versicherungen, Krieg & Frieden, Schulsystem, ohne vorher die Gemeinden und Kommunen gehört zu haben, und noch weniger darf sie sich einmischen in deren Selbstverwaltung, und zwar unter keinem Vorwand. Dies ist das allgemeine Wahlrecht, das den Anfang der verschiedenen Autonomien darstellt, die zusammen die Republik bilden und durch Bündelung das Reich oder die Regierung ergeben. Wer von dieser Linie abweicht, die natürlichen Gruppen sprengt, die Wahlkreise willkürlich festlegt, die Tätigkeit des Wählens behindert, das Recht auf Vereinigung durch ein System staatlicher Konzessionen, Subventionen, Protektionen, Absicherungen und Überwachungen ersetzt, verkennt den Geist der Revolution; man kehrt zurück zu dem göttlichen Recht und zerstört das allgemeine Wahlrecht.»[1]

Monogramm der Demokratie: Einheit

«Die Demokratie ist in erster Linie zentralistisch und einheitlich; sie verabscheut den Föderalismus; sie betrachtet die Ungeteiltheit der Macht als die große Triebfeder, als den Anker der Wohltätigkeit der Regierung; ihr Ideal wäre eine mit Inquisition unterfütterte Diktatur.»[2]

Demokratie und Krieg

«Im Grunde genommen ist die Demokratie militaristisch; vergeblich führt man ihr vor Augen, dass stehende Heere für die Völker nur noch Instrumente der Unterdrückung und Anlass zu Misstrauen sind, vergeblich zeigt man ihr mit Gründen und mit Zahlen, dass der Kolonialismus dem Reichtum der Nationen absolut nichts nützt, sowie dass Annexionen mehr kosten als sie einbringen.»[3]

1 Siehe S. 245-247.
2 Siehe S. 259.
3 Siehe S. 268f.

ZUR DIALEKTIK DER DEMOKRATIE 1848[1]

1. Das Problem der Souveränität des Volks. – Bedingungen für eine Lösung. – **2.** Ob das allgemeine Wahlrecht die Souveränität des Volks ausdrückt. – **3.** Ob der soziale aus dem politischen oder ob der politische aus dem sozialen Wandel hervorgehen muss. – Unterschied zwischen der Demokratie und der Republik.

Paris, den 26. März 1848

«Höret, ihr Himmel, und Erde, nimm zu Ohren, denn der Herr redet»,[2] riefen die Propheten, wenn mit funkelnden Augen und schäumendem Mund sie den Frevlern und Abtrünnigen die Strafe für ihre Verbrechen ankündigten. Sprach die Kirche im Mittelalter, und die Erde, sich in Ehrfurcht verneigend, folgte der Stimme des Pontifex und den Befehlen seiner Bischöfe. Und taten es Moses, Elias, Johannes der Täufer, Mohammed, Luther, alle Religionsstifter und -reformatoren, wobei jede Neuerung des Dogmas dargestellt wurde, als gehe sie aus von der göttlichen Autorität. Stets sah man, wie die Menschenmassen sich vor dem Namen des Allerhöchsten niederwarfen und der Zucht der Offenbarer beugten.

«Aber», sagte sich am Ende ein Philosoph, «wenn Gott gesprochen hat, warum habe ich dann nichts gehört?»[3]

1 *Solution du Problème social* (1848), übersetzt nach: Pierre-Joseph Proudhon, Œuvres Complètes 6, Nouvelle Édition, Paris 1871, S. 35-87.
2 Jesaja 1:2 (lt. Luther, Revision 2017). Ich habe Kinder großgezogen und hochgebracht, und sie sind von mir abgefallen! Ein Ochse kennt seinen Herrn und ein Esel die Krippe seines Herrn; aber Israel kennt's nicht, und mein Volk versteht's nicht.
3 Möglicherweise ist der englische Romantiker Percy Bysshe Shelley,

Dieses Wort des Zweifels genügte, um die Kirche zu erschüttern, die Heilige Schrift aufzuheben, den Glauben zu zerstreuen und die Herrschaft des Antichristen zu beschleunigen!

Ich möchte nicht, wie [David] Hume,[1] Realität oder Möglichkeit einer Offenbarung von vorn herein ausschließen. Wie sollte man *a priori* über eine paranatürliche Tatsache, eine Manifestation des höchsten Wesens, entscheiden können? Die ganze Frage ist für mich eine Angelegenheit der Erfahrung, die wir machen können, und ich reduziere die religiöse Kontroverse auf diesen einen Punkt: auf die Authentizität des göttlichen Wortes. Beweist mir diese Authentizität, und ich werde zum Christen. Wer schließlich würde es wagen, mit Gott zu streiten, wenn er sicher wäre, dass es Gott ist, der zu ihm spricht?

Mit dem Volk verhält es sich wie mit der Göttlichkeit: *Vox populi, vox Dei*.[2]

Seitdem die Welt existiert, seit die menschlichen Stämme begonnen haben, sich in Monarchien und Republiken zu konstituieren, die gleich vagabundierenden Planeten von einer Idee zur anderen taumeln und die verschiedensten Elemente vermischen und kombinieren, um sich zu Gesellschaften zu organisieren, die Tribünen und Throne umstürzen wie ein Kind ein Kartenhaus, hat man bei allen politischen Erschütterungen gesehen, dass die Anführer

1792-1822, gemeint, der in seinem Essay *Necessity of Atheism* von 1811 fragte: «If he [God] has spoken, why is the universe not convinced?» (Wenn Gott gesprochen hat, weshalb ist das Universum nicht überzeugt?)

1 1711-1776. Verweis auf *Dialogues Concerning Natural Religion*, posthum 1779 ediert.

2 Volks Stimme ist Gottes Stimme. Zuerst 798 nachgewiesene Redewendung, die mal ablehnend, mal zustimmend, heute meist ironisch verwandt wird.

der Bewegungen in mehr oder weniger expliziten Worten sich auf die Souveränität des Volks berufen.

Brutus und Caesar,[1] Cicero und Catilina[2] wähnten sich wechselseitig im Besitze der öffentlichen Zustimmung. Wenn man den Anhängern des in der Februarrevolution 1848 untergegangenen Systems glauben darf, war die Charta von 1830[3] mindestens ebenso sehr Ausdruck der nationalen Souveränität wie die Verfassung des Jahres III,[4] und Louis-Philippe[5] war wie Karl X,[6] Napoléon[7] und das Direktorium[8] der Auserwählte der Nation. Warum auch nicht, wenn die Charta von 1830 bloß eine Novellierung

---

1 Brutus richtete 44 v. Chr. in Rom Caesar hin, um die Republik zu retten. Caesar starb, die Republik war jedoch nicht zu retten. (Es ‹Mord› zu nennen, wie's üblich ist, ergreift bereits Partei für Caesar und gegen Brutus.)

2 Cicero wehrte 63 v. Chr. erfolgreich eine Verschwörung von Catilina ab, mit der dieser sich nach verlorener Wahl an die Macht putschen wollte.

3 Die ‹Charta von 1830› ist die Verfassung der Julimonarchie (1830-1848), mit welcher der Versuch von 1814, nach Napoléons Niederlage das Ancien Regime zu restaurieren, durch eine gemäßigt bürgerliche Ordnung abgebrochen wurde.

4 Nach der Großen Revolution sollten die Jahre mit römischen Ziffern neu gezählt werden. 1795, als die Terrorherrschaft der Jakobiner unter Robespierre gestürzt ward, setzte man eine bürgerliche Verfassung in Kraft.

5 1773-1850. ‹Bürgerkönig› der Julimonarchie.

6 1757-1836. Französischer König, der nach Napoléons Niederlage die Restauration betrieb und dann durch die Julirevolution 1830 gestürzt wurde.

7 1769-1821. Er kam 1799 per Putsch an die Macht und wurde 1804 zum Kaiser gekrönt. Fast ganz Europa eroberte er mit Kriegen, die einen hohen Blutzoll verlangten (besonders in Spanien), oktroyierte den eroberten Ländern das bürgerliche Gesetz auf, während er politisch diktatorische Systeme installierte. 1814 unterlag er einer Koalition europäischer Fürstenhäuser, 1815 konnte er kurzfristig ein Comeback feiern bis zu seiner endgültigen Niederlage in Waterloo.

8 Das Herrschaftsgremium der ersten französischen Republik ab 1792 bis zum Putsch Napoléons.

der Verfassung des Jahres III wie auch der Verfassung des Jahres VIII[1] und der Verfassung von 1814[2] war? Die fortschrittlichsten Kräfte der Partei Louis-Philippes würden uns, wenn sie sich trauten, noch sagen, dass das Gesetz aus der Zustimmung des Volks und der Definition des Königs hervorgehe, Motto: *Lex fit consensu populi et constitutione regis.*[3] Die Souveränität der Nation ist das Prinzip der Monarchisten wie der Demokraten. Hört doch auf dieses Echo, das uns aus dem Norden erreicht: Auf der einen Seite steht ein despotischer König; er beruft sich auf die nationalen Traditionen, d. h. auf den Willen des Volks, der über Jahrhunderte hinweg ausgedrückt und bestätigt wurde. Auf der anderen Seite stehen rebellische Untertanen, die behaupten, dass das Volk nicht mehr so denkt, wie es früher dachte; und sie verlangen, dass man es befrage. Wem also kommt hier die höhere Intelligenz des Volks zu, dem Monarchen, der es in seinen Gedanken für unveränderlich erklärt, oder den Bürgern, die es für wandelbar halten? Und wenn ihr sagt, dass der Widerspruch durch Fortschritt aufgelöst werde, indem das Volk verschiedene Phasen durchlaufe, um ein und dieselbe Idee zu verwirklichen,[4] würdet ihr diese Schwierigkeit nur

1 Die Verfassung unter Napoléon I.

2 Die Verfassung nach Napoléons (erster) Niederlage und dann nach seiner endgültigen Niederlage 1815.

3 Das Gesetz wird durch die Zustimmung des Volks gemacht und durch den König sanktioniert. – Ein von dem Richter Pierre-Louis Le Carpentier de Chailloué (1736-1823) 1766 formuliertes Rechtsprinzip, mit Hinweis auf das *Edictum Pistense* (864). – Eine andere mögliche Quelle ist Louis-Léon de Brancas (1733-1824) mit seinem Werk über das öffentliche Recht (1771).

4 Obwohl Proudhon ein Hegelianer war, ist dies ein bemerkenswerter Seitenhieb gegen dessen Geschichtsphilosophie. Hier lugt bereits die *negative Dialektik* hervor: das Ganze ist nicht das Wahre, sondern das Unwahre.

hinauszögern: Wer kann beurteilen, was Fortschritt und was Rückschritt ist?

Ich frage also wie Rousseau:[1] Wenn das Volk gesprochen hat, warum habe ich nichts gehört?

Ihr zitiert mir diese erstaunliche Revolution, an der auch ich teilnahm, deren Rechtmäßigkeit allein ich bewies[2] und deren Idee ich ans Tageslicht beförderte. Und ihr sagt mir: Das ist das Volk!

Aber zunächst sehe ich nur eine tumultartige Menge vor mir, ohne ein Bewusstsein der Gedanken, die sie handeln ließen, ohne Einsicht in die Revolution, die durch ihre Hände vor sich ging. Dann könnte das, was ich als Logik des Volks bezeichne, nichts anderes sein als der Auslöser der Ereignisse, zumal sich, obwohl die Tatsache feststeht und alle über ihre Bedeutung miteinander einig sind, die Ansichten über die Folgen erneut spalten. Die Revolution ist gemacht; das Volk schweigt! Was bedeutet es, dass die Souveränität des Volks nur für die Dinge der Vergangenheit gilt, die kein Interesse mehr hervorrufen, nicht aber für die Angelegenheiten der Zukunft, die allein Gegenstand von Verordnungen des Volks sein können?

O ihr alle, Feinde des Despotismus und seiner Korruption sowie der Anarchie und ihrer Räubereien, die ihr nicht aufhört, das Volk anzurufen; die ihr mit offener Stirn von seiner souveränen Vernunft, seiner unwiderstehlichen Kraft und seiner gewaltigen Stimme sprecht, ich fordere euch auf, mir zu sagen: Wo und wann habt ihr das Volk ge-

1 1712-1778. Bezieht sich vermutlich auf Rousseaus Definition der Bedingung der Demokratie, dass die Wähler auf die Frage antworten, was für das Ganze am besten wäre («volonté générale»), der Wähler aber in der Regel nach der Maßgabe entscheide, was für ihn selber das Beste ist («volonté de tous»).
2 Im ersten Teil des Buches, der hier S. 111-157 als zweiter Teil steht; weshalb, siehe Einleitung.

hört? Durch welchen Mund, in welcher Sprache spricht es? Wie vollzieht sich diese erstaunliche Offenbarung? Welche authentischen und überzeugenden Beispiele führt ihr an? Welche Garantie habt ihr für die Aufrichtigkeit der Gesetze, die angeblich vom Volk stammen? Mit welchen Sanktionen wird das sichergestellt? Und anhand welcher Titel und Zeichen differenziere ich die Auserwählten, die das Volk schickt, von den Abtrünnigen, die sein Vertrauen erschleichen und seine Autorität an sich reißen?

Ich glaube an die Existenz des Volks wie an die Existenz Gottes.

Ich verbeuge mich vor seinem heiligen Willen und unterwerfe mich jedem Befehl, der von ihm ausgeht; das Wort des Volks ist mein Gesetz, meine Kraft und meine Hoffnung. Aber nach dem Gebot des heiligen Paulus muss mein Gehorsam, um verdienstvoll zu sein, vernünftig bleiben,[1] und welches Unglück, welche Blamage für mich, wenn ich, obwohl ich glaube, dass ich mich niemandem

---

1 Drei mögliche Anknüpfungen: 1. Römer 7:25 sagt Paulus, mit dem Verstand diene er dem Gesetz Gottes (während er mit dem Fleisch der Sünde diene); Luther übersetzte hier freilich ursprünglich, mit dem «Gemüt» diene man dem Gesetz Gottes; lateinisch «mente» (*mens*, Verstand, Gesinnung). – 2. Vers 12:1 mahnt er, die Leiber hinzugeben «als ein lebendiges Opfer», «das sei euer vernünftiger Gottesdienst»; lateinisch «rationabile obsequium» (*obsequium*, Gehorsam oder Dienst). – 3. Im 2. Korinther 10:5 kündigt er an, er nehme alles Denken «gefangen» in den Gehorsam gegen Christus; hier übersetzte Luther ursprünglich «Vernunft»; lateinisch «intellectum» (*intellectus*, Erkenntnis, Einsicht, Begriff). – Ich gebe die lateinischen Begriffe an, da ich vermute, Proudhon habe die Bibel auf lateinisch gelesen. – Das «captativem» (*captativas*, Eroberung, Gefangenschaft) wird auf zwei gegensätzliche Weisen interpretiert, zum einen dass das Denken gefangen genommen wird im Sinne seiner Ausschaltung zugunsten des Glaubens, zum anderen dass man es für den Gauben nutzbar machen solle. Proudhon zählte offensichtlich zur zweiten Fraktion.

als der Autorität des Volks unterwerfe, zum Spielball eines gemeinen Scharlatans werde! Wie werde ich also, ich flehe euch an, unter so vielen rivalisierenden Aposteln, widersprüchlichen Meinungen und hartnäckigen Parteien die Stimme, die wahre Stimme des Volks erkennen?

Das Problem der Volkssouveränität ist das grundlegende Problem von Freiheit, Gleichheit und Brüderlichkeit, das Prinzip der sozialen Organisation. Die Regierungen und die Völker haben durch die Stürme der Revolutionen und die Irrungen und Wirrungen der Politik hindurch kein anderes Ziel verfolgt, als diese Souveränität zu errichten. Jedes Mal, wenn sie von diesem Ziel abgewichen sind, sind sie der Knechtschaft und Verächtlichkeit verfallen. Aus diesem Blickwinkel berief die Provisorische Regierung 1848 einen parlamentarischen Rat ein, für die alle Bürger ohne Unterschied des Vermögens und der Fähigkeiten Mitglieder ernennen sollten. Dies Verfahren erschien als der der Souveränität des Volkes am nächsten kommende Ausdruck. Derart wird angenommen, dass man das Volk *erstens* befragen, *zweitens*, dass es antworten, *drittens*, dass sein Wille ‹authentisch› festgestellt werden könne, *schließlich*, dass die Regierung, die auf dem geäußerten Willen des Volks beruht, die einzig legitime sei.

Dies ist einer der Ansprüche der Demokratie, die sich als jene Regierungsform präsentiert, die die Souveränität des Volks am besten übersetze.

Wenn ich nun beweise, dass die Demokratie ebenso wie die Monarchie nur ein Symbol der Souveränität ist, dass sie keine der Fragen beantwortet, die diese Idee aufwirft, dass sie zum Beispiel weder die Authentizität der Handlungen, die sie dem Volk zuschreibt, feststellen kann, noch zu sagen vermag, was Ziel und Zweck der Gesellschaft ausmacht, dann ist damit widerlegt, dass die Demokratie zur Grundlage der Souveränität des Volks dient; wenn ich beweise, dass die Demokratie weit davon entfernt ist, die vollkommenste aller Regierungen zu sein, die Volkssouveränität vielmehr verneint und das Prinzip ihres Untergangs darstellt, dann ist damit faktisch und rechtlich bewiesen, dass die Demokratie nichts weiter bedeutet als eine konstitutionelle Willkür, welche auf eine andere konstitutionelle Willkür folgt, dass sie gar keinen wissenschaftlichen Wert besitzt und dass man in ihr nur die Vorbereitung auf die «eine und unteilbare Republik» erblicken kann.[1]

Es ist wichtig, die Öffentlichkeit so schnell wie möglich über diesen Punkt aufzuklären und jegliche Illusionen auszuräumen.

1

Das Volk, ein kollektives Wesen, fast hätte ich gesagt: ein Wesen der Vernunft, spricht nicht im materiellen Sinne des Wortes. Ebenso wenig wie Gott verfügt es über Augen, um zu sehen, Ohren, um zu hören, und einen Mund, um zu sprechen. Was weiß ich, ob es mit einer Art Seele ausgestattet ist, einer Gottheit, die den Massen immanent ist, wie manche Philosophen einen Weltgeist[2] annehmen, und die sie zu bestimmten Zeiten bewegt und antreibt, oder ob die Vernunft des Volks nichts anderes ist als die reine, abstrakte, verständige, von jeder individuellen Form befreite Idee, wie andere Philosophen behaupten, Gott sei die bloße Ordnung im Universum, eine Abstraktion?[3] Auf

---

1 Die «eine und unteilbare Republik» ist eine Formel, die zur Rechtfertigung des jakobinischen Tugendterrors herhielt.
2 *âme du monde*. G. W. F. Hegel. Sie kam freilich bereits bei Platon vor.
3 Baruch de Spinoza (1632-1677). Später der Pantheismus. Auch hierfür gibt es antike Vorläufer.

solche hoch psychologischen Untersuchungen gehe ich nicht ein, sondern frage als praktischer Mensch, in welch einer Weise diese Seele, diese Vernunft oder dieser Wille des Volks sozusagen aus sich selbst heraustritt und sich manifestiert? Wer ist es, der ihr als Organ dienen kann? Wer hat das Recht, anderen zu sagen: ‹Durch mich spricht das Volk›? Wie soll ich glauben, jemand, der von einem Podium herab zu einem zusammengewürfelten Publikum spricht, das applaudiert, könne das Organ des Volks sein? Wie kann das Votum der Bürger, ja sogar ihr einstimmiges Votum, die Kraft haben, diese Art von Privileg zu verleihen und dem Volk als Mittler zu dienen? Und wenn ihr mir neunhundert von ihren Mitbürgern gewählte Personen wie Hostien beim Abendmahl vorführt, weswegen sollte ich glauben, diese neunhundert Delegierten, die sich untereinander nicht einigen können, seien durch den Atem des Volks inspiriert worden? Und wie kann mich das Gesetz, das sie machen werden, verpflichten?

Siehe da – ein Präsident oder ein Direktorium als die Personifizierung, das Symbol oder die Fiktion der nationalen Souveränität. Erste Gewalt des Staats.[1]

Siehe da – die eine Kammer, eine zweite Kammer, die erste das Organe des konservativen Interesses, die andere des fortschrittlichen Interesses. Zweite Gewalt des Staats.[2]

Siehe da – eine Presse, wortgewandt, erfahren, unermüdlich, die jeden Morgen die Millionen von Ideen, die in den Millionen Gehirnen der Bürger wimmeln, in Strömen ausgießt. Dritte Gewalt des Staats.[3]

---

1 Exekutive.
2 Legislative. (Oberhaus / Senat, Unterhaus / Parlament.)
3 Interessanterweise fehlt die Judikative als dritte Gewalt des Staats, während üblicherweise die Presse informell und meist auch *ironisch* als ‹vierte Gewalt› bezeichnet wird.

Die Exekutive steht für die Handlung, die Kammern für die Beschlussfassung und die Presse für die Meinung.

Welche dieser Gewalten repräsentiert ‹das Volk›? Oder wenn ihr sagt, das Volk werde durch das Ganze des Staatsapparats repräsentiert, wie passt das alles überhaupt zusammen? Setzt einen König an die Stelle des Präsidenten, und es ist dasselbe: Meine Kritik fällt gleichermaßen auf die Monarchie wie auf die Demokratie.

In Frankreich gibt es fünf- oder sechshundert periodisch erscheinende Blätter, die der Meinung als ihr Sprachrohr dienen und deren Titel den Anspruch der Verleger, als Dolmetscher des allgemeinen Denkens zu fungieren, eindrucksvoll belegen.[1]

Natürlich wundere ich mich, dass wir bei einer derartigen Öffentlichkeit, wo wir doch so reichlich mit Kolumnisten versorgt sind, denen es weder an Gelehrsamkeit noch an Ideen oder an Stil mangelt, nichtsdestotrotz eine Volksvertretung, ein Parlament brauchen.

Wie kommt es, dass ich dessen ungeachtet nicht wirklich weiß, was das Volk interessiert, und dass, obwohl es die Pflicht, die Aufgabe der Presse ist, mich zu informieren, die Menge der Veröffentlichungen, anstatt Licht zu erzeugen, die Dunkelheit vergrößert?

Ich frage: Was ist die beste politische Verfassung, was das Gesetz des Fortschritts, was der Gang des Jahrhunderts, was das Denken der Zeit, was der Wert der Meinung, was die Zukunft Frankreichs und der Welt? Wird die Republik aus der Fabrik, der Schule oder dem Militär hervorgehen? Steht die Demokratie für Frieden oder für Krieg? Welch eine Wahrheit und welch eine Reform ergeben sich aus all diesen Offenbarungen des Volks? Was ist Freiheit?

---

1 Nachfolgend zählt Proudhon zwei Dutzend Zeitungstitel auf.

Über alle solche Fragen schwadroniert der Journalismus, aber er gibt keine Antwort, er weiß nichts. Was wäre, wenn ich zum Beispiel fragen würde, ob es für die Organisation der Gesellschaft eine endgültige Form gibt und was deren Form ist, ob wir mit Revolutionen am Ende sind oder ob die revolutionäre Bewegung ewig andauern wird, und wie im letzteren Fall diese ewige Unruhe mit Freiheit, Sicherheit und Wohlstand in Einklang zu bringen wäre? Ob alle Menschen trotz der Natur gleich[1] sein oder ob sie dem Motto der Republik[2] zum Hohn je nach ihrem Verdienst behandelt werden sollen? Wie hoch soll der Lohn eines Arbeiters sein, der Gewinn eines Unternehmers, der Beitrag, der an den Staat zu zahlen ist,[3] der Kredit, der den Bürgern zu gewähren ist? Und wie können wir, insofern die Bevölkerung schneller wächst als die Produktion, dem Verhängnis des Elends entgehen? Usw.

Ich könnte dieses Verhör ins Unendliche ausdehnen und meine Fragen immer noch drängender und schwieriger machen. Warum schweift die Presse, wenn die Presse die sprechende Kraft des Volks ist, ab, anstatt zu antworten? Die Presse ist so weit davon entfernt, einen positiven Geist[4] zu befriedigen, dass es scheint, als sei sie eigens nur erfunden worden, um die Vernunft zu verwirren und das Erkennen zu töten. Die Zeitungen sind Friedhöfe der Ideen.

Was sagen uns die Politiker? Und die Regierung, was weiß sie? Bis vor kurzem zog sie sich aus der Affäre, indem sie ihre Zuständigkeit verneinte; nein, sie sei nicht da, um die

---

1 *égalité*, Gleichheit.
2 *fraternité*, Brüderlichkeit.
3 Steuern.
4 *esprit positif*, Redewendung von Auguste Comte (1798-1857), dem Begründer der Soziologie und des Positivismus.

Arbeit zu organisieren und dem Volk Brot zu geben, behauptete sie. Seit einem Monat hat sie hingegen die Aufforderung des Proletariats angenommen und machte sich ans Werk; aber sie lässt jeden Tag die große Neuigkeit veröffentlichen: Dass sie nichts weiß, dass sie nichts findet! Die Regierung spaltet das Volk; sie schürt Hass zwischen den Klassen, aus denen es sich zusammensetzt; das Volk zu organisieren, diese Souveränität zu schaffen, die zugleich Freiheit und Einigung ausdrückt, das übersteigt jedoch die Fähigkeit der Regierung, so wie es früher ihre Aufgaben überschritt. In einer Regierung, die behauptet, durch den Willen des Volks eingesetzt worden zu sein, ist solch eine Ignoranz ein Widerspruch: Das Volk ist offensichtlich bereits nicht mehr souverän.

Das Volk, von dem es manchmal heißt, es habe sich wie ein einziger Mensch erhoben,[1] denkt es auch wie ein einziger Mensch? sinnt es nach? räsoniert es? zieht es Schlüsse? hat es ein Gedächtnis, eine Vorstellungskraft, Ideen? Wenn das Volk souverän ist, dann denkt es; wenn es denkt, dann hat es zweifellos eine eigene Art, in der es denkt und seine Gedanken formuliert. Also: Wie denkt das Volk? Welche Form hat seine Vernunft? Geht sie in Kategorien vor? Verwendet sie Syllogismus, Induktion, Analyse, Antinomie oder Analogie? Ist sie für Aristoteles oder Hegel? Ihr müsst all das erklären, sonst ist euer Respekt vor der Souveränität des Volks nur ein absurder Fetischismus und genauso gut könntet ihr einen Stein anbeten.

Beruft das Volk sich in seinem Sinnen auf Erfahrungen? Wie bringt es die Achtung vor seinen Traditionen mit den Bedürfnissen seiner Entwicklung in Einklang? Wie gelangt es von einer erledigten Hypothese dazu, einen

---

1 Proudhon, eine Woche zuvor; siehe S. 117 und 131.

neuen Ansatz auszuprobieren? Was ist das Muster seiner Veränderungen und Improvisationen? Was treibt es an? Was bestimmt es auf dem Weg des Fortschritts? Warum diese Beweglichkeit, diese Unbeständigkeit? Ich muss es wissen, denn sonst ist das Gesetz, das ihr mir im Namen des Volks auferlegt, nicht mehr authentisch, es ist kein Gesetz mehr, sondern Gewalt.

Denkt das Volk immer? Und wenn es nicht immer denkt, wie lassen sich dann die Unterbrechungen des Denkens berücksichtigen? Angenommen, das Volk kann vertreten werden, was werden die Vertreter während dieser Unterbrechungen tun? Schläft das Volk manchmal, wie Jupiter in den Armen Junos?[1] Wann träumt es? Ihr müsst mich über all das aufklären; andernfalls ist die Macht, die ihr im Auftrag des Volks ausübt, nur vorübergehend. Die Zeitspanne der vorübergehenden Ausübung ist unbekannt; diese Macht ist usurpiert, und ihr neigt zur Tyrannei.

Wenn das Volk denkt, überlegt und argumentiert, und zwar sowohl *a priori* nach den Regeln der reinen Vernunft als auch *a posteriori* auf Basis von Erfahrungswerten, läuft es Gefahr, sich zu irren. Damit ich die Gedanken des Volks als Gesetz akzeptiere, reicht es nicht, die Authentizität dieser Gedanken mir zu beweisen, sondern sie müssen legitim sein. Wer soll die Ideen und Phantasien des Volks sortieren? Wer ist für den möglicherweise falschen und daher despotischen Willen des Volks zuständig?

Daran anschließend formuliere ich dies Dilemma: Wenn das Volk irren kann, gibt es zwei Möglichkeiten. Entweder ist der Irrtum in ihm so respektabel wie die Wahrheit, und es hat das Recht, sich durchzusetzen mit allem, was es will,

---

1 Jupiter ist der Göttervater der Römer (in Analogie zum griechischen Zeus) und Juno (Hera) seine Gattin. – Der Vergleich des Volks mit dem Göttervater klingt ziemlich waghalsig.

obwohl es sich irrt. In diesem Fall ist das Volk ein souverän unmoralisches Wesen, da es gleichzeitig das Böse denken, es wollen und es tun kann.

Oder sollte das Volk andersherum in seinen Fehlern zurechtgewiesen werden? Es wäre also bezüglich mancher Fälle die Pflicht einer Regierung, dem Volk zu widerstehen. Wer wird es wagen, ihm zu sagen: ‹Du irrst dich!› Wer kann es zurechtweisen? Wer kann es zwingen? Aber was sage ich? Wenn das Volk anfällig ist, zu versagen, was geschieht dann mit seiner Souveränität? Ist es denn nicht offensichtlich, dass der Wille des Volks umso weniger beachtet werden muss, je furchterregender seine Folgen sind, und dass das wahre Prinzip jeder Politik, das Unterpfand der Sicherheit der Nationen, darin besteht, das Volk nur zu befragen, um ihm zu misstrauen, wobei jeder Einfall des Volks genauso gut eine immense Gefahr wie einen immensen Erfolg bergen und sein Wille nichts als ein Selbstmordgedanke sein kann?

Ihr werdet wohl sagen, dem Volk komme eine ausschließlich mystische Existenz zu und es zeige sich nur in großen Abständen und zu vorherbestimmten Zeiten. Das Volk ist darum aber kein Phantom, und wenn es sich erhebt, kann keiner es verkennen. Es zeigte sich am 14. Juli [1789],[1] am 10. August [1792][2] und im Jahr 1830.[3] Und gerade [1848] offenbart es sich mit größerer Kühnheit als je zuvor. Das Volk sprach beim Ballhausschwur[4] und in der Nacht des

1 Sturm auf die Bastille.
2 Tuileriensturm: Ausrufung der Republik.
3 Julirevolution. Ablösung des Königs der Restauration nach Niederlage von Napoléon I (1815), der ‹Bürgerkönig› Louis-Philippe wird auf den Thron gesetzt.
4 20. Juni 1789, die Abgeordneten des Dritten Standes geloben, nicht auseinanderzugehen, bevor sie Frankreich eine Verfassung gegeben haben.

4. August [1789], es kämpfte bei Jemmapes, bei Mainz und bei Valmy.[1]

Warum haltet ihr ein? Warum trefft ihr eine Auswahl? War das Volk etwa am 9. Thermidor[2] und am 18. Brumaire[3] abwesend? Hielt es sich denn am 21. Januar [1793][4] und am 5. Dezember[5] versteckt? Hat es nicht den Kaiser gemacht, wie es den König besiegt hatte? Hat es nicht abwechselnd Christus und die Vernunft angebetet und hinweggefegt? Wollt ihr noch weiter zurückgehen? Es war das Volk, das aus seinem Blut und seinen Eingeweiden an einem Tag Papst Gregor VII,[6] an einem anderen Tag Luther, Marius[7] und Caesar hervorbrachte, nachdem es in einer Reihe von Revolutionen die römische Dynastie der Tarquinier vertrieben, die sonderbevollmächtigten Decemviri gestürzt und die Tribunen geschaffen hatte, um die Macht der Konsuln auszubalancieren,[8] und damit das erste Beispiel für ein System der politischen ‹Machtjonglage›[9] gab. Es war ebenfalls das Volk, das die Cäsaren anbetete, nachdem

---

1 4. August 1789: Aufhebung der Feudalprivilegien. – Die Schlacht bei Jemmapes, 6. 11. 1792. Sieg französischer Revolutionstruppen über Österreich. – Am 21. 10. 1792 kapitulierte Mainz vor französischen Revolutionstruppen. Mainzer Republik. – Bei Valmy hatten sie bereits am 20. 9. 1792 ihren legendären ersten Sieg über Preußen errungen.
2 27. 7. 1794, Sturz von Maximilien Robespierres Terrorherrschaft.
3 9. 11. 1799, Staatsstreich von Napoléon I.
4 Hinrichtung von König Ludwig XVI.
5 Was ist gemeint? Idee: 5. 12. 1831, Beginn der Niederschlagung des Aufstands der Seidenweber in Lyon. – Oder Druckfehler: 2. 12. 1804; Napoléon I, Kaiserkrönung (passt zur Folgefrage: Kaiser/König).
6 1025-1085. Kirchenreformer, ‹heiliger Satan›.
7 Gaius Marius (158-86 v. Chr.), bekämpfte die römischen Senatoren.
8 Tarquinier: Könige in der Zeit Roms vor der Republik. – Decemviri: Zehnköpfiges diktatorisches Gremium in Rom. – Tribunen: Vertreter des römischen Volks als Gegengewicht gegen die Macht der Konsuln.
9 *système doctrinaire*, Doktrinäre war der eingebürgerte Namen jener Liberalen, die mit dem Königtum paktierten wie François Guizot.

es die beiden sozialreformerischen Gracchen[1] ermorden hatte lassen.

Möchtet ihr lieber in der Aktualität bleiben? Sagt mir dann, was das Volk heute, am 25. März 1848, denkt, oder eher, was es nicht denkt?

Denkt das Volk mit Abbé Lacordaire[2] daran, in Sack und Asche zu büßen? Denkt es daran, dass es aus Staub geboren wurde und zum Staub zurückkehren wird; dass seine Bestimmung hier auf Erden nicht das Vergnügen, sondern Arbeit und Kasteiung sei? Oder denkt es nicht mit den von der Weisheit desillusionierten Weisen, mit Saint-Simon[3] und Fourier,[4] dass das Ziel des Menschen dem des Pferdes entspreche und alles hienieden eitel sei, außer gut zu leben und Sex zu haben?[5]

Denkt das Volk etwa an die Abschaffung der kommunalen Selbstverwaltung[6] und an die Einführung von Progressiv-

1 Tiberius (162-133 v. Chr.) und Gaius (154-121 v. Chr.) Graccus. Brüder.
2 1801-1861. Er belebte den während der Französischen Revolution verbotenen Dominikanerorden neu. Nach der Februarrevolution 1848 war er kurze Zeit Mitglied des Parlaments.
3 Henri de Saint-Simon, 1760-1826. Christlich inspirierter Reformer.
4 Charles Fourier, 1772-1837. Er entwickelte mit dem «Phalansterium» die Vorstellung eines kasernenartig und industriemäßig organisierten Kommunismus.
5 Dies ist eine böszüngige Zusammenfassung. Fourier propagierte für seine Kaserne freilich tatsächlich sowas wie ‹freie Liebe›.
6 octrois, d. h. Abgaben, die die Händler in Frankreich nach mittelalterlichem Brauch auf den Warenwert an den Stadttoren entrichten mussten. Liberale und Sozialdemokraten forderten die Abschaffung wie in Deutschland diejenige der Binnensteuern. Auch im Volk seien die «octrois» nicht sonderlich beliebt gewesen (so liest man in der herrschenden Geschichtsschreibung), weil sie die Preise in die Höhe trieben. Als ein Feind der Zentralisierung sah Proudhon dagegen in der Abschaffung ein Ende der kommunalen Selbstverwaltung, da die Kommunen hiermit der eigene Finanzierungsquelle beraubt wurden: Sie wurden von den Finanzzuweisungen durch die Zentralregierung abhängig. Zu Proudhon sprach eben ein anderes Volk als zu den Herr-

steuern, von Staatsbetrieben[1] und von Landwirtschaftsbanken, von Papiergeld? Oder denkt es nicht vielmehr
daran, dass eine außerordentlich hohe Besteuerung des
Reichtums bedeutet, den Reichtum zu töten; dass die Befugnisse des Staats nicht ausgeweitet, sondern eingeengt
werden müssten; dass die Organisation der Arbeit nichts
anderes sein sollte als die Organisation des Wettbewerbs;
und dass der größte Dienst, den man der Landwirtschaft
erweisen kann, statt ihr eine besondere Bank zu schaffen,
darin besteht, alle ihre Beziehungen zum Bankensystem
abzubrechen?

Ist das Volk für eine direkte oder eine indirekte Wahl, für
eine Vertretung durch 900 oder für eine durch nur 450 Abgeordnete?

Ist das Volk nun kommunistisch, phalansterianisch, neu-
christlich, utilitaristisch ... oder nicht? Denn schließlich
gibt es all diese Strömungen im Volk. Ist es für Pythagoras,[2]
Morelly,[3] Campanella[4] oder den guten Icar?[5] Ist es für die

---

schenden, das Volk, das keine Zentralisierung befürwortete, sondern
Selbstverwaltung vor Ort erhalten und womöglich erweitern wollte.
1 *l'organisation du travail*, war ein Slogan des sozialdemokratischen
Teils der bürgerlichen Revolution. Er deckte eine Vielzahl von unterschiedlichen Forderungen ab wie Arbeitsbeschaffungsmaßnahmen,
Gründung von Staatsbetrieben, Errichtung staatlicher Armenkassen,
Verstaatlichung des Transportwesens usw.
2 570-510 v. Chr., Schülern vor allem als Mathematiker im Gedächtnis, war Pythagoras auch der Gründer einer verschworenen Gemeinschaft, über deren Struktur und Ziele die Forschung heute allerdings
uneins ist.
3 Étienne-Gabriel Morelly, 1717-1778. Aufklärungsphilosoph, Gegner
des Privateigentums.
4 Tommaso Campanella, 1568-1639. Katholischer Philosoph, der auch
für Güter- und Frauengemeinschaft eintrat, was Proudhon höchst zuwider war.
5 Icar ist der Herrscher in der kommunistischen Utopie von Étienne
Cabet (1788-1856), *Voyage en Icarie* (1840).

Dreifaltigkeit oder die Dreieinigkeit? Spricht es etwa aus Moralpredigten, die nichtssagend sind, und aus Wandzeitungen, die sich widersprechen, und aus den Akten der Regierung, die im Gegensatz zum 24. Februar [1848][1] konzipiert wurden? Verlangt es nach Brot und Spielen oder nach Freiheit? Hat es die Revolution nur gemacht, um sie sogleich wieder zu verleugnen, oder ist es seine Absicht, sie fortzusetzen?

Wenn nun das Volk zu allen Zeiten der Geschichte eine Vielzahl von nicht zu vereinbarenden Dingen gedacht, geäußert, gewollt und getan hat; wenn es ihm sogar heute unmöglich ist, unter so vielen Meinungen, die es spalten, eine zu wählen, ohne eine andere zu verwerfen; und wenn es sich folglich ständig selbst widerspricht, was soll ich dann von seiner Vernunft, von seiner Moral und von der Gerechtigkeit seiner Handlungen halten? Was kann ich von seinen Vertretern erwarten? Und welchen Beweis der Authentizität werden sie mir für eine Meinung liefern, den ich nicht genauso gut für die gegenteilige Meinung beanspruchen kann?

Was ich inmitten der Verwirrung der Ideen bewundere, ist, dass der Glaube an die Souveränität des Volks keineswegs schwindet, sondern durch diese Verwirrung selber bis zu seinem Höhepunkt zu steigen scheint. In dieser Hartnäckigkeit der Menge, an eine in ihr lebendige Intelligenz zu glauben, sehe ich bereits eine Offenbarung des Volks, das sich selbst als Jehova bestätigt und sagt: ‹Ich bin.› Die Souveränität des Volks lässt sich also nicht leugnen, vielmehr ist man umgekehrt gezwungen, sie zu bekennen. Aber über diese erste Behauptung hinaus und

1 Rücktritt des Ministerpräsidenten (als Vorspiel zu dem des Königs), Sieg der Revolution. Beide Rücktritte waren dazu gedacht, das System gegenüber den revolutionären Forderungen zu bewahren.

wenn es darum geht, von dem Subjekt des Gedankens zu seinem Objekt überzugehen, mit anderen Worten: wenn es darum geht, das Kriterium auf die Handlungen der Regierung anzuwenden, dann soll man mir sagen: Wo ist das Volk?

Im Prinzip gebe ich also zu, dass das Volk existiert, dass es souverän ist und dass es sich im Bewusstsein der Massen behauptet. Bisher gibt es jedoch keinen Beweis dafür, dass es nach außen hin souverän auftreten kann und dass eine äußere Offenbarung des Volks möglich ist. Im Angesicht der Herrschaft von Vorurteilen, der Widersprüche von Ideen und Interessen, des Wankelmuts von Meinungen und Motivation der Menge werde ich immer fragen, was die Authentizität und Legitimität einer solchen Offenbarung begründet, und darauf kann die Demokratie keine Antwort geben.

2

‹Aber›, so beobachten die Demokraten nicht ganz ohne Grund, ‹das Volk wurde noch nie angemessen gefordert. Es konnte seinen Willen nie durch mehr als Blitze kundtun: Die Rolle, die es bislang in der Geschichte spielte, ist völlig untergeordnet. Damit das Volk seine Gedanken zum Ausdruck bringen kann, muss man es demokratisch konsultierten: Alle Bürger müssen also ohne Unterschied direkt oder indirekt an der Entstehung des Gesetzes beteiligt sein. Diese Art demokratischer Konsultation wurde jedoch nie konsequent ausgeübt: Die ewige Beschwörung der Privilegien ließ dies nicht zu. Fürsten, Adlige und Priester, Militärs, Richter, Professoren, Gelehrte, Künstler, Industrielle, Kaufleute, Finanziers und Eigentümer haben es immer geschafft, das demokratische Bündel zu zerreißen und die Stimme des Volks in eine Monopolstimme zu verwandeln. Jetzt, da wir die einzige und wahre Art und Weise besitzen, um das Volk zum Sprechen zu bringen, werden wir dadurch auch wissen, was die Authentizität und Legitimität seines Wortes ausmacht, und all Ihre früheren Einwände verflüchtigen sich. Die Aufrichtigkeit des demokratischen Systems garantiert uns die Lösung.›

Ich stimme zu, dass der Kern der Schwierigkeit darin besteht, das Volk zu veranlassen, als ein einziger Organismus zu sprechen und zu handeln. Die Republik ist meiner Meinung nach nichts anderes, und hier liegt auch das ganze soziale Problem. Die Demokratie behauptet, dieses Problem durch das allgemeine Wahlrecht, wenn es in der größten Breite angewandt wird, zu lösen, d. h. mit der Ersetzung der königlichen Autorität durch die Autorität der Vielen. Deshalb heißt sie auch Demokratie, die Regierung der Vielen.

Es ist also die Theorie des allgemeinen Wahlrechts, über die wir zu urteilen haben. Um es in aller Deutlichkeit zu sagen: Wir müssen die Demokratie abbauen, so wie wir die Monarchie abgebaut haben: Dies ist die letzte Hürde auf dem Weg zur Republik.

1. Demokratie ist verkleidete Aristokratie. – Der Theorie des allgemeinen Wahlrechts nach hatte die Erfahrung bewiesen, dass die Mittelschicht, die früher die politischen Rechte allein ausübte, das Volk nicht repräsentiere; zusammen mit der Monarchie befand sie sich in ständiger Reaktion gegen das Volk. Man kam zu dem Schluss, es obliege der Nation als Ganzes, ihre Vertreter zu ernennen.

Aber wenn dem so ist, was wäre zu erwarten von einer Klasse Menschen, die hervorgegangen ist aus dem freien Aufschwung der Gesellschaft, aus den spontanen Entwicklungen der Wissenschaften, der Künste, der Industrie und des Handels, aus den Bedingungen der Institutionen, aus der stillschweigenden Zustimmung oder notorischen Unfähigkeit der unteren Klassen, von einer Klasse schließlich, die ihre Talente und ihren Reichtum als die natürliche Elite des Volks bezeichnet? Wird sie nicht die Vertretung übernehmen, gewählt werden in einem mehr oder weniger umfassenden, mehr oder weniger aufgeklärten und freien Wahlkampf? Sie wird unter dem Einfluss lokaler Leidenschaften, staatlicher Vorurteile, im Hass auf Personen und Prinzipien handeln und in letzter Instanz nur eine Scheinvertretung sein, ein Produkt des Wohlgefallens und des Wahlrummels.

Anstelle einer natürlichen Aristokratie werden wir eine Aristokratie unserer Wahl haben, das räume ich gern ein; aber eine Aristokratie um ihrer selbst willen. Mit Herrn Guizot[1] ziehe ich jedoch die Aristokratie des Schicksals der Aristokratie der Willkür vor; das Schicksal verpflichtet mich nämlich zu nichts.

Oder besser gesagt, wir werden nur auf anderem Weg dieselben Aristokraten zurück an die Macht bringen; denn wen sollen sie zu ihren Vertretern wählen, diese Gesellen, Tagelöhner und Beladenen, wenn nicht ihre Bourgeois? Es sei denn, sie würden sie abmurksen!

Ob man es nun will oder nicht, die Vorherrschaft in der Regierung gehört also den Leuten, die das Übergewicht an Talent und Vermögen besitzen; und vom ersten Schritt an wird deutlich, dass die soziale Reform niemals aus der politischen Reform hervorgehen wird; dass es vielmehr die politische Reform ist, die aus der sozialen Reform hervorgehen muss.

---

1 François Guizot (1787-1874), Inhaber verschiedener Ministerposten und schließlich Ministerpräsident unter dem Bürgerkönig bis zu der Revolution im Februar 1848.

Die Illusion der Demokratie rührt daher, dass sie nach dem Vorbild der konstitutionellen Monarchie vorgibt, die Regierung auf repräsentativem Wege zu organisieren. Weder die Juli- noch die Februarrevolution[1] reichten aus, um diese Illusion aufzulösen. Was sie kennzeichnet, ist immer noch die Ungleichheit der Vermögen, immer noch die Delegation der Souveränität und immer noch die Regierung der Honoratioren. Anstatt wie Herr Thiers[2] zu sagen: ‹Der König ist Regent, aber er regiert nicht›,[3] sagt die Demokratie: ‹Das Volk ist Regent, aber es regiert nicht›, was bedeutet, die Revolution zu leugnen.

Nicht, dass er die Wahlreform verhindern wollte, stellte den Grund für den Sturz von Herrn Guizot dar, der die Dynastie und den Thron mit sich riss; der Grund bestand darin, dass die Verfassung im öffentlichen Bewusstsein ausgedient hatte und man sie nicht mehr wollte. Die Gesamtheit der von der Opposition geforderten Reformen beweist, wie ich bereits zeigte,[4] dass man die Charta[5] und

1 1830 respektive 1848.
2 Adolphe Thiers (1797-1877) war 1830 einer der Betreiber der Machtübergabe an den Bürgerkönig. 1851 weigerte er sich, Louis Bonapartes – dem späteren Napoléon III – Staatsstreich zu unterstützen und musste ins Exil gehen. Nach dem Sturz von Napoléon III wurde er 1871 der erste Präsident der Dritten Republik. Er nutzte seine Ämter auch zur skrupellosen Selbstbereicherung.
3 «Le Roi règne et [mais] ne gouverne pas»: Der Bürgerkönig war der Souverän (der König regiert), die Macht übte dagegen das Parlament aus (der König regiert nicht). Neben dieser kursiert die Formulierung «Le roi n'administre pas, ne gouverne pas, il règne.» (Der König bestimmt nicht, er regiert nicht, er ist Regent.) Beide Formulierungen sind zwar nicht wörtlich, jedoch die inhaltlich richtige Zusammenfassung einer längeren Passage aus einem Artikel, den Thiers am 20. Januar 1830 in der Zeitung *Le National* veröffentlichte, also vor der Julirevolution. Es handelte sich um eine Forderung.
4 Siehe S. 111-157.
5 Die «Charte de 1830» war die Verfassung der Julimonarchie und sie

nicht nur den Ministerpräsidenten angriff, und hierüber hinaus sogar etwas noch Höheres als die Charta, nämlich die Verfassung der Gesellschaft selbst.

Wenn man also heute davon spricht, eine repräsentative Demokratie an die Stelle einer repräsentativen Monarchie zu setzen, tut man nichts anderes, als den Satz «Schöne Gräfin, Ihre schönen Augen machen mich vor Liebe sterben»[1] dahingehend zu ändern «Vor Liebe machen mich sterben, schöne Gräfin, Ihre schönen Augen»; und man kann, dem Ausdruck der Arbeiterzeitung *L'Atelier*[2] folgend, sagen, dass die Revolution ausgetrickst wird.

Aber, Geduld! Selbst wenn es im Augenblick schwierig erscheinen mag, dieser Wahl zwischen zwei Regierungsformen zu entkommen, wird die Verlegenheit nicht von langer Dauer sein. Das Prinzip der Repräsentation ist den Barrikaden zum Opfer gefallen, um nimmer wieder aufzustehen. Die konstitutionelle Demokratie ging mit der konstitutionellen Monarchie unter. Seiner lateinischen Etymologie folgend ist der Februar der Monat der Beerdigungen. Die soziale Reform wird die politische Reform nach sich ziehen; das Wissen um die erste schließt das um die zweite in sich ein. Wir werden eine Regierung des Volks durch das Volk haben und nicht etwa durch eine Vertretung des Volks; wir werden, sage ich, die Republik

basierte auf der «Charte constitutionelle» von 1814, die galt, nachdem Napoléon I gestürzt worden war.

1 Molière, *Le Bourgeois gentilhomme* (Der Bürger als Edelmann, eine Ballettkomödie, 1670). Ironische Umformulierungen dieses geckenhaften Satzes sind Teil des Stücks.

2 *L'Atelier, Organe spécial des Ouvriers*, erschien 1840 bis 1850. Der Titel bezieht sich nicht auf das Atelier des Künstlers, sondern auf die ältere Bedeutung des Wortes als Werkstätte (kleinere Fabrik). Der Chefredakteur war der Setzer Claude Anthime Corbon (1808-1891), Abgeordneter im Parlament 1848.

haben, oder wir werden ein zweites Mal an der Demokratie zugrunde gehen.

2. Demokratie ist exklusiv und restaurativ. – Da das Volk gemäß der Ideologie der Demokraten sich nicht selbst regieren kann und gezwungen ist, sich Vertreter zu geben, die es durch Delegation per freiem Mandat regieren, geht man davon aus, dass das Volk zumindest in der Lage ist, sich vertreten zu lassen, dass es getreu vertreten werden kann. Also wirklich!, diese Annahme ist radikal falsch; es gibt keine legitime Vertretung des Volks, und es kann auch niemals eine solche geben. Alle Wahlsysteme sind Lügenmechanismen: Man muss nur eines kennen, um sie alle zu verurteilen.

Nehmen wir das der Provisorischen Regierung.

Wenn eine Theorie im Namen des Volks auftritt, dann muss sie sich sowohl in Bezug auf Logik, Gerechtigkeit, Traditionen, Tendenzen und den Gesamtzusammenhang wie auch in Bezug auf die Ausdrucksform als untadelig erweisen. Ich erkenne die Stimme des Volks in den Büchern Fouriers[1] ebenso wenig wie im *Père Duchêne*.[2]

Das System der Provisorischen Regierung erhebt den Anspruch, das ganze Volk zu vertreten.

Aber egal, wie man es dreht und wendet, in jedem Wahlsystem wird es immer unberücksichtigte, ungehörte, ungültige, unbedachte oder unfreie Stimmen geben.

Der kühnste Neuerer hat es noch nicht gewagt, das Wahlrecht für Frauen,[3] Kinder, Hausangestellte und für Straf-

---

1 Siehe S. 54, Fn. 4.

2 Meist: *Père Duchesne*, auflagenstarke Zeitung während der Großen Revolution und Sprachrohr ihres radikalsten, staatssozialistischsten, und terroristischsten Flügels.

3 Falsch, Olympe de Gouges hatte es 1791 gefordert.

gefangene zu fordern. Das sind ungefähr vier Fünftel des Volks, die nicht vertreten werden und aus der Gemeinschaft des Volks ausgeschlossen bleiben. Warum?

Ihr legt die Wahlfähigkeit auf 21 Jahre fest; warum nicht auf 20? Warum nicht auf 19, 18, 17? Wie?, ein Jahr, ein Tag, das macht die Vernunft des Wählers aus? Die Barra, die Viala sind unfähig, vernünftig zu wählen; die Fouché,[1] die Hébert[2] werden an ihrer statt stimmen!

Ihr eliminiert die Frauen. Ihr habt also das große Problem der Ungleichheit der Geschlechter gelöst. Wie?, keine Ausnahme für Lucretia, Cornelia, Jeanne d'Arc oder Charlotte Corday?[3] Eine Roland, eine Staël, eine George Sand werden vor eurer Männlichkeit keine Gnade finden![4] Die Jakobiner empfingen Strickerinnen zu ihren Sitzungen; man hat nie erwähnt, die Anwesenheit von Bürgerinnen habe den Mut der Bürger erschüttert![5]

1 Joseph Fouché (1759-1820), Drahtzieher bei dem Sturz von Robespierre und dann unter Napoléon I Polizeiminister.

2 Jacques-René Hébert (1757-1794), Herausgeber der Zeitschrift *Père Duchesnes*. Er fiel schließlich dem Terror durch seine eigenen Leute zum Opfer und starb unter dem Fallbeil der Guillotine.

3 Lucretia ist die mythische Frau der römischen Frühzeit, die nach einer Vergewaltigung durch den Königssohn Suizid begeht und damit den Sturz des Königs und den Ursprung der Republik auslöst. – Cornelia, tunesische christliche Märtyrerin (ums Jahr 300). – Jeanne d'Arc († 1431), Heldin im Hundertjährigen Krieg zwischen England und Frankreich. – Charlotte Corday (1768-1794) tötete Jean Paul Marat, einen zum Mord an Andersdenkenden aufrufenden Journalisten während der Großen Revolution; hierfür wurde sie hingerichtet.

4 Madame Roland (1754-1793) unterstützte während der Großen Revolution die föderalistischen Girondisten gegen die zentralistischen Jakobiner und wurde deshalb guillotiniert. – Germaine de Staël (1766-1817), erfolgreiche Schriftstellerin und Girondistin, die die Zeit der Terrorherrschaft im Exil überlebte. – George Sand (1804-1876), frühe feministische Schriftstellerin.

5 Interessanter Absatz, da Proudhon rückblickend gern Frauenfeindlichkeit vorgeworfen wird. Hier jedenfalls ist von ihr nichts zu lesen.

Ihr schiebt den Hausangestellten beiseite. Wer sagt euch, dass unter diesem Mal der Knechtschaft nicht eine großzügige Seele steckt; dass in diesem Herz des Dieners nicht eine Idee schlägt, die die Republik retten wird? Ist die Rasse des Figaro[1] verloren? Es sei die eigene Schuld dieses Mannes, werdet ihr sagen: Warum ist er ein Diener trotz so vieler Fähigkeiten? Warum gibt es überhaupt Diener? Ich will das Volk in seiner Vielfalt und Vielzahl sehen und hören, alle Altersgruppen, alle Geschlechter, alle Lebensumstände, alle Tugenden, alle Nöte, denn dies alles ist das Volk.

Für die gute Disziplin, den Frieden des Staats und die Ruhe der Familien, behauptet ihr, würde es einen schwerwiegenden Nachteil bedeuten, wenn Frauen, Kinder und Hausangestellte die gleichen Rechte erhielten wie Ehegatten, Väter und Herren; außerdem würden erstere durch die Solidarität der Interessen und durch das Familienband ausreichend von letzteren vertreten werden.

Ich gebe zu, dass der Einwand ernst zu nehmen ist, und will ihn auch gar nicht widerlegen. Aber seid vorsichtig, aus demselben Grund müsstet ihr die Proletarier und alle Arbeiter ausschließen. Sieben Zehntel dieser Kategorie erhalten Unterstützung von der öffentlichen Wohlfahrt; sie werden also aus Eigennutz für Zuwendungen an die Staatskasse, Lohnerhöhungen und Arbeitsverkürzungen stimmen; und sie werden nicht davon ablassen, das versichere ich euch, vorausgesetzt, dass ihre Delegierten sie vertreten. Im Parlament wird das Proletariat agieren wie die Beamten in der Kammer des Herrn Guizot,[2] Richter in eigener Sache sein, immer bereit, das Budget anzuzapfen,

---

1 In Mozarts Oper (1786) ist Figaro ein Kammerdiener.
2 Siehe S. 59, Fn. 1.

aber nichts zu ihm beitragen, die Diktatur hofieren, bis das Kapital durch die Steuer erschöpft ist, das Eigentum keine Frucht mehr bringt und der allgemeine Bankrott die parlamentarische Bettelei ins Leere laufen lässt.

Und wie zählen all die Bürger, die aufgrund von Terminen, Krankheit, Reisen oder Geldmangel gezwungen sind, sich der Wahl zu enthalten? Verfahrt ihr nach dem Sprichwort: Wer nichts sagt, stimmt zu? Aber wozu? Zur Meinung der Mehrheit oder zur Meinung der Minderheit?

Was ist mit denjenigen, die nur aus Gewohnheit, Gefälligkeit oder Interesse, aufgrund des Glaubens an eine Partei oder an ihren Pfarrer abstimmen? Es ist eine alte Maxime, dass man bei allen Beratungen die Stimmen nicht nur zählen, sondern auch abwägen muss. In euren Parlamentsausschüssen hingegen zählt die Stimme eines Arago[1] oder eines Lamartine[2] nicht mehr als die eines Bettlers. Wollt ihr behaupten, dass die Achtung, die verdienten Menschen gebührt, ihnen durch den Einfluss zuteil wird, den sie auf die Wähler ausüben? Dann sind die Stimmen nicht frei. Es ist die Stimme der Fähigkeiten, die wir hören, nicht die des Volks. Da wäre es besser gewesen, das System von 200 Francs beizubehalten.[3]

Wir haben der Armee das Wahlrecht zugestanden. Das bedeutet, dass der Soldat, der nicht wie sein Hauptmann

---

1 François Arago (1786-1853), Naturwissenschaftler und sowohl in der Julimonarchie als auch nach 1848 politisch aktiv. Er war einer von denjenigen, die die Abschaffung der Sklaverei in Frankreich betrieb. Die Diktatur Napoléon III lehnte er ab und legte seine politischen Ämter nieder. (Dies fand nach der Zeit der Abfassung dieses Textes statt.)
2 Alphonse de Lamartine (1790-1869), Lyriker und ebenfalls sowohl in der Julimonarchie als auch nach 1848 politisch aktiv, bis dann die Diktatur von Napoléon III seinem Engagement eine Ende setzte.
3 Die Zahlung von 200 Francs Steuern war die Untergrenze der Wahlberechtigung in der Julimonarchie ab 1830.

stimmt, in den Bau geht, der Hauptmann, der nicht wie sein Oberst stimmt, unter Arrest gestellt und der Oberst, der nicht wie die Regierung stimmt, abgesetzt wird.

Die weiteren materiellen und moralischen Unmöglichkeiten, von denen es im von der Provisorischen Regierung angenommenen Wahlmodus nur so wimmelt, übergehe ich. Jedem ist bekannt, dass die Provisorische Regierung durch das Zweikammersystem und die Abstimmung nach Listen die Bürger nicht über die Menschen, sondern über Parteien abstimmen lassen will; genau wie die alte Regierung, die ebenfalls über das Programm und nicht über die Menschen abstimmen ließ. Nach welchem Kriterium kann man entscheiden, wenn man 10, 15 oder 25 in einem Paket wählen muss? Für wen wird die Stimme gezählt, wenn jeder Bürger seine Stimme frei und in Kenntnis der Sachlage in die Wahlurne wirft? Wie könnte man solche Wahlen interpretieren, wenn sie ernst gemeint wären? Natürlich ist das unmöglich.

Ich streite nicht. Ich wiederhole, dass ich mich bei dieser rein materiellen Seite der Frage an das Recht halte. Was man früher der Käuflichkeit schuldete, fällt heute der Ohnmacht zum Opfer. Man sagt dem Wähler: ‹Hier sind unsere Freunde, die Freunde der Republik; und dort sind unsere Gegner, die auch die Gegner der Republik sind. Wählen Sie!› Der Wähler, der die Eignung der Kandidaten nicht beurteilen kann, stimmt also ab auf der Grundlage eines reinen Vertrauens!

Anstatt die Abgeordneten – wie unter dem gestürzten Regime – in jeder Kommune[1] ernennen zu lassen, ließ man sie von jedem Landkreis[2] wählen. Durch diese Maßnahme

1 *arrondissement.*
2 *département.*

wollte man den Geist der Lokalität zerstören. Nun, staunt, wie selbstgerecht diese Demokraten in ihren Prinzipien sind!

Wenn die Abgeordneten, so sagen sie, in den Kommunen ernannt werden würden, wäre nicht Frankreich vertreten, sondern nur die jeweilige Kommune. Das Parlament wäre keine Vertretung des Landes insgesamt mehr; es wäre ein Kongress von 459 lokalen Vertretungen.

‹Warum also›, erwidere ich, ‹lasst ihr nicht jeden Wähler die Abgeordneten von ganz Frankreich ernennen?›

Das wäre zu wünschen, werdet ihr antworten, aber solch ein Wahlsystem sei unmöglich.

Zunächst stelle ich fest: Jede Methode, die abhängt von der Bedingung, dass eine andere unmöglich ist, macht auf mich den Eindruck einer armen Methode. Aber die Demokraten scheinen mir hier einzigartig inkonsequent und sich für nichts zu schade zu sein. Die Abgeordneten sollen nicht die Landkreise, nicht die Kommunen, nicht die Städte, nicht die Dörfer, nicht die Industrie, nicht den Handel, nicht die Landwirtschaft, nicht sonstige Interessengruppen, sondern nur Frankreich vertreten. Aber warum wurde dann beschlossen, dass es pro 40 000 Einwohner einen Abgeordneten geben solle? Warum nicht einen pro 100 000 oder 200 000? Langten denn 90 statt 900 Abgeordnete nicht hin? Könntet ihr nicht in Paris eure komplette Liste festlegen, während die beiden monarchistischen Parteien und die Kaisertreuen die jeweils ihre festgelegt hätten? Wäre es schwieriger, über Listen mit 90 als über solche mit 15 Namen abzustimmen?

Aber wer sieht nicht, dass Abgeordnete, die auf diese Art außerhalb aller Interessen, aller Besonderheiten und aller Nähe zu Orten und Personen gewählt werden, durch die Kraft, ganz Frankreich zu vertreten, absolut *nichts* vertreten; dass sie keine Mandatsträger mehr sind; sondern Senatoren, und dass wir anstelle einer repräsentativen Demokratie eine Wahloligarchie haben, das Mittelding zwischen Demokratie und Königtum?

Dies, Bürger und Leser, ist der Punkt, auf den ich euch hinweisen wollte. Von welcher Seite ihr die Demokratie auch betrachtet, ihr werdet sie immer zwischen zwei Extremen sehen, von denen das eine wie das andere ihrem Prinzip widerspricht; dazu verurteilt, zwischen dem Absurden und dem Unmöglichen hin & her zu schwanken, ohne sich jemals festlegen zu können. Die Provisorische Regierung eiferte Herrn Guizot nach und zog unter einer Million gleich willkürlicher Werkzeuge dasjenige vor, das ihr ihren demokratischen Vorurteilen der wahren Repräsentation am besten zu entsprechen dünkte, während sie eine Regierung des Volks durch das Volk niemals in Betracht zog. Ich mache ihr daraus keinen Vorwurf. Der Geist ist für die Republik noch nicht bereit; wir müssen noch einmal durch die Demokratie gehen. Nun, Übergang ist Übergang, und das System der Provisorischen Regierung mag ich ebenso sehr wie das von Herrn Duvergier de Hauranne.[1] Ich glaube nicht, dass die Wahl eine Minute der Prüfung wert ist.

3. Demokratie ist ein Scherbengericht.[2] – Wenn der Abgeordnete seine Wähler vertreten soll, muss er alle Ideen vertreten, die an der Wahl beteiligt waren. Aufgrund des

---

1 Jean Duvergier de Hauranne (1581-1643), Anhänger des katholischhäretischen Jansenismus; er vertrat eine Luther und Calvin ähnliche Gnadenlehre (insofern eine Art ‹Übergang›). Und wenn es etwas gab, das Proudhon noch stärker verachtete als die katholische Priesterherrschaft, dann den Protestantismus.

2 Das Scherbengericht war im antiken Athen das Verfahren, mit dem missliebige Bürger zum Exil verurteilt wurden.

Wahlsystems vertritt der Abgeordnete, von den Bürgern als sogenannter Gesetzgeber entsandt, um im Namen des Volks alle Ideen und Interessen zu vereinen, aber immer nur *eine* Idee oder *ein* Interesse; der Rest wird gnadenlos ausgegrenzt. Denn was ist das Gesetz der Wahlen? Wer entscheidet über die Wahl der Abgeordneten? Die Mehrheit, die Hälfte plus eine der Stimmen. Daraus folgt, dass die Hälfte minus einer der Wähler ohne Vertretung bleibt oder unfreiwillig vertreten wird; dass von den Meinungen, die die Bürger spalten, nur eine, wenn überhaupt, in die Legislative gelangt, nämlich die des Abgeordneten; und dass schließlich das Gesetz, das der Ausdruck des Willens des Volks sein sollte, bloß der Ausdruck einer Hälfte des Volks ist.

Der Theorie der Demokraten nach besteht das Problem der Regierung mithin darin, durch den Mechanismus des angeblich allgemeinen Wahlrechts alle Ideen, die sich in der öffentlichen Meinung befinden, bis auf eine einzige zu eliminieren und die Idee der Mehrheit zum Souverän zu erklären.

Aber, so wird man vielleicht sagen, eine Idee, die in dem einen Ausschuss unterliegt, vermag in einem anderen zu triumphieren, und auf diese Weise können im Parlament doch alle Ideen vertreten sein. Falls dies so wäre, hättet ihr die Schwierigkeit nach hinten verschoben, mehr nicht; denn die Frage bleibt, wie all diese unterschiedlichen und widersprüchlichen Ideen ins Gesetz einfließen und darin vereint werden können.

So ist die Revolution nach Ansicht der einen nur ein Vorfall, der die allgemeine Ordnung der Gesellschaft nicht verändern darf. Für die anderen ist die Revolution noch mehr eine soziale als eine politische Angelegenheit. Die einen wollen die Sicherheit der Bourgeoisie. Die anderen

Garantien für das Proletariat. Wie sollen diese gegensätzlichen Wünsche, diese entgegengesetzten Tendenzen in einem gemeinsamen Ergebnis, in dem universellen einen Gesetz, zusammenstimmen?

Die Demokratie ist weit davon entfernt, diese Schwierigkeit zu lösen, ihre ganze Kunst, ihre ganze Wissenschaft besteht darin, sie zu kappen. Sie greift auf die Urne zurück; die Urne ist zugleich Plattform, Waage und Kriterium der Demokratie. Mit der Wahlurne eliminiert sie die Menschen; mit der gesetzgebenden Urne eliminiert sie die Ideen.

Vor kaum einem Monat schrie man in allen Tonlagen über das Zensuswahlrecht. Wie?, ein Francs, ein Rappen, macht jemanden zum Wähler!

Ist es nicht immer das Gleiche? Wie?, es ist eine Stimme, die zum Vertreter macht, eine Stimme, die den Ausschlag gibt bei der Verabschiedung eines Gesetzes! Eine Frage, von welcher die Ehre und das Heil der Republik abhängt, spaltet die Bürger in zwei gleich starke Fraktionen. Auf beiden Seiten werden ernsthafte Gründe, schwerwiegende Autoritäten und positive Tatsachen vorgebracht. Die Nation ist im Zweifel, das Parlament in der Schwebe. Ein Vertreter wechselt ohne nennenswerte Gründe von der einen auf die andere Seite und neigt die Waage – er macht das Gesetz.

Und dieses Gesetz, Ausdruck irgendeines launischen Willens, wird als der Ausdruck des Willens des Volks angesehen. Ich muss mich ihm unterwerfen, ich muss es verteidigen, gegebenenfalls muss ich für es sterben! Durch eine parlamentarische Schrulle verliere ich das wertvollste meiner Rechte, die Freiheit! Und die heiligste meiner Pflichten, die Pflicht, jeder Tyrannei mit aller Kraft zu widerstehen, fällt vor der souveränen Kugel eines Narren!

Die Demokratie ist nichts anderes als die Tyrannei der Mehrheiten, die abscheulichste aller Tyranneien, denn sie stützt sich weder auf die Autorität einer Religion, noch auf einen Adel der Rasse, noch auf das Privileg des Talents oder des Vermögens, sondern hat die Zahl als Grundlage und den Namen des Volks als Maske. Während der Herrschaft des Bürgerkönigs Louis-Philippe verweigerte Herr de Genoude[1] die Zahlung von Steuern, weil, wie er sagte, die Steuern nicht von einer echten Nationalvertretung verabschiedet wurden. Herr de Genoude war zu zaghaft, indem er auf diesem guten Wege stehen blieb. Wenn zufällig eine demokratischere Mehrheit für den Haushalt gestimmt hätte, sollte dann die Minderheit etwa glauben, auch sie hätte dem Haushalt zugestimmt und sei folglich zur Zahlung verpflichtet, obwohl sie in Wirklichkeit den Haushalt abgelehnt hat?

Im ersten Teil dieses Buches[2] wies ich die Legitimität der Revolution und moralische Notwendigkeit der Republik nach, indem ich aufzeigte, dass am 22. Februar [1848] alle Meinungen und alle Parteien, egal wie unterschiedlich sie waren, zu einem Paket an Reformen übereinkamen, dessen allgemeine Formel unweigerlich die Republik darstellte. Die Demokratie zerstört mit ihrem allgemeinen Wahlrecht diese Rechtfertigung, die einzige, welche die Revolution für ihre Entstehung geben kann. Sie versucht, die Massen, die Landkreise, derart zu beeinflussen, dass sie sich der Republik anschließen; und wenn ihr dieser Anschluss nicht gelingt, wird sie mit Gewalt vorgehen! Einschüchterung ist das stärkste Argument der Demokraten bezüglich der Republik! Lässt dies im Unklaren,

---

1 Antoine Eugène Genoude (1792-1849), Theologe und Politiker.
2 Siehe S. 111-157.

dass das allgemeine Wahlrecht, dass die Demokratie nicht die Souveränität des Volks ausdrückt?

Ich hoffe, dass die Macht der Dinge, die unnachgiebige Vernunft der Tatsachen, unser zukünftiges Parlament inspirieren wird. Aber ich wäre derzeit nicht überrascht, wenn es eine Regierung bildet, die von der Revolution so wenig begreift, dass am Ende gar die Revolution Lügen gestraft werden und das Volk die Politik seiner Vertreter dann mit einem ähnlichen Akt wie schon im Februar desavouieren würde.[1]

4. Demokratie ist eine Form des Absolutismus. – Das allgemeine Wahlrecht, dieser umfassendste Ausdruck der Demokratie, hat vor allem unter den werktätigen Klassen so viele Anhänger gefunden, weil es immer als ein Appell an die Talente und Fähigkeiten sowie an den gesunden Menschenverstand und die Moral der Massen dargestellt wurde. Wie oft wurde der beleidigende Kontrast zwischen dem Spekulanten, dem Raubzüge zum politischen Einfluss verhelfen, und dem genialen Mann hervorgehoben, den die Armut von der Politik fernhielt. Wie sarkastisch wurden die Fähigkeiten derer, die nicht zumindest 200 Fr. Steuern zahlen und sich auf diese Weise das Wahlrecht erkaufen konnten, den Unfähigkeiten eines Béranger, Chateaubriand oder Lamennais gegenüber gestellt![2]

---

1 Schon im Juni 1848 kam es erneut zu (erfolglosen) sozialen Unruhen.
2 Pierre-Jean de Béranger (1780-1857), sozialkritischer Dichter, der sich der Julimonarchie anschloss und dadurch seine Popularität einbüßte. – François-René de Chateaubriand (1768-1848), Dichter, der sich in der Zeit der Restauration nach dem Sturz von Napoléon I in den Dienst der Fürsten stellte. – Félicité de Lamennais (1782-1852), Theologe, dessen religiöser Sozialismus ihn in den Gegensatz zum Papst brachte. 1848 Mitglied des Parlaments. Nach dem Staatsstreich von Napoléon III 1851 zog er sich aus der Politik zurück.

Schließlich sind wir alle Wähler; und wir vermögen es, die Würdigsten zu wählen.

Wir können mehr; wir werden ihnen bei ihren Akten der Gesetzgebung und Entscheidungen Schritt für Schritt folgen; wir werden ihnen unsere Gründe und Beweise vorlegen; wir werden ihnen unseren Willen einschärfen; und wenn wir unzufrieden sind, werden wir sie abberufen.

Die Wahl der Fähigen, das imperative Mandat sowie die ständige Abberufbarkeit folgen unmittelbar, unbestreitbar aus dem Wahlprinzip. Sie sind das unvermeidliche Programm der gesamten Demokratie. Nun, so wenig wie die konstitutionelle Monarchie kann die Demokratie sich einer solchen Herleitung ihres Prinzips beugen.

Die Demokratie setzt ebenso wie die Monarchie stumme Vertreter voraus, die nicht diskutieren, sondern Stimmvieh sind; die, sobald sie die Losung der Regierung erhalten, mit fest geschlossenen Reihen die Opposition zerschlagen. Es sind passive Kreaturen, ich hätte fast gesagt: Satelliten, die sich von der Gefahr einer Revolution nicht einschüchtern lassen, deren Vernunft nicht zu rebellisch ist und deren Gewissen vor keiner Willkür und keiner Ächtung zurückschreckt.

Dieses Paradoxon, werdet ihr sagen, gehe weit über die Grenze der Verleumdung. Wir müssen es also beweisen, und zwar sowohl faktisch als auch rechtlich. Das wird nicht viel Zeit beanspruchen.

Jeder hat das Rundschreiben des Bildungsministers an die Direktoren in Bezug auf die Wahlen gelesen und jeder hat diese Passage bemerkt: «Der größte Irrtum der Landbevölkerung besteht darin, man müsse Bildung oder Vermögen besitzen, um Repräsentant zu werden. Der Großteil der Volksvertretung fungiert aber wie Geschworene, die mit Ja oder Nein darüber urteilen, ob das, was die Elite der Mitglieder vorschlägt, gut oder schlecht ist. Dieser Teil braucht bloß Ehrlichkeit und gesunden Menschenverstand, er muss nichts erfinden. Dies ist das Grundprinzip des republikanischen Rechts.»

Dann äußerte der Minister seinen Wunsch, dass Grundschullehrer für das Parlament kandidieren sollten, nicht weil sie ausreichend aufgeklärt, sondern obwohl sie nicht ausreichend aufgeklärt seien. «Je weiter unten man beginnt, desto mehr Größe wird erreicht»; was für einen Geometer unbestreitbar ist.

Wenn der Minister, überzeugt von der allbekannten Begabung vieler der geschätzten Grundschullehrer, sich damit begnügt hätte, sie als unter dem Scheffel gehaltene Lichter zu bezeichnen, die das Aufkommen der Demokratie zutage bringen solle, dann würde ich dem Rundschreiben applaudieren. Aber wer sieht nicht, dass der Grundschullehrer in den Gedanken des Ministers die neidische Mittelmäßigkeit ist, die nichts erfunden hat und nichts erfinden wird, nur dazu bestimmt, als stilles Stimmvieh dem Krieg gegen die Reichen und der demokratischen Willkür zu dienen? In dieser Eigenschaft protestiere ich gegen solche Kandidaten, offen gesagt, gegen diese Prostitution der Grundschullehrer.

In gleicher Weise wie die konstitutionelle Monarchie, die versucht, sich mit einer Aristokratie des Talents und des Vermögens zu umgeben, auf die Honoratioren zurückgreift, stellt auch die Demokratie, eine torkelnde Version dieses Systems, ihr Patriziat aus Mittelmäßigen zusammen. Und das ist nicht, wie man meinen könnte, eine besondere Meinung des Ministers, macht vielmehr, wie ich später beweisen werde, das reine Wesen der Demokratie aus.

Ich führe eine weitere Tatsache an.

Alle Autoren des öffentlichen Rechts, insbesondere die

Demokraten, sprechen sich gegen das imperative Mandat aus; alle, sage ich, bezeichnen es unisono als unpolitisch, zum Missbrauch und zur Unterdrückung der Regierung durch die Leute verleitend, die Würde des Abgeordneten verletzend und so weiter. Das imperative Mandat wurde mit allen Bannflüchen belegt. Im Zivilrecht wäre es eine Ungeheuerlichkeit, wenn der Mandant weniger Autorität hätte als sein Bevollmächtigter; in der Politik ist es umgekehrt. Hier wird der Bevollmächtigte zum Richter und Schiedsmann über die Interessen seines Auftraggebers. Was laut Gesetzbuch orthodox ist, ist in der Ordnung der verfassungsmäßigen Ideen ketzerisch – eine der tausend Absonderlichkeiten des menschlichen Geistes.

Die Dauer des Mandats, die im Zivilrecht nach Belieben widerrufen werden kann, ist in der Politik unabhängig vom Willen der Wählerschaft. In unseren Verfassungen variiert die Amtszeit von einem Jahr bis zu sieben Jahren, je nach Belieben nicht etwa der regierten, sondern der regierenden Bürger.

In der Tat ist also klar und durch die Doktrin der Rechtsgelehrten und die Rundschreiben der Minister erwiesen, dass der Abgeordnete in jeder Art von Regierung der Macht und nicht den Leuten gehört; dass die Monarchie zu dem Zweck einen fähigen oder reichen Abgeordneten verlangt, die Demokratie dagegen einen unfähigen oder bedürftigen Abgeordneten; das Mandat muss eine bestimmte Dauer haben, mindestens ein Jahr, während der die Regierung im Einvernehmen mit den Abgeordneten tut, was ihr gefällt, und ihre Launen zum Gesetz macht.

Könnte es denn anders sein? Nein, und die Erörterung des Rechtsstandpunkts erfordert keine lange Rede.

Das gestürzte System kann als die Regierung der Gesellschaft durch die Bourgeoisie, d. h. durch die Aristokratie der Talente und des Vermögens, definiert werden. Das System, an dessen Errichtung gerade gearbeitet wird, die Demokratie, kann im Gegensatz dazu definiert werden als die Regierung der Gesellschaft durch die große Mehrheit der Bürger, die wenig Talent und kein Vermögen besitzen. Die Ausnahmen, die in dem einen oder anderen dieser Systeme vorkommen können, ändern überhaupt nichts am Prinzip, und weder verwandeln noch modifizieren sie die Tendenz. Unter der repräsentativen Monarchie ist es das Schicksal des Volks, durch die Bourgeoisie, und unter der demokratischen Regierung, durch das Proletariat ausgebeutet zu werden.

Nun, wer den Zweck will, heiligt auch die Mittel.

Wenn die monarchische Vertretung aus Abgeordneten mit imperativem Mandat bestünde, die nach dem Willen der Wähler abberufen werden könnten, dann würde die Bourgeoisie ihre Privilegien recht bald einbüßen und die Königsherrschaft, das sie verkörpert, würde auf null reduziert werden. Ebenso würde die Diktatur der Massen schnell fallen und der Proletarier in sein Proletariat zurückkehren, wenn die demokratische Versammlung aus der Bourgeoisie bestünde, aus Leuten, die aufgrund von Wissenschaft und Vermögen mächtig sind, die zu ihrem Prinzip stehen und die jeden Augenblick ersetzt werden können, falls sie es verraten. Daher Herrn Guizots[1] Widerstand gegen die Wahlrechtsreform, daher das allgemeine Wahlrecht und das Rundschreiben Herrn Carnots.[2]

Weil jedoch nichts, was eine Spaltung im Volk hervorruft, von Dauer sein kann, ist es auch das Schicksal, dass diese

---

1 Siehe S. 59, Fn. 1.
2 Hippolyte Carnot (1801-1888), nach der Revolution von 1848 kurzzeitig Bildungsminister, der das oben zitierte und verspottete Rundschreiben verfasste.

Formen der Tyrannei eine nach der anderen untergehen werden, und zwar bemerkenswerterweise immer aus derselben Ursache: die Tyrannei der Bourgeoisie durch das Elend des Proletariats, die Tyrannei des Proletariats durch den Untergang der Bourgeoisie, der das allgemeine Elend sein wird.[1]

Dies war am 22., 23. und 24. Februar [1848] freilich nicht die geistige Tendenz.

Die Bourgeoisie, der Schandtaten der eigenen Regierung überdrüssig, marschierte mit ihrem Ruf ‹Es lebe die Reform!› unwissentlich in Richtung Republik. Die Arbeitermassen, die den Ruf nach Reform begeistert wiederholten und die der Bourgeoisie mit Haut und Haar verfielen, marschierten ebenfalls, ohne es zu ahnen, in Richtung Republik. Die Verschmelzung der Ideen und der Herzen war vollständig, das Ziel war das gleiche, obwohl der Weg, den man einschlug, niemandem bekannt war. Seit dem 25. Februar verfälschte sich die Revolution, da sie nicht verstanden wurde. Von sozial, was sie im Denken aller gewesen war, wurde sie wieder politisch gemacht; denn es ist immer politisch, unter dem Vorwand der Organisation die Arbeit im Staat aufzusaugen; und die Trennungslinie zwischen Bourgeoisie und Volk, die einen Moment lang verwischt war, erschien wieder tiefer und breiter. Unfähig, das republikanische Ideal zu begreifen, sowie ihrem demagogischen und merkantilen Trott ausgeliefert, arbeitete die Provisorische Regierung daran, statt Arbeit Bürgerkrieg und entsetzliches Elend zu organisieren.

Frankreich wird, sofern unsere verfassungsgebende Ver-

---

1 Ein prophetischer Satz, aber leider nicht was seinen optimistischen, sondern was seinen pessimistischen Aspekt betrifft: Der Untergang der Bourgeoisie verursacht allgemeines Elend, nach der Russischen ebenso wie nach der Chinesischen Revolution.

sammlung dieser verabscheuungswürdigen Politik kein Ende setzt, bald aus schmerzlichster Erfahrung lernen, wie weit die Republik von der Demokratie entfernt ist.

5. Demokratie ist materialistisch & atheistisch. – Wenn Monarchie der Hammer ist, der das Volk zerschmettert, so ist Demokratie die Axt, die es spaltet, und beide führen gleichermaßen zum Tod der Freiheit. Das allgemeine Wahlrecht ist eine Art Atomismus, durch den der Gesetzgeber, da er das Volk nicht in der Einheit seines Wesens sprechen lassen kann, die Bürger dazu auffordert, ihre Meinung nach Köpfen, Mann für Mann, auszudrücken, absolut so, wie der griechische Philosoph Epikur[1] das Denken, den Willen, die Intelligenz durch Kombination von Atomen erklärt. Das ist politischer Atheismus in der schlechtesten Bedeutung des Wortes. Als könnte aus der Addition einer beliebigen Anzahl von Stimmen jemals ein allgemeiner Gedanke hervorgehen![2]

Aus dem Zusammenprall von Ideen gehe das Licht hervor,[3] sagte man einst. Das ist wahr und falsch zugleich wie alle Sprichworte. Zwischen Zusammenprall und Licht können tausend Jahre liegen. Die Geschichte hat vor nur einem halben Jahrhundert begonnen, sich für uns zu enthüllen; die Ideen, die einst in Rom, Athen, Jerusalem und Memphis umherschwirrten, haben erst die Menschen in unserer Zeit erleuchtet. Zweifellos sprach das Volk schon immer; sein Wort verlor sich allerdings in vereinzelten

1 341-271 v. Chr.
2 Quelle: Rousseau.
3 «Du choc des idées jaillit la lumière.» Diesen Satz schreibt man oftmals Nicolas Boileau (1636-1711) zu. Eine belastbare Quelle konnte ich nicht ausfindig machen. In den Œuvres de Boileau (Paris 1860) habe ich ihn nicht gefunden (ChatGPT bestätigt das). Proudhon tat also gut daran, keinen Autor zu nennen.

Stimmen und wurde von keinem verstanden. Das Licht, das die antiken Ideen trugen, blieb den Zeitgenossen verborgen. Es ist zum ersten Mal vor den Augen von Vico, Montesquieu, Lessing, Guizot, Thierry und ihren Epigonen aufgetaucht.[1] Dient es der Nachwelt, wenn auch wir uns an die Gurgel gehen?

Das sicherste Mittel, um das Volk zum Lügen zu bringen, ist die Einführung des allgemeinen Wahlrechts. Die Abstimmung nach Köpfen ist in Bezug auf die Regierung und als Mittel zur Feststellung des nationalen Willens genau das gleiche, was in der politischen Ökonomie eine Umverteilung des Bodens wäre. Durch ein solches Agrargesetz würden die Bodenrechte nämlich auf die Behörde übertragen.

Weil die Autoren, die sich als erste mit dem Ursprung der Regierungen befassten, lehrten, alle Macht wurzle in der nationalen Souveränität, schlussfolgerte man tapfer, dass es am besten sei, alle Bürger per Lautstärke, Hand oder Zettel abstimmen zu lassen, und dass die Mehrheit der so abgegebenen Stimmen dem Willen des Volks entspreche. Man führte uns zu den Gebräuchen der Barbaren zurück, die bei der Wahl in Ermangelung von Argumenten durch Akklamation vorgingen. Man erklärte also ein materielles Symbol zur Formel der wahren Souveränität und sagte den

---

1 Giambattista Vico (1668-1744), italienischer Universalgelehrter und Begründer der Geschichtsphilosophie. – Charles de Secondat, Baron de Montesquieu (1669-1755), französischer Staatstheoretiker der Gewaltenteilung. – Gotthold Ephraim Lessing (1729-1781), deutscher Aufklärungsdichter (Toleranzgedanke in der *Ringparabel*, eine Szene in dem Drama *Nathan der Weise*, 1779). – François Guizot, siehe S. 59, Fn. 1 (ihn, den Proudhon sonst mit Spott überzieht, in diese illustre Reihe gestellt zu sehen, verwundert). – Augustin Thierry (1795-1856) vertrat als Historiker vor Marx die These, dass die Geschichte eine Abfolge von Klassenkämpfen sei.

Proletariern: Wenn ihr wählen geht, werdet ihr frei sein; ihr werdet reich sein; ihr werdet das Kapital und die Produktion beherrschen und euren Lohn selbst bestimmen; ihr werdet, gleich einem neugeborenen Moses, gebratene Drosseln und Manna vom Himmel regnen lassen;[1] ihr werdet den Göttern gleich werden, denn ihr braucht nicht mehr zu arbeiten, oder ihr werdet, wenn ihr arbeitet, so wenig arbeiten, dass es sich wie nichts anfühlt.

Was man auch tut und was man auch sagt, das allgemeine Wahlrecht, das Zeugnis der Uneinigkeit, kann nur Uneinigkeit hervorbringen. Und mit solch einer elenden Idee – ich schäme mich für mein Vaterland – beackert man seit 17 Jahren das arme Volk! Ihretwegen sangen Bourgeois und Werktätige auf 70 Demonstrationen im Chor die *Marseillaise* und gaben sich nach einer ebenso glorreichen wie legitimen Revolution der Sekte liberaler Staatsanbeter[2] hin. Die Abgeordneten der Opposition sind sechs Monate lang wie Schauspieler auf Urlaub durch die Provinz getingelt, und *was* haben sie uns als Frucht ihrer gewinnorientierten Aufführungen zum Ersatz fürs politische Privileg mitgebracht? die Aneignung des Bodens durch die Politik! Unter dieser spalterischen Flagge wollen wir die Initiative des Fortschritts behalten, beim Kampf um die Freiheit an der Spitze der Nationen marschieren, die Harmonie auf dem Globus einführen! Gestern blickten wir mitleidig auf die Völker herab, die sich nicht wie wir zu konstitutionellen Höhenflügen auf-

1 Eine seltsame Vermischung der biblischen Erzählung, derzufolge Moses das Manna (Himmelsbrot) regnen ließ, mit dem die Israeliten sich nach der Flucht aus Ägypten während ihrer 40jährigen Wüstenwanderung ins Gelobte Land ernährten, und einer griechischen Fabel von Telekleides (welche in etwa dem deutschen Schlaraffenland entspricht, wo einem die gebratenen Tauben in den Mund fliegen).
2 *doctrinaires*, ein abfälliger, aber gängiger Name der liberalen Partei.

schwingen konnten. Und heute, nachdem wir hundertmal tiefer gefallen sind, tun sie uns immer noch leid, und wir würden mit tausenden von Bajonetten hingehen, um sie gleich uns an den Segnungen des demokratischen Absolutismus teilhaben zu lassen. Dabei sind wir die große Nation! Oh, seid still, und wenn ihr weder große Dinge tun noch große Ideen ausdrücken könnt, dann bewahrt uns wenigstens den gesunden Menschenverstand.

Ob ihr achtmillionen oder achttausend Wähler habt, trotz der unterschiedlichen Quantitäten[1] wird eure Vertretung nicht weniger und nicht mehr wiegen.

Ob ihr neunhundert oder neunzig Abgeordnete habt, jedoch wird das Gesetz, das sie machen werden, mal mehr plebejisch, mal mehr bourgeois, hierdurch weder besser noch schlechter.

Wenn ich eine gewisse Hoffnung auf die verfassungsgebende Versammlung setze, dann weniger wegen ihrer Herkunft und der Zahl ihrer Mitglieder, als vielmehr wegen der Ereignisse, die ihr unweigerlich Ratschläge erteilen werden, und wegen der Arbeit der öffentlichen Vernunft, die für die Versammlung genau das sein wird, was das Licht für die Daguerreotypie-Kamera ist.

6. Demokratie ist rückschrittlich & widersprüchlich. –

In der Monarchie sind die Handlungen der Regierung ein Ausdruck der Autorität; in der Demokratie konstituieren sie die Autorität. Die Autorität, in der Monarchie *Prinzip* des Regierungshandelns, ist in der Demokratie *Ziel* der Regierung. Folglich ist die Demokratie verhängnisvoll rückwärtsgewandt und beinhaltet Widersprüche.

Versetzen wir uns an den Ausgangspunkt der Demokratie,

---

[1] Im Original steht *Qualitäten*. Druckfehler?

den Moment des allgemeinen Wahlrechts: Alle Bürger sind gleich und unabhängig. Ihre gleichrangige Versammlung ist der Ausgangspunkt der Macht – der Macht selber, in ihrem höchsten Ausdruck, in ihrer Fülle.

Nach dem demokratischen Prinzip müssen alle Bürger an der Entstehung von Gesetzen, der Regierung des Staats, der Ausübung öffentlicher Ämter, der Beratung über den Haushalt und der Ernennung von Beamten beteiligt sein. Alle müssen befragt werden und ihre Meinung zu Frieden und Krieg, Handels- und Bündnisverträgen, kolonialen Unterfangen, gemeinnützigen Arbeiten, Belohnungen und Strafen äußern; schließlich müssen alle als Steuerzahler, Geschworene, Richter und Soldaten ihre Schuld gegenüber dem Vaterland begleichen.

Wenn die Dinge so laufen könnten, wäre das Ideal der Demokratie erreicht; sie hätte eine normale Existenz, würde sich in direkter Richtung ihres Prinzips entwickeln, wie alle Dinge, die Leben und Entwicklung haben. So wird die Eichel zur Eiche und der Embryo zum Tier; so sind Geometrie, Astronomie, Chemie die unendliche Entwicklung aus einer kleinen Anzahl von Elementen.

Ganz anders in der Demokratie, die den Rechtsgelehrten zufolge nur im Augenblick der Wahlen und zur Bildung der Legislative voll existiert. Wenn dieser Moment vorbei ist, faltet die Demokratie sich wieder zusammen; sie geht in sich und beginnt ihre antidemokratische Arbeit; sie wird zur Autorität. Die Autorität war das Idol von Herrn Guizot; sie ist auch das Idol der Demokraten.

Es ist nicht wahr, in keiner Demokratie, dass alle Bürger an der Gesetzesbildung beteiligt sind; dies Prärogativ[1] bleibt den Vertretern vorbehalten.

---

1 Das dem Souverän übergesetzlich vorbehaltene Recht.

Es ist nicht wahr, dass die Bürger über alle öffentlichen, inneren und äußeren Angelegenheiten beraten, das ist das Prärogativ nichtmal der Abgeordneten, sondern der Minister. Die Bürger plaudern über die Angelegenheiten, nur die Minister beraten über sie.

Es ist nicht wahr, dass jeder Bürger ein öffentliches Amt bekleidet. Da diese Ämter unproduktiv sind, müssen sie so weit wie möglich eingeschränkt werden und sind daher von Natur aus der Mehrheit der Bürger verschlossen. In der Vergangenheit hatte bei den Griechen jeder Bürger eine Arbeit, die aus der Staatskasse bezahlt wurde. So betrachtet wurde das Ideal der Demokratie in Athen und Sparta verwirklicht. Die Abschaffung der Sklaverei und eine immer schwieriger werdende Kriegsführung haben die Demokratie für die modernen Nationen unmöglich gemacht.

Es ist nicht wahr, dass die Bürger an der Ernennung der Beamten beteiligt sind; eine solche Beteiligung ist außerdem ebenso unmöglich wie die vorhergehende, da sie Anarchie im schlechten Sinne des Wortes zur Folge hätte. Es ist die Macht, die ihre Untergebenen ernennt, mal nach ihrem Gutdünken, mal nach bestimmten Zulassungs- oder Beförderungsbedingungen; die Ordnung und Disziplin der Beamten und die Zentralisierung erfordern, dass dies so ist. Artikel 13 der Charta von 1830, der dem König die Ernennung zu allen Stellen der öffentlichen Verwaltung zusprach, ist sowohl in der Demokratie als auch im Königtum gebräuchlich. In der Revolution, die sich gerade vollzogen hat, wurde dies von allen so verstanden, dass man glauben konnte, es sei die Dynastie der Nation, die die Dynastie der Orléans ablöste.

Es ist schließlich nicht wahr, dass alle Bürger an Justiz und Krieg teilnehmen, denn die meisten haben keine Chance,

Richter oder Offiziere zu werden; als Geschworene und einfache Soldaten drückt jeder sich so weit wie möglich. Kurz: Da die Hierarchie in der Regierung die erste Voraussetzung für Regierung ist, bleibt Demokratie ein Hirngespinst.

Der Grund, den alle Rechtsgelehrten dafür angeben, verdient es, untersucht zu werden. Das Volk, so sagen sie, ist aufgrund von Unwissenheit nicht in der Lage, sich selber zu regieren; und sogar wenn es dazu in der Läge wäre, könnte es es trotzdem nicht. Denn nicht alle gleichzeitig können befehlen und regieren. Die Autorität muss nur einigen Wenigen gehören, die sie im Namen und durch die Delegation aller ausüben.

Ignoranz oder Ohnmacht, laut demokratischer Theorie ist das Volk unfähig, sich selber zu regieren: Demokratie, wie auch Monarchie, nachdem sie die Souveränität des Volks als Prinzip aufgestellt hat, führt dazu, das Volk für unfähig zu erklären!

So verstehen es unsere Demokraten, die, sobald sie an der Regierung sind, nur daran denken, die Autorität in ihren Händen zu festigen und zu stärken. So hat es die Menge verstanden, die zu den Toren des Rathauses strömte und nach Ämtern, Geld, Arbeit, Kredit und Brot verlangte. Und das ist unsere Nation, die bis ins Mark monarchisch ist, die Macht vergöttert, der es an individueller Energie und republikanischer Initiative fehlt, die daran gewöhnt ist, alles von der Autorität zu erwarten und nichts zu tun, außer durch die Autorität. Wenn die Monarchie nicht wie früher von oben kommt, oder wie 1800 vom Schlachtfeld, oder wie 1814 oder 1830 aus den Paragraphen einer Verfassung, dann rufen wir sie auf dem öffentlichen Platz aus, zwischen zwei Barrikaden, in einer Wahlversammlung oder bei einer patriotischen Demonstration. Was ist das?

Ist das Königtum das Ziel und die Demokratie das Mittel? Die Republik ist der Demokratie ebenso entgegengesetzt wie der Monarchie, und die Schreiberlinge mögen davon halten, was sie wollen. In der Republik herrschen und regieren alle; das Volk denkt und handelt wie eine einzige Person; die Vertreter sind seine Bevollmächtigten mit imperativem Mandat und können nach Belieben abberufen werden; das Gesetz ist der Ausdruck des einstimmigen Willens; es gibt keine andere Hierarchie als die Solidarität bei der Bewältigung von Aufgaben, keine andere Aristokratie als die der Arbeit, keine andere Initiative als die der Bürger.

Das ist die Republik, das ist die Souveränität des Volks!

3

Die Demokratie, die die Souveränität des Volks bejaht, ist wie die Theologie, die vor dem heiligen Ziborium kniet. Alle beide können den Christus, den sie anbeten, nicht beweisen, geschweige denn ihn selber manifestieren.

Wenn man die Demokratie, die unfähig ist, Legitimität und Authentizität ihres Prinzips zu etablieren, fragt, womit sie dem Glück der Gesellschaft nützlich sein könne, antwortet die Demokratie, indem sie die Monarchie beschuldigt, die Willkür ihrer Regierung, ihre Privilegien, Korruption und Verschwendung, Verachtung der werktätigen Klasse, Vorliebe für die Klasse der Bourgeois anklagt, während sie verspricht, anders zu handeln und das genaue Gegenteil der Monarchie zu tun. In gleicher Art geht die Theologie, wenn man sie nach ihrem positiven Nutzen fragt, auf die Sünde des ersten Menschen zurück, greift den Götzendienst und den Teufel an, beklagt die Unordnung der Leidenschaften, die Wankelmütigkeit der Vernunft und die Eitelkeit der weltlichen Dinge und verspricht, uns durch Sakramente und Ablässe zum ewigen Leben zu führen.

Die Demokratie, mit einem Wort, ist in ihrem Ausgangspunkt eine Negation, in ihrer Form eine Negation und in ihrem Ziel wiederum eine Negation.

Aber ist wenigstens diese Verneinung wahr? Ist es wahr, dass die Demokratie durch ihre Institutionen dem Volk mehr nützen wird als die Monarchie? dass ihre Regierung weniger kosten wird als die des Königtums?

Diese Frage ist die letzte, die wir noch zu prüfen haben.

1. Die Demokratie erweist sich als unfähig, die soziale Frage zu lösen. – Das, was die Saint-Simonisten sehr unpassend, wie wir später zeigen werden, «Organisation der Arbeit» nennen, ist nichts anderes als die Republik. Republik, Sozialreform, Freiheit, Gleichheit, Brüderlichkeit, das bildet ein Ganzes. Nun seht, was vor euren Augen geschieht.

Wer herrscht und regiert momentan im Hôtel-de-Ville?[1] Wer schickt Kommissare in die Provinz, wer ernennt und entlässt Beamte, wer führt Wahlen durch, löst die Elitekompanien der Nationalgarde auf, gibt Banknoten einen Zwangskurs, schiebt die Tilgung der Staatsschulden auf, gründet eine Staatsbank,[2] erhebt Steuern im Voraus und erlegt außerordentliche Abgaben auf, öffnet die Türen der Theater für alle Welt ohne Eintritt, vermehrt unter dem Namen Kreditbanken[3] die Pfandhäuser, ergreift alle Maßnahmen zur Rettung der Öffentlichkeit? – das ist die Demokratie. Wer ist es, der sich in Luxemburg[4] regt und

1 Rathaus von Paris, dessen Bau bis ins 14. Jahrhundert zurückgeht.
2 *Comptoir National d'Escompte de Paris.*
3 *Comptoirs de Garantie*, Gesetz vom 24. März 1848.
4 Die Februarrevolution in Frankreich löste auch eine revolutionäre

nach Antworten sucht, ohne sich artikulieren zu können?
– das ist die Republik.

Am Tag nach der Revolution gingen die Demokratie und die Republik getrennte Wege, als hätten sie sich auf ewig voneinander verabschiedet. Die Politiker, die führenden Persönlichkeiten der Wissenschaft, der Juristen und der Presse vereinnahmten die Demokratie für sich. Und die Republik fiel in die Hände eines Historikers, der klug genug war, um zu beurteilen, dass sie den besseren Teil darstellte, aber selber so von demokratischen Vorurteilen infiziert war, dass er mit seinen besten Absichten, seinem unternehmungslustigen Charakter und mit der Hilfe der unverdächtigsten Sozialisten innerhalb von zwei Wochen die Republik in die Verzweiflung trieb.

Wenn es mir erlaubt wäre, Herrn Blanc[1] den Tribut meines Rates zu zollen, würde ich ihm sagen:

‹Die soziale Frage wird für Sie unlösbar bleiben, solange Sie sie mit der demokratischen, materialistischen und spalterischen Methode behandeln, statt ganzheitlich und synthetisch vorzugehen. Denn sehen Sie, was Sie tun.

Mal schüren Sie die Konkurrenz zwischen Arbeitern und Besitzern, mal beseitigen Sie sie, indem Sie Löhne und Preise festsetzen. An einem Tag schaffen Sie die Arbeit in

---

Welle in Luxemburg aus, dessen Großfürst zugleich König der Niederlande war. Im Juni (nach der Abfassung dieses Textes von Proudhon) wurde eine neue Verfassung verabschiedet, die Luxemburg in eine konstitutionelle Monarchie verwandelte.

1 Louis Blanc (1811-1882), Begründer der französischen Sozialdemokratie: Durch starke Eingriffe der Staatsgewalt in das Marktgeschehen wollte er die soziale Frage völlig anders lösen als Proudhon. Seine konkreten Forderungen entsprachen ziemlich genau denen von Marx und Engels im *Kommunistischen Manifest*. Proudhon nennt ihn einen Historiker, weil er sich schriftstellerisch vor allem mit zeitgeschichtlichen Werken hervorgetan hat.

Klöstern und Gefängnissen ab, und am nächsten Tag schlagen Sie vor, vier große Hospize zu gründen, um arme Arbeiter zu beherbergen, die so zu Privilegierten werden. Sie wollen die Armut beseitigen, geben ihr die Weihe durch die Hilfe und Linderung, die Sie ihr in jeder Form zukommen lassen. Aus Rücksicht auf die geistigen Interessen der Arbeiter verkürzen Sie die Arbeitszeiten und gefährden dadurch deren Subsistenz. Bei Ihnen dreht sich alles um Kapital, Lohn, Kredit und Maschinen; Sie schlagen vor, in einem unverbundenen Umfeld versuchsweise eine Kommune einzurichten; und Sie sehen nicht, dass Sie sich durch solche vereinzelten Versuche immer mehr im Labyrinth verirren. Dies alles wäre vielleicht nützlich, hätten Sie eine Einsicht in die wirtschaftlichen Probleme und würden deren Widersprüchlichkeit zugeben. Aber blind vorzugehen, mit der erklärten Absicht, eine Lösung zu finden, bedeutet, gegen die Logik zu verstoßen und dem Ziel, das Sie ja erreichen wollen, den Rücken zuzukehren. Bei der Arbeitsorganisation tun Sie genau das, was die Demokratie tut, um die Souveränität des Volks zum Ausdruck zu bringen. Von einzelnen Teilmengen verlangen Sie eine Schlussfolgerung, die diese niemals liefern können, da die Lösung, die Sie für die eine Teilmenge gefunden zu haben glauben, ständig durch die Lösung, die Sie für die andere Teilmenge geben, widerlegt wird, wie beim allgemeinen Wahlrecht die Hälfte plus eine der Stimmen der anderen Hälfte minus eine Stimme Unrecht gibt, was genau genommen eine Demontage der Republik ist.

Sie müssen den Kurs ändern oder Ihr Unternehmen aufgeben. Wenn Sie keinen Geist haben, der stark genug ist, und keine Vorstellung, die weit genug geht, um alle Fragen, alle Meinungen und alle Interessen, darunter sogar die antagonistischen, in einem einzigen Prinzip zu vereinen, werden Sie die Unordnung nur vergrößern. Sie tun das Werk der Demokratie und verraten die Republik.›

Die Demokratie setzt von vornherein die absolute Unabhängigkeit der Bürger voraus. Sie lässt keine Solidarität zwischen den Bürgern zu, außer derjenigen, die sie ausdrücklich vereinbart haben. Ihre Vorstellung von der Gesellschaft ist die eines Vertrags, der entweder ausdrücklich oder stillschweigend geschlossen wurde und dessen Klauseln Ausdruck eines an sich souveränen und unverletzlichen Willens sind. Sie versteht Freiheit und Gleichheit nur auf barbarische Weise, d. h. als negative Rechte, das eine Recht ist Freiheit von jeder Unterordnung, das andere Recht ist Gleichheit als Freiheit von jeder Überordnung. Sie sieht in ihnen nicht, wie der Ökonom, das Produkt einer Organisation, in der jede Existenz das Ergebnis aller anderen Existenzen ist.

Was den Staat betrifft, ist er in den Augen der Demokratie nichts als ein dauerhafter Waffenstillstand zwischen kraftlosen Individuen, die sich immer nur in den Punkten einigen, in denen es für niemanden mehr von Interesse ist, sich zu bekämpfen; oder wenn die Demokratie manchmal den Staat in seiner realen und positiven Seite erfasst, so betrachtet sie ihn nur als Herrschaftsinstrument und tendiert dementsprechend dazu, alle Welt in ihn einzubeziehen, was immer wieder zu Unsolidarität und Unordnung führt. Wie sollte die Demokratie bei solch einer Geisteshaltung und mit solchen Ideen die soziale Frage betrachten und wie sollte sie versuchen, sie zu lösen?

Die Demokratie konnte nur eins bewirken: dass die Macht von der privilegierten Klasse auf die werktätige Klasse überging und für diese ein Mittel zur Emanzipation auf Kosten der anderen Klasse wurde; dass also die Macht für den Proletarier ein Mittel zur Freiheit war, durch die Verringerung der Arbeit, durch die Erhöhung des Lohns, durch die Beteiligung an den Gewinnen der Besitzenden etc. – Mittel zur Gleichheit durch die Reform der Steuer, die von einer proportionalen zu einer progressiven Steuer wurde, durch den Vorteil gegenüber den Unternehmern vermittels von Zulagen, die der Staat den Werktätigen auf nationaler Ebene gewährt und die die Unternehmer zu bezahlen haben, durch die Ausweitung des Wahlrechts auf alle Beschäftigten – und Mittel zur Brüderlichkeit durch die Schaffung von Hilfskassen, Pensionen, Renten sowie philanthropischen Einrichtungen aller Art, die auf Kosten der Reichen zum Nutzen der Proletarier unterhalten werden.

Erfahrung und Theorie zeigen, dass alle diese Mittel unpraktisch sind und ihre Anwendung Untergang und Zerrüttung der Gesellschaft bedeuten würde. Die Demokratie kümmert sich aber nicht um die Lehren der Wissenschaft und die Lehre der Tatsachen. Sie hat die Macht, herrscht und regiert; sie stellt jeder Handlung die sakramentalen Worte ‹Freiheit, Gleichheit, Brüderlichkeit› voran; sie ist wild entschlossen, ihre Prinzipien umzusetzen; Widerstand zwecklos; man muss mit dem schlimmsten rechnen. Komme, was da wolle! Die Organisation der Gesellschaft ist für Demokraten nichts anderes als die Umkehrung der bestehenden Verhältnisse. Dies ergibt sich aus allen Programmen namens der Demokratie.

Ein Beispiel. Herr de Lamartine[1] schlug in seiner Grundsatzerklärung vom 24. Oktober 1847 vor,[2] nachdem er für

---

1 Siehe S. 65, Fn. 2.
2 «Déclaration de Principes», in seiner eigenen Zeitschrift *Le Bien public*. Vgl. *La Politique de Lamartine*, Band 2, Paris 1878, S. 273-282. Es handelt sich bei Proudhon um wörtliche Zitate.

die repräsentative und erbliche Monarchie plädiert und seine Bewunderung für «die Pyramide der drei Gewalten» – König, Oberhaus [*chambre des pairs*, d. h. Senat] und Parlament der Abgeordneten – kund getan hatte:

«Die Souveränität übt das Volk aus.» Wer übt was aus? Wie? Herr de Lamartine ahnt nicht, wie riesig das Problem ist.

«Das Wahlrecht wird auf alle Bürger umverteilt.» Das ist Landreform; es ist mehr als das, es ist Entfremdung von der Souveränität.

«Volksversammlungen ernennen Wahlmänner für eine zeitlich begrenzte Funktion; Wahlmänner ernennen Vertreter für eine begrenzte Zeit.» Repräsentation in drei Stufen als Folge der Pyramide. Was wird aus dir, o Volk, wenn deine Souveränität diesen Weg durchlaufen hat?

«Wir wollen nicht der Gnade der Minister ausgelieferte Abgeordnete, sondern die vom Volk bezahlt werden, damit sie keinen Vorwand haben, käuflich zu sein.» Da von jedem Bürger erwartet wird, dass er sich durch seiner Hände Arbeit ernährt, ist die dem Abgeordneten gewährte Entschädigung im Grunde genommen eine gerechte Sache. Die Begründung, die Herr de Lamartine anführt, ist jedoch erbärmlich. Inwiefern sollte das Gehalt des Abgeordneten ein Hindernis für die Korruption durch Minister sein? Als ob es dem käuflichen Mann peinlich wäre, mit beiden Händen zu empfangen! Zur ministeriellen Zuwendung wird eine Tagespauschale von 25 Fr. hinzugefügt; bis hierhin sehe ich keine Reform.

«Wachsame Beamte, die sich nicht in ihren Zimmern verkriechen, wo sie zwei unvereinbare Rollen spielen, nämlich die der Kontrolleure und der Kontrollierten.» Herr de Lamartine zeigt eine Unvereinbarkeit auf. Nun gut: Ich bitte ihn nur, sein Prinzip bis zum Ende zu verfolgen. Es

ist nämlich damit unvereinbar, wenn ein Generalstaats-
anwalt über den Justizhaushalt abstimmt, ein Offizier
über den Armeehaushalt, ein Präfekt über den Polizei-
haushalt, ein Ingenieur über den Haushalt für öffentliche
Aufträge. Aber es ist auch unvereinbar, wenn ein Händler,
ein Fabrikant, ein Spediteur ein Konsum-, Umsatzsteuer-
oder Zollgesetz verabschiedet; ein Eigentümer ein Gesetz
über die Grundsteuer; ein Weinhändler ein Gesetz über
Alkoholbesteuerung; ein Bankier ein Finanz-, Kredit-
oder Wechselgesetz usw. Es besteht eine Unvereinbarkeit
zwischen jeder sozialen Funktion und der Abstimmung
über den Haushalt und die Gesetze. Die Grundbesitzer
wollen unter dem Vorwand, die Landwirtschaft wäre die
Amme des Staats, dass man ihren Anteil verringert; die
Industriellen verlangen Schutz; die Fuhrunternehmer
Freibeträge; die öffentlichen Angestellten eine Gehalts-
erhöhung. Ihr repräsentatives System ist absurd, sage ich
Ihnen, es wimmelt von Widersprüchen.

«Eine Vertretung der Nation.» Das ist eine Beschwörung,
es sei denn, es handelt sich um eine Verwechslung.

«Freiheit des Unterrichts, ausgenommen bei Sittenlosig-
keit.» Das baut nichts auf.

«Pressefreiheit durch eine Außerkraftsetzung bestehen-
der Zensurgesetze.» Auch das baut nichts auf.

«Ein stehendes Heer und eine Reservistenarmee.» Wozu
soll das gut sein? Und baut immer noch nichts auf.

«Der Unterricht ist kostenlos.» Kostenlos? Sie meinen,
vom Staat bezahlt. Aber wer bezahlt den Staat? Das Volk!
Sie müssen also zugeben, dass Unterricht etwas kostet.[1]
Aber das ist noch nicht alles. Wer profitiert am meisten

---

[1] Drei Mal unterstreichen. Eine so einfache Tatsache und bis heute
unverstanden.

vom kostenlosen Unterricht, der Reiche oder der Arme? Natürlich wird es der Reiche sein; der Arme ist von der Wiege an zur Arbeit verdammt. Der kostenlose Unterricht wird damit genau denselben Effekt haben wie die Stipendien, die Herr Guizot seinen Wählern verschaffte: Was meinen Sie, Bürger?

Und schließlich: Wie vereinbart Herr de Lamartine die Unentgeltlichkeit mit der Freiheit des Unterrichts? Wird der Staat Grundschullehrer wie Ignoranten bezahlen? Die Kollegien der Jesuiten wie die der Universitäten? Das ist nicht möglich. Wenn der Staat die einen bezahlt und die anderen nicht, gibt es aber keine Freiheit, da die Gleichheit verletzt wird. Es gibt immer Ausschluss. Das baut nichts auf und ist schon gar keine Versöhnung.

«Brüderlichkeit als Prinzip und in allen Institutionen.» Inwiefern ist dies gemeint? Wird die Brüderlichkeit verordnet?

«Progressive Freiheit des Handels und des Tauschs.» Die Freiheit des Handels progressiv zu staffeln, ist wie die schrittweise Ausweitung des Wahlrechts. Insofern der Handel nur unter Bedingungen frei sein kann, wird er es nie sein. Die Ungleichheit der Mittel währt ewig; unter der Herrschaft des Eigentums wird diese Ungleichheit nicht ausgeglichen.

«Billiges Leben durch die Senkung der Steuern, die auf Lebensmitteln lasten.» Der Grundbesitz ist bereits überlastet, ebenso der Verkehr und die Geldgeschäfte; so ist es mit allen Steuern. Woher also nehmen Sie fünfhundert Millionen, um diesen Ausfall der Steuern auf Nahrungsmittel zu kompensieren?

«Führen wir eine Armensteuer ein, der Verleumdungen zum Trotz, mit denen der Egoismus der Ökonomen versucht, diese Einrichtung zu diskreditieren.» Ich wage es,

Herrn de Lamartine zu versichern, dass das Volk in dem Punkt die gleiche Meinung vertritt wie die Wirtschaftswissenschaftler. Das Volk fordert keine Armensteuer, sondern eine echte Abhilfe; es fordert, dass es keine Armen mehr gibt. Eine Armensteuer ist Philanthropie, sie baut nichts auf.

«Findelkinder sollen vom Staat adoptiert werden.» Was für eine Philanthropie! Das Volk fordert, dass es keine Findelkinder mehr gibt, es will, dass alle Mädchen brav sind; und Sie schlagen vor, auf Kosten der Jungfrauen die Bastarde der Prostituierten zu ernähren. Wenn dies so weitergeht, haben wir bald das Niveau von Blütenpflanzen erreicht: Dies wird die Zukunft der Familie sein, wenn es Gott gefällt![1]

«Die Ausrottung des Bettelns.» Ja, durch die Steuer.

«Werkstätten für Menschen mit Behinderungen.» Und zweifellos auch Absatzmärkte!

«Wir wollen mit zahlreichen Gesetzen eine soziale Wohltätigkeit verkünden, die auf alle Bedürfnisse, alle Leiden, alle Nöte des Volks eingeht.» Um alle Bedürfnisse, alle Leiden, alle Nöte zu decken, fordert Herr de Lamartine nur eine Sache: Geld. Ein Budget aus der Freigiebigkeit des Staats. Geheimfonds voll des Geldes!

«Ein Ministerium für öffentliche Wohlfahrt.» Geld.

«Ein Heimatministerium.» Geld, Geld, immer Geld – das ist der Nerv der Demokratie wie auch des Kriegs. Gebt der Demokratie viel Geld und sie wird das tun, was ihr wollt. Geld für die Abgeordneten, Geld für die Gebrechlichen,

---

1 O je, diesen Absatz hätte er sich wahrlich sparen können. Hier rächt sich die dann doch unkritische Verwendung der Floskel ‹das Volk will ...› Was wäre mit denen im Volk, die hier eine andere als die Auffassung Proudhons haben? Wäre es nicht angemessener, im Sinne der übrigen Argumente zu solidarischer statt bürokratischer Hilfe aufzurufen?

Geld für die Bettler, Geld für die Gelehrten, die Künstler, die Literaten; für alle, die Freunde der Regierung oder Freunde der Freunde der Regierung sind; Geld für alle, wie Zückerchen bei einer Taufe. Aber die Mittel, um all das Geld zu beschaffen, erwähnt Herr de Lamartine nicht.

Um dies Programm zu krönen, schrieb Herr de Lamartine, nachdem er zu seiner Geschichte der Girondisten gesagt hatte: «Ich habe dieses Buch als Girondist begonnen, aber als Jakobiner beendet», in *La Presse* am 16. November über die sozialistische Kundgebung in Autun folgendes Glaubensbekenntnis: «Wir glauben an Mirabeau, Bailly, Sieyè, Vergniaud, Lanjuinais und La Fayette; nicht an den Spalter Desmoulins.»[1] Außerdem stellte er fest, Robespierre und Danton[2] seien denjenigen «Deppen» im Volk entgegengetreten, die das Eigentum abschaffen wollten. Herr de Lamartine, mit einem Wort, ist Demokrat; er ist es durch das Herz, durch die Ideen, durch die Logik, durch die Philanthropie – er ist kein Republikaner.

---

[1] Marquis de Mirabeau (1749-1791), gemäßigter Revolutionär. – Jean-Sylvain Bailly (1736-1793), von Jakobinern hingerichtet. – Emmanuel Joseph Sieyès (1748-1836), Theoretiker der Revolution, der den Terror überlebte. – Pierre Victurnien Vergniaud (1753-1793), Girondist, 1793 von Jakobinern hingerichtet. – Jean-Denis Lanjuinais (1753-1827), entkam dem Terror durch Flucht. – Marquis de La Fayette (1757-1837), General in der Amerikanischen Revolution, spielte ebenfalls in der Französischen Revolution eine wichtige Rolle und entkam dem Terror durch Flucht. – Camille Desmoulins (1760-1794), Revolutionär, der von den Jakobinern hingerichtet wurde; seine junge Frau, die gegen die Verurteilung Beschwerde einlegte, musste ebenfalls sterben. – Diese Aufzählung macht insgesamt wenig Sinn, da Herr de Lamartine offensichtlich vor allem Girondisten (und keine Jakobiner) auf der guten, und ebenfalls einen gemäßigten Revolutionär auf der bösen Seite platzierte.

[2] Georges Danton (1759-1794), neben Robespierre einer der Haupt-drahtzieher des jakobinischen Terrors, dem er zum Schluss selber zum Opfer fiel.

Alle Programme und alle Wünsche der Demonstrationen, die den Sturz der Dynastie herbeiführten, gehen in das Programm von Herrn de Lamartine ein. Es ist immer das gleiche repräsentative Vorurteil, immer der gleiche Kult der Menge, es sind immer die gleichen Schmerzmittel der Philanthropie.

Und all das, was in Luxemburg und im Rathaus von Paris getan, vorbereitet und überlegt wird, ist von demselben Genie inspiriert.

Die Demokratie wird die Genossenschaftsbank fördern, die Sozialversicherung ausbauen, eine Rentenkasse einrichten, einige Straßen schottern, einige Bergrücken aufforsten, einige Flüsse schiffbar machen und einige Gemarkungen verschieben, den Utopisten zehn Millionen in die Hand drücken, um auf einer Quadratmeile ihre *Organisation der Arbeit* zu erproben, und einige hundert arme Werktätige auf Staatskosten unterbringen. Dazu wird sie den Haushalt um 600 Millionen erhöhen; sie wird sich der großen und dann der kleinen Unternehmen bemächtigen; sie wird Industrie und Handel entwerten; sie wird die Quelle des Kapitals versiegen lassen; sie wird die freie Arbeit bedrücken, den freien Handel durcheinander bringen, den freien Unterricht töten, den freien Konsum einschränken und das Recht auf freie Wahl verbieten.

Deshalb stoppt die Demokratie jetzt den Verkehr, deshalb schließt sie Fabriken, deshalb macht sie Transaktionen rückgängig, deshalb belastet sie den Markt, deshalb treibt sie Handel, Industrie, Landwirtschaft und Staat in den Bankrott. In Bezug auf die Regierung muss man das, was sich logisch aus ihrem Prinzip ergibt, auch einer Absicht zuzuschreiben.

Die Freiheit, das muss man wissen, ist mit der Demokratie genauso unvereinbar wie mit der Monarchie. Früher war die Sklaverei einer Kaste die Grundlage für die Existenz der Demokratie, heute wird es die Sklaverei aller sein.

2. Die Demokratie ist teurer als die Monarchie. Schlussfolgerung. – Es sei darauf hingewiesen, dass der folgende Absatz sich auf den Blickwinkel der Regierung bezieht, und ich den Staat nicht als die Gesamtheit der öffentlichen Funktionen betrachte, sondern als das Band, das sie zusammenhält und mit dieser Zusammenführung die nationale Souveränität zum Ausdruck bringt.

So gesehen ist die Verwaltung der öffentlichen Arbeiten eine bestimmte Funktion des gesellschaftlichen Körpers, die ihre Besonderheit, ihren Nutzen und ihre eigenen Ausgaben hat, aber nicht der Staat ist. Die Ministerien für Justiz, Unterricht, Marine usw. sind ebenso korporative Funktionen wie Industrie, Handel und Landwirtschaft, aber auch sie sind nicht der Staat.

Der Staat, so sage ich, ist das Band, das alle verschiedenen Funktionen zu einem Bündel zusammenfasst – er ist die Macht, das zentralisierende Organ, die Autorität.

Die Funktionen, die unter der unmittelbaren Aufsicht des Staats stehen, sollten wie die unabhängig bleibenden Funktionen durch die Wirtschaftsreform tiefgreifende Veränderungen und Verbesserungen erfahren. So müsste der Haushalt, der für das Jahr 1848 eine Gesamtsumme von ungefähr 1 450 Millionen Francs bildet, einschließlich dessen, was ich die Kosten des Staats nennen werde, nach und nach um die Hälfte, drei Viertel, fünf Sechstel und so weiter reduziert werden. Solange das Prinzip dieser Reform allerdings unbekannt oder unverstanden bleibt, ist die Reduzierung des Haushalts im Allgemeinen sowie die Beseitigung der Armut im Besonderen eine Utopie, ein Hirngespinst.

Was für die unabhängigen Funktionen und für die Verwaltungsfunktionen gilt, gilt auch für den Staat. Der Staat lässt sich nur durch Wirtschaftsreformen reduzieren. Ich füge hinzu, und das ist der Gegenstand der Diskussion, die ich gleich beginnen werde, dass, wenn der Staat Frankreich unter der konstitutionellen Monarchie zehnmal mehr kostete, als er unter der Republik kosten darf, er mit der Demokratie zehnmal mehr kosten wird als unter der Monarchie.

Die folgende Aufstellung erfasst nach dem Haushaltsplan von 1848, was die Ausgaben des Staats sind, zu denen ich neben der Zivilliste[1] und den Zuwendungen an die beiden Kammern alles zähle, was die verschiedenen Ministerien der Zentralverwaltungen betrifft, mithin die Autorität in all ihren Formen:

Zivilliste	13 300 000
Oberhaus (*Chambre des pairs*, Senat)	790 000
Abgeordnetenkammer (Unterhaus)	832 150
Minister für Justiz	579 500
Conseil d'État[2]	803 800
Kirche	242 000
Auswärtige Angelegenheiten, gesamt	8 885 432
Öffentliche Bildung	565 500
Inneres, Zentralverwaltung	1 328 000
Inneres, Geheimdienst	932 000
Inneres, Präfekturen und Polizei	8 527 900
Landwirtschaft und Handel	703 550
Öffentlicher Dienst	641 500

1 Die Zuwendungen an das Königshaus aus der Staatskasse.
2 Diese bis heute in Frankreich wichtige Institution, die Verwaltungsgericht und Rechtsberatung für die Regierung kombiniert, hat keine unmittelbare Entsprechung in Deutschland.

Heer	2 337 390
Marine	1 135 770
Finanzwesen	6 678 841
Rechnungshof[1]	1 262 895
Summe	49 445 478

Das sind rund 50 Millionen, die der Staat als Organ der Autorität, Macht und Zentralisierung laut dem offiziellen Haushaltsplan von 1848 kostete.

Die Monarchie hat keine Ausgaben für die ‹Organisation der Arbeit›, sie hat kein Ministerium für Fortschritt. Sie liebt von Natur aus den Status quo und hält die Bewegung so lange wie möglich auf, hält sie zurück und verhindert sie; sie lässt sich eher töten, als dass sie marschiert.

Wenn das Königtum beseitigt, die nationale Organisation auf *eine* Kammer reduziert, die Aristokratie offiziell ausgeschaltet, die Gehälter hoher Beamte um zwei Drittel gekürzt und alle rein monarchisch geschaffenen Stellen abgeschafft würden, so wage ich zu behaupten, dass die Staatsausgaben um mindestens neun Zehntel gesenkt werden könnten. Mit der republikanischen Organisation würde die Souveränität des Volkes pro Jahr nicht mehr als 5 Millionen kosten. Ein Ziel, das Staatsmänner anstreben sollten und das sie mit der Demokratie zu erreichen versprechen. Wir müssen nun ihren Haushalt aufstellen.

Ich unterteile die Staatsausgaben der Demokratie in drei Kategorien: **1.** Anfangskosten. **2.** Laufende Regierungskosten. Und **3.** Fortschrittskosten.

1. Einmalkosten für die Errichtung der Demokratie lassen sich wie folgt veranschlagen (ich gehe davon aus, dass die

---

1 *Cour des Comptes.* Er besteht seit dem 14. Jahrhundert.

Unruhen sich gelegt haben und dass die Revolution nach einem Jahr beendet ist):

Durch den Aufstand verursachte materielle Schäden, verlorene, zerstörte oder entwendete Werte; erfolgte Beeinträchtigungen, Einstellung der öffentlichen Dienste; Kosten zur Installierung der Provisorischen Regierung; Entsendung von Kommissaren usw.: 20 000 000

90 Tage Erwerbslosigkeit, einschließlich der Reduzierung der Arbeitszeit von drei Millionen Werktätigen, macht durchschnittlich zwei Fr. pro Tag: 540 000 000

Kalkulatorische Zinsen für die Zeit der gleichen Erwerbslosigkeit aufs Kapital von fünf Milliarden: 180 000 000

Erwerbslosigkeit im Handel, Konkurse, d. h. Wertverlust von 10 % bei einem Gesamtwert von fünf Milliarden, was der Hälfte der jährlichen Produktion unseres Landes entspricht: 500 000 000

Erhöhung der Grundsteuer um 45 Cts: 193 000 000

Zinsen für sechs Monate auf 200 Millionen Steuern, die im Voraus erhoben werden: 5 000 000

Verluste für die Inhaber von Schatzanweisungen und Banknoten sowie für die Einleger bei der Sparkasse infolge der Dekrete der Provisorischen Regierung, 10 % auf einen Gesamtwert von 600 Millionen: 60 000 000

Summe: 1 408 000 000

konsolidiert zu 5 %: 70 400 000

So hätte die Demokratie allein durch die Tatsache ihres Amtsantritts und unter der günstigsten Annahme dem Land einen Verlust von über 1 400 Millionen beschert; das heißt, dass sie, kapitalisiert, den Haushalt bereits mit einer Summe von 70 Millionen belastet hätte, vorausgesetzt, dass die Staatskosten und alle ordentlichen und außerordentlichen Ausgaben unter der neuen Regierung nicht höher sind als unter der konstitutionellen Monarchie. Der Anstieg wird weit höher sein, wenn es wahr ist, wie wir zeigen werden, dass Staat, Verwaltung und Fortschritt unter dieser mehr kosten als unter der vorherigen Regierungsform.

2. Laufende Staatskosten der Demokratie. Zwei Ursachen sind es, die die demokratische teurer machen als die monarchische Regierung: zum einen die Tendenz, dem Gesetz der Arbeitsteilung entgegen ständig die Gesamtheit der Bürger ins Regierungsgeschäft einzubeziehen; zum anderen die Tendenz, dem Gesetz der Senkung der Gemeinkosten entgegen bislang noch unberücksichtigte soziale Funktionen, die die Monarchie aus Analogie zu ihrem Prinzip außerhalb des Staats beließ, in den Staat aufnehmen.

Übertrag: Einrichtung der Demokratie: 70 000 000
Hinzugerechnet werden müssen:
Verlorene Zeit von zusätzlich 441 Abgeordneten, um die die Demokratie die 459 der alten Regierung erweitert, weil 900 Abgeordnete 35 500 000 Menschen angeblich besser repräsentieren als 459. 25 Fr. pro Tag und Abgeordnetem, während 250 Tagen: 2 756 250
Gehalt für 900 Abgeordnete: 5 625 000
Allgemeine Wahlen. Unter der abgesetzten Regierung kosteten sie den Staat zwei Millionen, um 250 000 Wähler zu versammeln. Unter der Demokratie können sie nicht weniger kosten, d. h.:   2 000 000
Dieselben Wahlen verursachen den Wählern Reisekosten, Versammlungen und verlorene Zeit, drei Tage zu 10 Fr. für 200 000 Wähler, das macht vier Millionen pro Legislaturperiode, d. h. pro Jahr: 1 333 333
Durch die Demokratie verlieren sechs Millionen Wähler

zwei Tage Zeit, drei Fr. pro Tag und Kopf, d. h. 36 Millionen;
Differenz zur Monarchie: 34 666 666
Verschiedene Ausgaben zu Lasten der Bürger für die Erfüllung ihrer Pflichten, Kommunalwahlen, Wahlen zur
Nationalgarde; Ernennung zu Ämtern, Juryfunktionen,
Klubs, Zeitschriften, Versammlungen, zehn Tage pro Jahr.
In den antiken Demokratien verbrachte der Bürger sein
ganzes Leben auf dem öffentlichen Platz, 365 Tage, die
jedes Jahr für die Angelegenheiten des Staats gegeben
wurden. Ich reduziere diese Ausgaben auf zwölf Tage für
die moderne Demokratie, aufgrund des repräsentativen
Prinzips ist das weniger als ein Dreißigstel dessen, was sie
früher kostete. Sechs Millionen Bürger, zehn Tage zu drei
Fr. pro Tag und Kopf: 180 000 000
Material- und Raumkosten, Ausrüstung, Wachdienst, Be-
leuchtung, Heizung, Drucksachen usw. 25 Fr. pro Kopf
und Jahr: 150 000 000
Ausgaben der Zentralverwaltungen, die zusammen mit
sechs Millionen Bürgern Volk und Staat repräsentieren.
Ich rechne mit dem niedrigsten Wert: 5 000 000
Einrichtung und Regierung, insgesamt: 450 047 916

3. Kosten für die Arbeitsorganisation. Die Demokratie ist
unternehmerisch; sie will den Status quo überwinden; sie
hat dem Proletariat riesige Versprechungen gemacht und
möchte diese auch einhalten.
Nun, dies tut sie mit einem Ministerium für Fortschritt,
einem Ministerium für die öffentliche Wohlfahrt, einem
Budget für staatliche Zuwendungen, der Einrichtung von
Staatsbetrieben, mit testweise kollektivierten Farmen und
Firmen, mit einem mächtigen Personal an Inspektoren,
Direktoren, Kontrolleuren, Vorgesetzten usw. Insoweit die
Demokratie all dies umsetzt, können wir froh sein, wenn

es das Land keine 100 Millionen pro Jahr kosten wird. Ich kalkuliere nur 50 Millionen, was für den Staatshaushalt in runden Zahlen insgesamt 500 000 000, also zehnmal so viel wie unter der konstitutionellen Monarchie bedeutet. Aber, werdet ihr sagen, was machen 500 Millionen aus, die die Ausübung der Souveränität uns im demokratischen System kosten wird, wenn die administrativen, wirtschaftlichen und finanziellen Verbesserungen, die die Demokratie bringt, ihrerseits das Drei- oder Vierfache dieser Summe decken? Wir werden Freiheit in Ordnung haben und nicht Freiheit und Ordnung nebeneinander her!

Es gibt fünf Vorteile, die man von dem neuen System erwartet: Verkleinerung der Armee, Verringerung der Zahl der Verwaltungsangestellten durch Maßnahmen der Vereinfachung, Beseitigung von Käuflichkeit, Korruption, Betrug usw. in der Verwaltung, Einsparungen bei den Ausgaben, Mehrproduktion und Erhöhung des öffentlichen Reichtums durch Staatsbetriebe und Organisation der Arbeit.

Ein Blick auf diese verschiedenen Reformvorschläge wird zeigen, welchen Illusionen sich diejenigen hingeben, die von der Demokratie eine Verbesserung des Schicksals der Menschheit erwarten.

Die Armee? – Man kann sie erst dann verringern, wenn die soziale Frage nicht nur für Frankreich, sondern für ganz Europa gelöst ist. Ohne diese Lösung ist die Armee für euch unverzichtbar, im Inneren, um Proletariat und Eigentum, die sich bereits bedrohen und Kampfstellung beziehen, in Schach zu halten; im Äußeren, um die Nation zu verteidigen und deren Einfluss auf dem Parkett der europäischen Diplomatie zu etablieren. Denn selbst wenn man davon ausgeht, dass die Königreiche überall abgeschafft sind, bleiben die Nationen, d. h. rivalisierenden

Ansprüche der alten Regierungen, bestehen. Nun ist die Demokratie unfähig, die soziale Frage zu lösen und die Republik der Nationen zu gründen; wie die Monarchie kann sie den Frieden nur durch mehr oder weniger feste Verträge bewahren; wie die Monarchie schließlich herrscht sie durch die Unterscheidung der Kasten und die Vorherrschaft des Staats. Die Demokratie hat nicht einen Mann, nicht einen Franc an der Armee zu sparen.

Die Verwaltung? – Die Zeitungen bezifferten kürzlich die Mehrausgaben für Gehälter im öffentlichen Dienst von 1830 bis 1848: Diese Zahl belief sich auf 65 Millionen. Man schloss daraus, die abgesetzte Regierung habe das Verwaltungspersonal um 65 000 Angestellte aufgestockt, wenn man davon ausgeht, das durchschnittliche Gehalt im öffentlichen Dienst betrage 1 000 Fr. Aber es ist möglich, fast sicher, dass die Gesamtheit dieser 65 Millionen aus Gehaltserhöhungen für mehrere hunderttausend Individuen besteht, die vom Staat angestellt sind, was rund 200 bis 300 Fr. pro Kopf ausmachen würde. Wenn der Staat aber all jene, die er beschäftigt und deren Dienst unentbehrlich ist, wie 40 000 Grundschullehrer, 50 000 Zollbeamte, 20 000 Briefträger, 6 000 Förster, eine Menge kleiner Angestellter der Regiebetriebe, der Straßen und Brücken, der Präfekturen usw., deren Gehalt keine 800 Fr. beträgt, ernähren will, dann sind es nicht 65 Millionen, sondern 200 Millionen, die dem Haushalt hinzugefügt werden müssen. Ich erwarte, dass unsere Staatsmänner uns nicht enttäuschen werden.

Was ist mit der Korruption? – Ich möchte gerne glauben, dass wir in Zukunft nicht mehr über sie reden müssen. Aber es ist ein Hohn, das Defizit, in dem wir uns befinden, darauf zu schieben, dass die abgesetzte Regierung überteuerte Geschäfte abgeschlossen habe.

Von einer Gesamtausgabe von 1 450 Millionen lassen sich kaum 200 Millionen auf Geschäfte zwischen Staat und Unternehmern zurückführen. Viele dieser Geschäfte bringen den Unternehmern nur Verlust; ein anderer Teil wirft einen legitimen Gewinn ab; der Rest, von dem ich annehme, dass er mehr oder weniger von der Korruption infiziert ist, verschafft den Korrumpierenden und den Korrupten einen ungerechten Mehrgewinn. Das gleicht die im ersten Teil der Geschäfte entstandenen Verluste aus. Ich glaube nicht, dass die Summe der Bestechungsgelder pro Jahr mehr als fünf Millionen beträgt. Mit fünf Millionen kann man jedes Jahr 500 Beamte bestechen, wenn man davon ausgeht, dass der Durchschnittspreis der Bestechung bei 10 000 Fr. liegt. Eine solche Käuflichkeit in der Armee, im öffentlichen Bauwesen, in der Verwaltung usw. ist zu vernachlässigen.

Einsparung bei den Ausgaben? – Eine weitere Illusion. Wenn die Demokratie den Staat so organisieren könnte, dass er möglichst viele Dienstleistungen zu möglichst niedrigen Kosten erbringt, könnte sie auch die Gesellschaft organisieren und wäre eine Republik. Die Kosten für die Kommunalverwaltung, die Steuererhebung und die Wiederverausgabung öffentlicher Erlöse betragen – das gesamte Finanzministerium inbegriffen – gut über 174 Millionen. In einem weiteren Beitrag[1] werde ich beweisen, dass dieser Posten des Haushalts leicht reduziert werden kann auf weniger als die Hälfte. Aber um diese Einsparungen zu erzielen, muss man die Steuern in ihrer Art, ihrer Bemessungsgrundlage sowie ihrer Verteilung ändern; man muss die Buchhaltung des Staats abwandeln;

1 *Organisation du Crédit et de la Circulation*, Paris, 31. März 1848. In Œuvres Complètes, Band 6, Nouvelle Édition, Paris 1871, S. 89-131; zum Budget und zur Abschaffung der Steuern siehe dort S. 125-129.

man muss Verwaltung, Handel und Finanzen von Grund auf umgestalten; man muss, mit einem Wort, das soziale Problem lösen, und wir haben bewiesen, dass die Demokratie gegen dieses Problem machtlos ist.

Weit davon entfernt, dass die Demokratie den gegenwärtigen Haushalt kürzen könnte, stehen die Wetten zehn zu eins, dass sie ihn erhöhen wird. Denn wenn der eigentliche Staat in der Demokratie zehnmal mehr kostet als in der Monarchie, und die gleichen Ursachen auf die verschiedenen Verwaltungen wie auf den Staat einwirken, ist eine Erhöhung der Ausgaben unvermeidlich. Andernfalls würde die Demokratie zurückfallen, sie wäre eine verkappte Monarchie.

Die ‹Organisation der Arbeit›? – Den Nettoverlust, der sich für das Land aus dieser Modellorganisation ergeben muss, habe ich auf bloße 50 Millionen angesetzt, weil ich annehme, dass 24 Millionen Landbewohner und sieben Millionen Industriearbeiter, Fabrikanten, Kaufleute usw. sich nicht vom Staat aufsaugen und wider Willen in öffentliche Angestellte umwandeln lassen werden. Sollte es anders sein, sollte die demagogische Fraktion einflussreich genug sein, um dem Volk mit der Abdankung seiner politischen Souveränität auch den Verzicht auf seine wirtschaftliche Freiheit abzuringen, dann hätten wir nicht mehr ein Budget von 1 900 Millionen für die derzeit im Staat vereinten Dienste zu zahlen; es wäre ein Budget von 12 Milliarden für die gesamte Arbeit der Nation.

Nun, da die jährliche Produktion Frankreichs, den Dienst des Staats, der Verwaltung, der Justiz usw. eingeschlossen, keine 10 Milliarden beträgt, würden wir also allein aus dieser Tatsache jedes Jahr ein Defizit von einem Fünftel der gegenwärtigen Produktion, also zwei Milliarden, erwirtschaften. Es ist jedoch bewiesen, aufgezeigt worden, dass jede vom Staat ausgeführte Dienstleistung rund 50 % mehr kostet, als sie wert ist, z. B. Straßenbau, Kassierung öffentlicher Einnahmen, Schutz der nationalen Arbeit, d. h. Zoll, usw. Kurzum: Es ist bewiesen, dass der freie Werktätige nach Umwandlung in einen öffentlichen Angestellten nur halb so fähig ist, nur halb so viel arbeitet und nur halb so viel produziert wie der Organismus, dessen Teil er jetzt ist. Die demokratische Organisation der Arbeit hätte also dies endgültige Ergebnis: Während die nationalen Ausgaben zwölf betrügen, wären die Einnahmen nur sechs. Wozu würden in solch einem System der Zwangskurs der Banknoten, die Laufzeitverlängerung der Schatzanweisungen, die Nationalbanken, die Versicherungen, die Rückerstattung der Pfandanleihen, das Papiergeld dienen? Wozu sollte das Geld überhaupt noch dienen? Organisation der Arbeit durch die Demokratie!, das ist nur Organisation des Elends.

Die Ursache hierfür liegt neben der allgemeinen Lohnerhöhung und der ebenso allgemeinen Verkürzung der Arbeitszeit, zu der die Demokratie sich verurteilt hat, in der Zunahme der Betriebskosten – Kosten, die für die Gesellschaft wie für den Staat im umgekehrten Verhältnis zur Produktion stehen müssen; die aber durch den Einfluss der monarchischen und demokratischen Ideen, die die Institutionen und den Intellekt beherrschen, fast überall im direkten Verhältnis zum Produkt stehen.

Jeder sollte wissen, und leider wissen es nur wenige, selbst unter den Ökonomen, dass in jedem Unternehmen die Betriebskosten allmählich mit der Ausdehnung wachsen, die der Unternehmer seinen Geschäften gibt, so dass es einen Punkt gibt, an dem, wenn alle anderen Dinge gleich bleiben, der gesamte Gewinn durch die Betriebskosten aufgezehrt ist.

Für die Unternehmer in Handel, Industrie und Landwirtschaft stellen die Staatskosten Betriebskosten dar. Diese Kosten, die die nationale Produktion heute mit über zwei Milliarden belasten, müssen unter der Republik wie der Staatshaushalt gesenkt werden.

Aber die Demokratie ist die ins Unendliche erweiterte Idee des Staats; sie ist die Vereinigung aller Bauernhöfe zu einem einzigen landwirtschaftlichen Betrieb und aller Fabriken zu einem einzigen Industrieunternehmen; aller Handelshäuser zu einem einzigen Handelshaus und aller Banken zu einer einzigen Bank. Daher ist sie nicht die unendliche Abnahme der Betriebskosten, wie es unter der Republik sein müsste, sondern die unendliche Zunahme der Betriebskosten.

Die dreißig Tage Diktatur seit der Revolution legten Ohnmacht und Nichtigkeit der Demokratie bloß. Alles, was sie an alten Erinnerungen, philanthropischen Vorurteilen, kommunistischen Instinkten, disharmonischen Leidenschaften, sentimentalen Phrasen, anti-liberalen Tendenzen besaß, kam in diesem einem Monat zum Einsatz. Sie zehrte von Utopie wie von Gewohnheit; sie konsultierte Empiriker und Scharlatane; sie reichte den emeritierten Spekulanten die Hand; sie ließ sich von der Juristenzunft[1] predigen; sie empfing die Weihe des Monsignore.[2] Nun, in all dem, was die Demokratie seit einem Monat vergeigt, verordnet, verausgabt sowie verwettet, wer würde es wagen

---

1 *Clercs de la Bazoche*. Bezeichnung für eine alte, sehr einflussreiche Vereinigung von Juristen.
2 *Monseigneur.* – Gemeint ist wohl Denis Auguste Affre (1793-1848), Erzbischof von Paris, der sich der Februarrevolution anschloss; nach Abfassung dieses Textes kam er im Juni 1848 während eines Arbeiteraufstands ums Leben, bei dem er vermitteln wollte.

zu behaupten, dass das Volk sich auch bloß ein einziges Mal wiedererkennen konnte?

Damit kehre ich zu meiner Ursprungsfrage zurück: Die Souveränität des Volks ist der Ausgangspunkt der Sozialwissenschaft. Wie wird diese Souveränität also hergestellt, wie drückt sie sich aus? Wir können keinen Schritt tun, bevor wir das Problem nicht gelöst haben.

Gewiss, ich bestehe hierauf, damit man mich nicht missversteht. Ich bin weit davon entfernt, den Werktätigen, den Proletariern, und sogar den Bourgeois den Anspruch auf politische Rechte abzusprechen; ich behaupte aber, dass die Art und Weise, wie man vorgibt, sie in den Genuss dieser Rechte kommen zu lassen, nur eine Mystifikation darstellt. Das allgemeine Wahlrecht ist zwar das Symbol der Republik, nicht jedoch die Realität.

Die Arbeitermassen nehmen das allgemeine Wahlrecht mit Gleichgültigkeit auf. Man kann sie nicht dazu veranlassen, sich registrieren zu lassen. Während die Philosophen das allgemeine Wahlrecht anpreisen, lacht der gesunde Menschenverstand über es!

Die Republik ist die Organisation, in der alle Meinungen und Tätigkeiten frei bleiben und das Volk, auch wenn es unterschiedliche Meinungen und Willen hat, wie ein einziger Mensch denkt und handelt. In der Republik nimmt jeder Bürger, indem er tut, was er will und nichts als das, was er will, direkt an der Gesetzgebung und Regierung teil, wie er auch an der Produktion und der Zirkulation des Reichtums teilnimmt. Dort ist jeder Bürger König; denn er hat die Fülle der Macht, er herrscht und regiert. Die Republik ist eine Anarchie im positiven Sinne. Sie ist weder die von der Ordnung unterworfene Freiheit, wie in der konstitutionellen Monarchie, noch die in die Ordnung gefangene Freiheit, wie die Provisorische Regierung sie versteht. Sie ist Freiheit, die von allen ihren Fesseln befreit ist: Aberglaube, Vorurteil, Sophismus, Spekulation, Autorität; sie ist die gegenseitige Freiheit, nicht die Freiheit, die sich auf sich selber beschränkt; die Freiheit, die nicht Tochter der Ordnung, sondern Mutter der Ordnung ist.

Das ist das Programm moderner Gesellschaften. Es sei die Absolution der Demokratie, dass sie es gewissermaßen durch das Schauspiel ihrer Widersprüche formuliert hat.

DEMOKRATIE UND DIE FEBRUARREVOLUTION[1]

1. Die Revolution vom 24. Februar [1848] ist legitim, obwohl sie illegal war. – **2.** Die Provisorische Regierung hat die Revolution nicht verstanden.

Paris, 22. März 1848

Eine große Tat hat sich gerade vollzogen, unwiderstehlich und unwiderruflich.

Jeder soll, je nach Neigung, darüber trauern oder sich freuen; aber alle sollen sich aufs Unerwartete vorbereiten, denn ich schwöre Ihnen, das Gesicht der Welt wurde soeben verändert.

Das Königtum, die konstitutionelle Monarchie, das repräsentative System, die werktätige Klasse und die Klasse der Bourgeoisie und viele andere Dinge, die aufzuzählen ich keine Veranlassung habe, sind jetzt so weit von uns entfernt wie das Burgunderrecht[2] und die Kapitularien von Karl dem Großen.[3] Der parlamentarische Rat, welcher zusammentreten wird, wird, so revolutionär er uns auch erscheinen mag, ebenso wie die Verfassung, die er geben soll, nur provisorisch sein. Mit Fetzen der Verfassung des Jahres VIII, der Verfassung des Jahres III oder des Jahres II,[4]

---

1 *Solution du Problème social* (1848), übersetzt nach: Pierre-Joseph Proudhon, Œuvres Complètes 6, Nouvelle Édition, Paris 1871, S. 1-35. Teil 1; warum der erste Teil hier als zweiter steht, siehe Einleitung.
2 Im 9. Jahrhundert, älteste Abschrift, wird aber bis ins 6. Jahrhundert zurückdatiert.
3 Erlasse der Staatsgewalt. Karl der Große († 814).
4 Nach der Französischen Revolution 1789 wurden die Jahre ab 1792, d. h. Abschaffung des Königtums, mit römischen Ziffern, beginnend bei I, gezählt. Die Republikanischen Verfassungen stammen aus den

flankiert vom *Contrat social*[1] und den Rechtserklärungen von La Fayette, Condorcet und Robespierre,[2] wird man die Gedanken des Volks nicht erfassen können. Die Illusion besteht derzeit darin, an die Möglichkeit einer Republik im gewöhnlichen Sinne des Wortes zu glauben, und es ist eine lächerliche Sache, wenn unsere Volksvertreter ihre Sessel für die Ewigkeit einrichten. Die letzte Revolution enthält noch etwas anderes, sonst müsste man sagen, sie habe sich durch Zufall vollzogen, sie sei ein Unfall ohne Ursache und ohne Wurzeln gewesen, mit einem Wort, sie sei absurd.

Das ist auch der Gedanke, der Zweifel, der die Nation im Verborgenen des Gewissens quält, sowohl diejenigen, die die Macht derzeit bekleiden, als auch diejenigen, die sie gerade verloren haben. All jene, die gestern noch an einer der nun verschwundenen politischen Formen hingen – Konservative, Dynastiker, Legitimisten[3] und sogar mehr als einer unter den Radikalen, die ebenfalls verwirrt sind –

Jahren 1793 (sie wurde allerdings als «Verfassung des Jahres I» bezeichnet), 1795 (nach dem Sturz von Robespierre) und 1799 (Alleinherrschaft von Naopléon I).
1 Rousseau (1762).
2 Marquis de La Fayette (1757-1837), General in der Amerikanischen Revolution, spielte eine große Rolle in der Französischen Revolution und entkam dem Terror durch Flucht. – Marquis de Condorcet (1743-1794), in der Revolution vertrat er die Sache der Liberalen (wie Abschaffung der Sklaverei, Freihandel, Gleichberechtigung der Frauen) und Girondisten (Föderalismus). Dem jakobinischen Terror entzog er sich zunächst durch Untertauchen, wurde bei einem Fluchtversuch aus Paris jedoch gestellt und starb unter ungeklärten Umständen. – Maximilien de Robespierre (1758-1794), war der Hauptdrahtzieher des jakobinischen Terrors, stürzte 1794 und wurde hingerichtet.
3 Dynastiker und Legitimisten, beide Parteien waren monarchistisch, die Dynastiker (oder Orléanisten) standen hinter der 1830-1848 regierenden Dynastie, die Legitimisten trauerten den 1830 verflossenen Bourbonen nach. Konservative: Bonapartisten (Kaisertreue).

blicken mit Sorge auf die Republik, die ein halbes Jahrhundert nach ihrer Beerdigung unter einer neuen Flagge wiedergeboren wird. Wann, so fragen sie sich, ist diese Tote wieder auferstanden? Geht die Geschichte rückwärts, dreht sie sich, oder beginnt sie von neuem? Hat die Gesellschaft ihre palingenetischen Epochen und ist der Fortschritt nur eine Reihe von Restaurierungen?

Und dann, schnell vom Zweifel zur Verzweiflung übergehend: Seht her, fügen sie hinzu, diese Revolution, die ohne Idee gemacht wurde, dieses erneuerte Drama, halb [17]89, halb [17]93,[1] das aus Romanen gelernt, an Stammtischen[2] wiederholt und dann auf dem öffentlichen Platz von Leuten gespielt wird, die nicht einmal wissen, dass das, was sie gerade zerstören, das Ende dessen ist, was sie einst begonnen hatten! Woher kommt diese Revolution? Wohin sie geht, weiß sie nicht. Wer ist sie? Sie zögert bei ihrem eigenen Namen, so wenig kennt sie sich selber, so unecht ist ihr Auftreten, so sehr scheint dieses Wort ‹Republik› ein syntaktischer Fehler in unserer Sprache zu sein.

Am ersten Tag wird der Ministerpräsident gestürzt.

Am zweiten Tag bricht die parlamentarischen Opposition zusammen.

Am dritten Tag dankt des König ab.

Am vierten Tag führt man das allgemeine Wahlrecht ein.

Am fünften Tag geht es dann um eine «Organisation der Arbeit».[3]

1 1789 Revolution, Erklärung der Menschenrechte, konstitutionelle Monarchie. 1793 Republik, Machtübernahme der Jakobiner, Tugendterror.
2 *tabagies*, Raucherlokale.
3 «Organisation der Arbeit» ist ein Programm – und Buchtitel – des französischen Sozialdemokraten Louis Blanc (1811-1882) aus dem Jahr 1839; es befasst sich vor allem mit der Unterdrückung der markt-

Am sechsten und am siebenten Tag wird es die utopische Kommune sein!

Oh, die Regierung hatte es vorausgesagt, wir alle waren blind, wir alle sind getäuscht worden. Die Republik, die niemand wollte, ist unseren Streitigkeiten entsprungen und zog unbekannte Orgien hinter sich her. Habt ihr die Schreie der Kommunisten[1] vernommen, die Hymnen von Châtel[2] und diesen verwirrenden, schrecklichen Lärm aller Sekten? Habt ihr gesehen, wie die Männer mit den finsteren Gesichtern, trunken vom Wein der Staatskasse, um Mitternacht mit nackten Lumpensammlerinnen in der königlichen Wohnung ihre Runden drehten? Habt ihr die Leichen dieser hundertdreißig Helden gezählt, die im Gelage ihres Triumphs an Alkohol und Rauch erstickten?[3] Wo wird dieser blutige Karneval enden? Welch eine Bedeutung hat diese Fabel, in der eine ganze Nation, angeführt von einem Dutzend Mystagogen, auftritt wie eine Schauspielertruppe?

Die parlamentarische Opposition, die behauptete, weitsichtig zu sein, Feindschaft gegen das System leugnete, sich einbildete, den Aufruhr zähmen zu können, einen Moment lang die Macht inne hatte, der 40 000 Soldaten und 80 000 Nationalgardisten zur Verfügung standen, um ihr Mandat durchzusetzen, hatte nichts Eiligeres zu

wirtschaftlichen Konkurrenz durch die Staatsgewalt. Wurde 1848 zum Slogan eines Teils der Revolutionäre.

1 *Icariens*. Icar ist der Herrscher in der kommunistischen Utopie von Étienne Cabet (1788-1856), *Voyage en Icarie* (1840).

2 Ferdinand François Châtel (1795-1875), Bischof einer liberalen Abspaltung von der katholischen Kirche, die im Laufe der Julimonarchie verboten wurde. 1848 gründete sie sich neu, wurde jedoch bald darauf unter Louis Bonaparte (später Napoléon III) wiederum verboten.

3 Gustave Flaubert (1821-1880) wird später (1869) über die Revolution 1848 schreiben: «Die Helden riechen nicht gut.»

tun, als den Rückzug anzutreten und der Republik das Feld zu überlassen.

‹Das›, erwiderten die anderen, ‹ist die Frucht des starren Denkens,[1] das alles beschmutzt, alles verdirbt, alles auf seinen Egoismus zurückführt, jede Wahrheit zur Lüge macht, mit Gott und den Menschen gleichermaßen spielt und nach siebzehn Jahren der Täuschung bis zur letzten Stunde meint, dem Land Bedingungen stellen und der Freiheit sagen zu können: Bis hierher und nicht weiter.› So enden die Usurpatoren; so werden die Heuchler und Gottlosen hinweggefegt. Die Februarrevolution kann nur mit einem Erbrechen verglichen werden. Das Volk von Paris, das Louis-Philippe vertrieb, war wie ein Kranker, der einen Wurm auskotzt.

Und doch ist das Volk ärmer als je zuvor, der Bourgeois ruiniert sich, der Arbeiter[2] verhungert, der Staat steht vor dem Bankrott. Oh, was wird aus uns werden? Überlassen wir das Bedauern den Schüchternen und das Wehklagen den Besiegten. Die Wahrheit liegt nicht in diesen Klagen. Eine Revolution, die durch den universellen Ekel ausgelöst wurde, hat sich gerade ereignet. Es geht darum, die Lehre und die berechtigten Konsequenzen zu ziehen.

Während unsere provisorischen Staatsmänner, auf Improvisation angewiesen, im Leeren herumstochern, ihren Weg suchen und nur Routine oder Utopien finden, dem Land eher schmeicheln als ihm Mut machen, dem Volk ihre Ideen unterbreiten, anstatt es nach den seinen zu fragen, in der Spur des alten Jakobinismus bleiben und gezwungen sind, ihre für alle sichtbare Ohnmacht zu ent-

---

1 *pensée immuable.* Spitzname des Bürgerkönigs Louis-Philippe und seiner Höflinge.
2 *ouvrier*, übersetze ich mit ‹Arbeiter› im Unterschied zu *travailleur*, Werktätiger.

schuldigen, indem sie sich in ihre Frömmigkeit flüchten, versuchen wir, das Volk zu verstehen oder, besser gesagt, von ihm zu lernen.

Das Volk, das eine so plötzliche Revolution durchführte, hat sich selber eine immense Rolle auferlegt. Das Volk ist wie die Werktätigen,[1] die umso mehr und umso besser produzieren, je größer ihre Aufgabe ist. Das Volk wird zweifellos leiden müssen, aber es wird nicht an seinem Werk scheitern.

1

Die Revolution vom 24. Februar [1848] ist legitim, wenn auch illegal. – Zunächst einmal: Wer hat diese Revolution gemacht? Wer ist ihr wahrer Urheber?

Alle haben es gesagt: Es ist das Volk.

In der Tat war es nicht die parlamentarische Opposition, die am 22. Februar [1848] im Angesicht des Vetos vom Ministerpräsidenten ihre Kandidatur zurückzog.

Es war nicht die Nationalgarde, die trotz aufrichtiger Freiheitsliebe und ihres Ekels vorm System, trotz der Unterstützung, die sie dem Aufstand durch ihre Waffen gab,[2] eine Katastrophe mindestens ebenso sehr fürchtete wie sie den Sturz des Ministerpräsidenten wünschte.

Es war nicht die Presse, denn am Morgen des 23. [Februar 1848] stellte *La Réforme*, das fortschrittlichste Blatt der radikalen Partei, die Bedingungen auf, unter denen sie glaubte, die Wiederherstellung der Ordnung garantieren zu können, und war weit davon entfernt, den erstaunlichen Erfolg des nächsten Tages vorauszusehen.

1 *travailleur*, übersetze ich zur Unterscheidung von *ouvrier*, Arbeiter, mit ‹Werktätiger›.
2 Teile der Nationalgarde weigerten sich, gegen die Aufständischen vorzugehen, sondern beschützten die Demonstrationen.

Es war nicht der Sozialismus, der in seinen Publikationen den Arbeitern Geduld predigte und einer Republik misstraute, in der er nur die Vertagung seiner Utopien auf unbestimmte Zeit erblicken konnte.

Nicht eine Partei oder eine Sekte hat die Revolution gemacht, sondern das Volk, das Volk, sage ich, außerhalb jeder Partei und jeder Sekte; das wahre Volk von [17]89, [17]93 und 1830.[1] Es war das Volk, dessen Bewusstsein plötzlich explodierte und das in kürzerer Zeit, als man gebraucht hätte, um die Verfassung umzuschreiben, die Republik gründete.

Unser oberstes Prinzip sei also das Volk. Und da das Volk, d. h. alle Menschen im Allgemeinen und niemand im Besonderen, ohne Rat, ohne Führung, von seinen Sprechern und Denkern im Stich gelassen, aber von einem zwingenden Enthusiasmus getrieben, das getan hat, was wir sehen: In Zukunft wird alles, Institutionen und Reformen, aus dem Volk hervorgehen, so wie es auch der Sieg tat.

Aber während es leicht ist, die Handlungen des Volks im Nachhinein zu erkennen, verhält es sich anders, wenn es darum geht, die Handlungen der Volkssouveränität, die allein jedoch den Regierungen als Regel dienen könnten, gleichsam aus dem Schoß der Zukunft hervorzuzaubern.

---

1 Auch das System des Bürgerkönigs (konstitutionelle Monarchie) ist 1830 aus einer Revolution gegen die voraufgegangene Restauration der Fürstenherrschaft hervorgegangen. Interessant ist die Jahreszahl 1793. Obwohl Proudhon allen Jakobinismus verabscheute, sah er doch, dass auch er von einer revolutionären Bewegung an die Macht gespült worden war, wobei er zumindest im Februar 1848 bereit war, jede revolutionäre Bewegung im Grunde für richtig und legitim zu halten. Dass revolutionäre Bewegungen freilich dazu tendieren, in die falsche Richtung zu gehen, dämmerte ihm schon bald, schon eine Woche später. Die Erfahrung im 20. Jahrhundert (Mexikanische, Russische, Chinesische, Kubanische, Khmer, Sandinistische Revolution) gaben dieser Ahnung leider weiteres empirisches Futter.

Das Problem stellt sich umso schwieriger dar, als die Entscheidungen des Volks ganz anderen Gesetzen zu unterliegen scheinen als die der individuellen Klugheit.

Nehmen wir diese letzte Revolution. Wie erhob sich das Volk? Für wen, warum griff es zu den Waffen? Was war sein Ziel in diesem erhabenen Ereignis? seine Idee, ich würde sogar sagen, sein gutes Recht?

Hier muss man die Logik des Volks studieren, die der Logik der Philosophen überlegen ist und die uns allein durch die Dunkelheit der Zukunft führen und unsere Herzen und unseren Verstand reformieren kann. Wenn das Volk sich in diesen denkwürdigen Tagen so verhalten hätte, wie jeder gesetzestreue Mensch es tun würde, hätte es keine Revolution gegeben. Denn, wir scheuen uns nicht, es zu sagen: Alles, was vom Volk getan wurde, wurde unter Verletzung des Gesetzes getan.

Am 20. Februar [1848] verstieß die Opposition mit ihrer Initiative, die Demonstrationen[1] zu gestatten, gegen das Versammlungsgesetz.

Verstieß gegen das Gesetz über die Nationalgarde.

Ich gehe nichtmal darauf ein, dass bezüglich des Rechts auf Versammlung, das der Gegenstand so vieler Streitigkeiten ist, das Gesetz und die Rechtsprechung, was auch immer man gesagt haben mag, nicht auf der Seite des Ministerpräsidenten standen; gegen die Legalität wäre in dieser Hinsicht trotzdem verstoßen worden. Mehr noch: Die Minderheit im Parlament, die per Einschüchterung auf das Prärogativ des Königs [den Regierungschef zu berufen] einwirkte, verstieß gegen die Verfassung; die Abdankung von Louis-Philippe, mit der die Verantwortung der Regierung [für die Auflehnung] überkleistert werden

---

1 Die Demonstrationen wurden als ‹Bankette› getarnt.

sollte, verstieß gegen die Verfassung; das Regentschaftsgesetz wurde zweimal verletzt, zuerst indem der Herzog von Nemours[1] durch die Herzogin von Orléans[2] ersetzt wurde und dann indem man an die Nation appellierte; schließlich trat das Volk, das seinen Willen mit Gewalt durchsetzte, alle Gesetze mit Füßen, anstatt sich an einen Rechtsakt zu halten, wie die parlamentarische Opposition es wollte. Im Gegensatz zu 1830 war die Regierung 1848 im wahrsten Sinne des Wortes rechtmäßig, und nicht ohne Grund konnte Louis-Philippe sagen, als er englischen Boden betrat: «Karl X wurde [1830] entthront, weil er die Verfassung verletzt hatte, ich bin es, weil ich sie verteidigen wollte.» Das Volk, dem es ebenso an Texten wie an Munition mangelte, befand sich in einer dramatischen Rebellion gegen das Gesetz, doch es zögerte nicht.

Ist die Revolution durch die Reihe der Gesetzesverstöße, die die ganze Geschichte des 22., 23. und 24. Februar 1848 kennzeichnen, gegen das Recht gemacht worden und im Prinzip ungültig?

Gott behüte, dass das Volk je irren oder lügen könnte. Ich sage: das Volk, eins und unteilbar,[3] merkt euch das; damit meine ich nicht Menge, die nur Pluralität ohne Einheit ist. Das Volk argumentiert mit einem Bewusstsein und von einem Verständnis aus, das höher ist als jede individuelle Vernunft; deshalb lauten seine Schlussfolgerungen fast

---

1 … der legitimer Thronfolger gewesen wäre (im Volk jedoch unbeliebt war) …

2 … die anstelle des legitimen Thronfolgers den minderjährigen Sohn zum Nachfolger des abgedankten Königs ausrufen und sich zur Regentin proklamieren ließ … Die Regentschaft dauerte nur zwei Tage.

3 Bereits eine Woche später sieht Proudhon dies in der – hier zuerst stehenden – Fortsetzung seines Textes differenzierter und kritischer, siehe S. 43-46 sowie 50-57. Überdies hat er die jakobinische Formel von der ‹einen und unteilbaren Republik› sonst strikt abgelehnt.

immer anders als jene der Rechtsgelehrten. Es ist ein mächtiger Verallgemeinerer, dieses Volk, wie ihr gleich sehen werdet.

Das Volk ist souverän. Man trichterte es uns ein, und diese Wahrheit drang bis in die Tiefe der Seelen der Menschen vor; Volkssouveränität wurde zum allgemeinen Glauben. Seit 1830 protestiert keiner mehr gegen die Souveränität des Volks.

Das souveräne Volk ist bloß sich selber gegenüber verpflichtet. Keiner verhandelt mit ihm auf gleicher Augenhöhe, und wenn es sich aufgrund von beleidigter oder gefährdeter Würde erhebt, ist es absurd zu fragen, ob diese Demonstration des Volks legal oder illegal sei. Eine Verfassung ist kein Vertrag auf Gegenseitigkeit zwischen König und Volk, zwischen Gesetzgebern und Bürgern, zwischen Auftraggebern und Auftragnehmern. Sie ist das System, mit dem das Volk, der kollektive Mensch, auf ewig seine sozialen Funktionen organisiert und seine Macht ausbalanciert.

Wenn das Volk also erfährt, dass seine Freiheit in Gefahr und dass der Zeitpunkt für seinen Widerstand gekommen ist, versteht es bloß eines und kann bloß eines verstehen, nämlich dass es nicht protestieren, vielmehr souverän entscheiden muss. Die [Politiker der parlamentarischen Opposition], die England (immer wieder England!) zum Vorbild nahmen und das Volk einluden, zusammen mit ihnen gegen die Politik der Regierung zu protestieren, waren in Wahrheit ignorant gegenüber den Rechten des Volks und seiner Logik. Protest! Meine Güte, das wäre Abdankung. Das Volk braucht keinen Gerichtsdiener, um seinen Willen zu bekunden; es drückt ihn durch Taten aus. Wenn es sich versammelt, begreift es, dass es Richter und Vollstrecker ist.

Am 22. Februar [1848] appellierte die parlamentarische Opposition gegen die Willkür der Regierung an die Vernunft des Volks. Es ging darum, der Macht zu beweisen, dass die Meinung, dass ganz Frankreich die seit siebzehn Jahren hartnäckig verfolgte Politik und das Denken des Königs verurteilte. Aber die parlamentarische Opposition wollte, dass das Volk nur erschien, um ein Stimmungsbild abzugeben; sie wollte, wie sie sagte, mit einer Tatsache beweisen, dass das Volk der Versammlungsfreiheit, die ihm verweigert wurde, würdig war; dass es fähig war, die Macht genauso zu respektieren wie gegen sie zu protestieren. Die Opposition gewährte dem Volk eine bloß beratende Stimme, sie entzog ihm die Souveränität. Da sagten sich einige Bürger, deren Namen nur einige Freunde kannten, dass es um die Freiheit gehe; dass das Volk nicht gegen sein Wesen verstoßen könne; dass es ihm zustehe, seine Autorität aufrechtzuerhalten, nicht durch eitlen Widerspruch – wem sollte das Volk denn widersprechen? vielmehr durch ein endgültiges Urteil.

Diese Leute konnten sagen, sie trügen den Gedanken Frankreichs in sich. In einer Nacht entflammte das Feuer, das sie verzehrte, die Hauptstadt. Acht Tage später ratifizierte das ganze Land ihren Entschluss. Wenn es wahr ist, dass der an sich legale Akt des Ministerpräsidenten, die Demonstrationen zu verbieten, dem Volk bloß als Anlass [zur Erhebung] diente, ist es dann nicht auch wahr, dass der parlamentarische Protest der Abgeordneten der Linken in den Augen des Volks nur einem Weckruf glich? Worauf ist die Erhebung, die folgte, zurückzuführen? Gab es überhaupt einen hinreichenden Grund, den Ministerpräsidenten zu stürzen, eine Dynastie zu vertreiben, die Regierungsform zu ändern und die Gesellschaft von Grund auf zu revolutionieren? Denn hierin, darauf sollte man sich gefasst machen, muss die Moral des Ereignisses und das gesamte revolutionäre Denken gipfeln.

Sagen wir es gleich und laut. Der Erhebung vom Februar 1848 richtete sich *nicht* gegen den Ministerpräsidenten: die Frage, welche Person dies Amt bekleiden solle, war der Aufmerksamkeit des Volks unwürdig; *nicht* gegen den Regenten: das Königtum war für es eine nur noch nebensächliche Sache; *nicht* einmal gegen das System: Tag für Tag von zwanzig Ministerien praktiziert und verteidigt, erfreute es sich der Zustimmung der repräsentativen Mehrheit; was die Verfassung betrifft, war es tadellos.

Worauf das Volk abzielte und was es zerstören wollte, war die Verfassung selber. Das ergibt sich sowohl aus den Rechtswidrigkeiten, an die wir eben erinnerten, als auch aus dem Fortschritt der Ideen und Tatsachen der letzten siebzehn Jahre.

Die Revolution von 1830, eine legale Revolution, war das Werk der Bourgeoisie; die Arbeiterklasse fungierte bloß als ihr Werkzeug. Das Volk selber, betrachtet in seiner Gesamtheit, scheint 1830 kein anderes Ziel verfolgt zu haben, als den Versuch, eine konstitutionelle Regierung zu etablieren, die Vision von [17]89, zu Ende zu führen. Die Bourgeoisie konnte die Julirevolution [1830] also als ihr Eigentum beanspruchen, und da sie, ein Formalist *par excellence*, vor allem jene juristische Legalität pflegte, die eine Spezialität der Staatsmänner ist, um die das Volk sich freilich kaum kümmert, bestand der ganze Gedanke der Bourgeoisie darin, eine Verfassung, die der König[1] verletzt hatte, für die Zukunft unantastbar zu machen – die ‹Charta› wurde als Wahrheit verkündet. Das Volk schwieg

---

1 Karl X (1757-1836), 1824 Thronfolger im Zuge der Restauration ab der Niederlage Napoléon I 1815 nach dem Tod Ludwig XVIII (1755-1824). Er regiert bis zur Julirevolution 1830.

trotz der heftigen Proteste der Parteien. Mit welcher Begründung? Das werden wir gleich sehen.

Alles an dieser Verfassung mit Namen ‹Charta› war zwielichtig, doppelbödig, unstimmig und widersprüchlich; sie war eine Art Lehnsvertrag, in dem alles für den König und nichts für das Volk bestimmt war. Über die wesentlichsten Dinge schwieg die Charta, und dieses Schweigen wurde immer zugunsten der Trägheit der Regierung oder des königlichen Prärogativs[1] ausgelegt, gegen das Interesse der Masse. Siebzehn Jahre lang fand die Regierung von Louis-Philippe Mittel und Wege, sich den Wünschen, Ideen und Gefühlen des Volks immer wieder in den Weg zu stellen, ohne jemals auffällig von der Legalität abzuweichen. Diese Verfassungslüge, die von allen Leuten, die an der Macht waren oder sich ihr näherten, zur Schau gestellt wurde, war der Grund für die Revolution.

Die Charta bedeutete, dass die Regierung, wie das Gesetz selbst, den allgemeinen Willen nur darstellen und ausdrücken sollte. Der König ward eingesetzt von der Nation, nicht um diesen Willen abzuändern, sondern um seine aufrichtige Ausführung zu gewährleisten. Die gesetzgebende Gewalt wurde auf König, Senat[2] und Parlament verteilt; die Exekutivgewalt führten die verantwortlichen Minister aus, was eine glückliche Kombination zu sein schien, die das Gleichgewicht aufrechterhalten konnte. Aber mit oder ohne Absicht, zunehmend wurden sowohl das Gesetz als auch die Regierung das Werk des Königs anstatt das der drei Gewalten und der Minister; die Nation konnte sich zwar weiterhin als souverän bezeichnen, freilich bloß unter der Bedingung, dass sie mit ihrem König

1 Das dem Souverän übergesetzlich vorbehaltene Recht.
2 Erste Kammer (Oberhaus, Ältestenrat): Die Senatoren (oder Pairs) repräsentierten Kirche und Gebietskörperschaften.

einer Meinung war. Das gaben selbst Konservative zu und schrieben alle Fortschritte des Landes der Umsicht von Louis-Philippe zu, während die anderen ihm alle Missstände zuschrieben.

Die Februarrevolution [1848] durchtrennte den Knoten dieser Schwierigkeit. Sie hätte ihn auch dann durchtrennt, wenn sie bei den Demonstrationen vom 22. und 23. [Februar 1848] gestoppt hätte, ohne dass sie bis zur Abdankung des Königs und zur Vertreibung der Dynastie gegangen wäre. Die Minister Barrot[1] und Thiers[2] stürzten die monarchische Regierung für immer: Das wischte die Charta vom Tisch, die gesamte Regierung änderte ihre Form. Die revolutionäre Frage war demnach bereits seit 1830 gestellt. Sollte der Wille des Königs grundsätzlich und unter verfassungsrechtlichen Gesichtspunkten über den Willen des Volks siegen? Am 22. Februar 1848 antwortete das Volk endgültig: ‹Nein, von nun an wird mein Wille vorherrschen.›

Die Regierung wurde der Korruption beschuldigt. – Die Minister entgegneten, dass die Krone nur ihren legitimen Einfluss ausübe. – Das Volk rief: ‹Überhaupt keinen Einfluss!›

Die Regierung hatte sich zwar vor der Souveränität des Volks verbeugt, war jedoch durch welche Theorie auch immer zum Privileg, zum Eigentum der Mittelschicht geworden. Ich gebe zu, dass die Absicht, wenn nicht sogar die Idee, gut war; dass sie zu anderen Zeiten sogar hätte nützlich sein können. Aber das Volk sagte: ‹So sehe ich das nicht. Von nun an werden auch die Arbeiter, nicht nur

---

1 Odilon Barrot (1791-1873) war der letzte Ministerpräsident der Julimonarchie. Seine Partei nannte sich «dynastische Linke».
2 Adolphe Thiers (1797-1877), opportunistischer liberaler Politiker; später erster Präsident der Dritten Republik ab 1871.

die Bourgeois, an der Regierung beteiligt sein.› Dies war der Sinn der von allen unterstützten Wahlrechtsreform.

Ich möchte hier die Beobachtung wiederholen, die ich vorhin gemacht habe, nämlich dass die Übernahme des Amts des Ministerpräsidenten durch Herrn Barrot in diesem Punkt den Wünschen des Volks fast vollständig entsprach. Nachdem also die monarchische Regierung abgeschafft, die Wahlrechts- und Parlamentsreform erreicht und der König sich in die Tuilerien[1] verzogen hatte, war das Königtum bereits bloß noch ein leerer Titel; die demokratische Revolution hatte gesiegt. Die Ereignisse, die darauf folgten, stellten nichts anderes dar als eine schnelle Ableitung ohne Umschweife aus den beiden Prämissen, die die parlamentarische Opposition trotz ihrer Hingabe an die königliche Dynastie und das ganze Land als Programm angenommen hatte – die Abschaffung der monarchischen Regierung und die Wahlrechtsreform. Das verdeutlicht, wie aus der politischen Frage eine wirtschaftliche Frage wurde: Das Volk, das der Verlängerung der Charta im Juli 1830 wortlos beigewohnt hatte, erklärte plötzlich, die Charta sei nichts mehr wert und es genüge nicht, die Regierung zu reformieren, sondern gehe darum, die Gesellschaft wiederherzustellen.

Die monarchische Regierung wurde abgeschafft, und es stellte sich die heikle Frage: Wenn der König regiert, ohne zu regieren, wozu dient er eigentlich noch? Die Autoren des öffentlichen Rechts, allen voran der ehrenwerte Herr de Cormenin,[2] haben ihre Dialektik erschöpft, um diesen erstaunlichen Satz zu beweisen, die Eigenart des Königs

---

1 Residenz des Königs in Paris.
2 Louis Marie de la Haye, Vicomte de Cormenin (1788-1868), ein der Linken angehöriger Jurist, Abgeordneter in der Julimonarchie 1830 und Befürworter der Revolution von 1848.

bestehe darin, zu sein und nicht zu handeln; dies sei der Knotenpunkt der Verfassungsgarantien, heiliger Schrein der Freiheit und der Ordnung. Herr de Lamartine,[1] dem ich keineswegs einen Vorwurf wegen solch einer Kleinigkeit machen will, bekannte sich bis zum 25. Februar 1848 zu dieser Meinung. Und das war auch der Gedanke von Herrn Barrot, als er am 24. [Februar 1848] die Abdankung von Louis-Philippe in den Händen hielt und vorschlug, sofort einen Rat zu bilden, um die Nachfolge zu regeln.

‹Aber›, sagte sich das Volk, ‹warum sollte ein solcher Rat nicht auch eine Regierung bilden? Es lebe die Republik!› Die Schmarotzerei wurde in der höchsten Verkörperung, dem symbolischen Königtum,[2] geächtet; genau wie der Despotismus in seiner vollständigsten Ausprägung, dem regierenden Königtum,[3] geächtet worden war; weil man Käuflichkeit, Privilegien und Spekulation in ihrer tiefsten Quelle, dem korrumpierenden Königtum, geächtet hatte, war die soziale Frage *de facto* und *de jure* gestellt worden. Daher gab es für niemanden eine Möglichkeit, sich dem Wandel zu entziehen.

Das Volk verlangte nicht, wie es einige Utopisten wollen, dass die Regierung sich des Handels, der Industrie und der Landwirtschaft bemächtigt, um sie zu ihren Aufgaben hinzuzufügen und die französische Nation zur Nation von Lohnarbeitern zu machen, vielmehr dass sie sich mit den Dingen des Handels, der Landwirtschaft und der Industrie befasst, um nach den Regeln der Wissenschaft, welche auch die Regeln der Gerechtigkeit sind, die Ent-

---

1 Alphonse de Lamartine (1790-1869), Lyriker und sowohl in der Julimonarchie als auch nach 1848 politisch aktiv, bis dann die Diktatur von Napoléon III das Engagement beendete.
2 *la royauté qui règne* (der König, der bloß repräsentiert: *nach* 1830).
3 *la royauté qui gouverne* (der König, der wirklich regiert: *vor* 1830).

wicklung des öffentlichen Reichtums zu fördern und die materielle und moralische Besserstellung der armen Klassen zu bewirken. Die Regierung antwortete, dass diese Dinge nicht in ihre Zuständigkeit fielen und dass sie sich nicht darum kümmern würde. Das war politischer Absolutismus, der zum Schutz der wirtschaftlichen Anarchie diente. – ‹Aber ich›, rief das Volk wütend, ‹will, dass die Regierung sich drum kümmert.›

So umfasste die Reform der monarchistischen Regierung die parlamentarische Reform; die parlamentarische Reform umfasste die Reform des Wahlrechts; die Wahlrechtsreform beinhaltete die Reform der Verfassung; die Verfassungsreform brachte die Abschaffung des Königtums mit sich; die Abschaffung des Königtums wiederum war gleichbedeutend mit einer sozialen Revolution. Die einzigen, die diese Situation verstanden, waren einerseits die Regierung und das Volk andererseits. Durch diesen einfachen Vorstoß der parlamentarischen Linken, der am 22. Februar [1848] stattfinden sollte, war die gesamte Revolution gemacht; das Volk hat das Ereignis nur zu Tage gefördert, das bereits in den Gedanken aller war. Wehe dem, der diese Dialektik umkehrt.

Nur eine Sache in diesem großen Akt ist nicht vom Volk gemacht worden, und die Verantwortung dafür liegt ganz bei der Staatsgewalt und der Bourgeoisie: das Datum.

Es war, wenn man so will, vom Schicksal bestimmt, dass die Volkssouveränität früher oder später auf anderer Grundlage neu konstituiert und die Monarchie, wenn schon nicht dem Gesetz nach, so immerhin faktisch abgeschafft werden würde. Die Revolution hätte, obwohl sie abrupt sein musste, noch etwas warten können; sie hätte im Einvernehmen zwischen Krone, der werktätigen Klasse und der Klasse der Bourgeoisie erfolgen können; sie hätte, mit einem Wort, friedlich verlaufen können. Der Fortschritt der Ideen war bekannt; das Volk musste früher oder später die Konsequenzen daraus ableiten: Allgemein war man sich selbst in der konservativen Partei einig, dass die Schwierigkeiten nicht mehr politischer, sondern sozialer Natur waren. Die Frage lautete bloß noch, wann und wie der Übergang stattfinden würde.

Es gefiel den politischen Unterstützern der Dynastie, dem Königtum und der konservativen Partei, den Ausgang zu beschleunigen.

Gewiss, man wird nicht bestreiten, dass, wäre die für den 22. angekündigte Demonstration erst am 23. Februar 1848 erfolgt, sich die Revolution um einen Tag verzögert und die Existenz des Königtums um 24 Stunden verlängert hätte. Aus demselben Grund hätte die Verzögerung, wenn am 23. Herr Barrot anstelle von Herrn Molé[1] zum Minister ernannt worden wäre, sechs Monate, ein Jahr oder zehn Jahre betragen können, und es ist heute, obwohl es an dem Ergebnis nichts mehr zu rütteln gibt, immer noch eine Frage, ob es für das Heil aller nicht besser gewesen wäre, in dreißig Jahren zu tun, was wir in drei Tagen getan haben, und ein glorreiches Datum zu vertagen, als sich der Gefahr einer peinlichen Lösung auszusetzen.[2]

Zum Erfolg der drei Tage trug ich so viel bei wie möglich, da ich mich in der Stunde der Gefahr nicht von meinen Brüdern, die kämpften, trennen und ihren Heldenmut nicht verleugnen wollte. Aber ich fürchtete nicht weniger

---

1 Louis-Mathieu Molé (1781-1855), einen Tag lang Premierminister. Anders als Barrot war Molé durch Ämter während der Restauration nach 1814 und in der Julimonarchie ab 1830 belastet. Barrot stand für die liberale, Molé für die konservative Sache.
2 Wer behauptet, Anarchisten wie Proudhon stünden für eine blutrünstige ungeduldige Revolution: dies bitte noch einmal lesen.

einen Sieg, dessen Folgen mir unbekannt waren; und aus diesem Grund erhebe ich noch heute, in der Ungewissheit der Zukunft und obwohl ich die Rückkehr irgendeiner Dynastie nicht erhoffe, alle Vorbehalte gegen diese souveräne Vernunft des Volks, die meiner Meinung nach unfehlbar ist und nicht kompromittiert werden kann.[1] Niemand war in der Lage, die Republik zu regieren; das zeigt sich jeden Tag in den Handlungen der Regierung. Unglückliche Opposition, unglückliche Konservative! Ihr habt die Trauben unreif gepflückt; versucht nun, sie auf Stroh nachreifen zu lassen!

Jetzt können wir nicht mehr zurück; wir dürfen es nicht, ich will es auch gar nicht: Wehe dem, der nicht vorwärts geht. Das Problem sozialer Wiederherstellung drängt, und wir müssen es lösen. Aber diese Lösung werden wir nur vom Volk erfahren. Vorhin habe ich euch aufgezeigt, wie das Volk durch die Verallgemeinerung seiner Ideen über die Regierung plötzlich auf eine Revolution stieß und die Monarchie in eine Republik umwandelte.

Die Revolution vom 24. Februar [1848] war nicht nur eine Verneinung des monarchischen Prinzips, sie war überdies eine Verneinung des repräsentativen Prinzips, der Souveränität der Mehrheiten.

Zunächst ließ die Provisorische Regierung verlautbaren, Frankreich würde Institutionen erhalten, die denen der alten Revolution entsprächen, und als eine Republik konstituiert werden, vorbehaltlich der Ratifikation durch das

---

1 Die Dialektik dieses Satzes lässt sich meiner Meinung nach dahingehend auflösen, dass Proudhon der Souveränität des Volkes zwar Unfehlbarkeit und Unkorrumpierbarkeit bescheinigt, wie er es oben ausführte, aber durchaus Zweifel daran hegte, inwiefern sie sich in der Revolution 1848 ausdrücken konnte, wie er in dem Text eine Woche später darlegte (siehe S. 43 bis 57).

Volk. Die Zeitschrift *Le National*[1] begründete und unterstützte diese Erklärung in einem gemäßigten, liebenswürdigen und vernünftigen Artikel. Was könnte in der Tat (im Urteil der Juristen) gerechter sein, als den Kommunen den Beitritt [zur Republik] vorzubehalten? Könnte der gute Wille einiger hundert Aufständischer das Recht von 35 Millionen Menschen aufheben und die in Paris erfolgte Ausrufung der Republik die monarchischen Herzen der Kommunen verpflichten? Wäre das kein Widerspruch zum republikanischen Prinzip? Wäre das nicht eine augenfällig Usurpation? Was die Provisorische Regierung anregte, geschah zur rechten Zeit; dass sie aber die Entscheidung zur Republik vorwegnahm, und zwar im selben Moment, da sie die Bürger zu den Wahlen aufrief: was könnte lächerlicher sein? Was ist das für ein politisches Recht, mit dem ihr mich ehrt, wenn ihr in der wichtigsten Frage, die mir vorgelegt werden kann, mir die Ausübung verweigert? Würde ich die Republik weniger lieben, wenn ihr mir erlaubt hättet, sie mit euch zu gründen?[2]

So lauteten die Skrupel der Provisorischen Regierung am 25. Februar [1848], die sie am nächsten Tag entweder aus Schwäche oder Machiavellismus zum Schweigen brachte. In den Augen der Provisorischen Regierung stellte die Gründung der Republik eine Überraschung, eine Gewalt dar, die dem Land angetan wurde. Was das Volk in seiner hohen Vernunft erdacht hatte, setzte die Provisorische Regierung mit der Weichheit und der Doppelzüngigkeit ihres Gewissens um.

Sie sprach ziemlich schrill, aber sie war doch ziemlich verständlich, diese Stimme des Volks. – ‹Wenn ich es bin›,

1 1830 bis 1924. Tageszeitung und Sprachrohr der gemäßigten liberal-republikanischen Kräfte.
2 Merkwürdig, der Absatz S. 130f scheint dem hier zu widersprechen.

rief sie, ‹die in Paris gesprochen hat, so kann ich mir in Bordeaux nicht widersprechen. Das Volk ist eins und unteilbar; es gibt keine Mehrheit und keine Minderheit; es ist keine Menge, es spaltet sich nicht. Sein Wille lässt sich nicht wie Geld zählen oder abwägen; wie die Stimmen von Aktionären ist er einstimmig. Wo immer es eine Spaltung gibt, ist es nicht mehr das Volk. Die Theorien der Repräsentation sind die Verneinung seiner Souveränität. Das Volk ist immer mit sich selbst einig, alles passt zusammen, alles verbindet sich in seinen Entscheidungen; alle seine Urteile sind deckungsgleich. Die Annahme, nach dem Ereignis des 24. Februar [1848], vom Volk vorbereitet und vorgesehen, vollendet durch das Zusammenwirken oder den Antagonismus aller Ideen, könne die Ausrufung der Republik Gegenstand von Kontroversen sein, hieße, alles, was das Volk in diesen drei Tagen getan hatte, für nichtig zu erklären und Herrn Guizot [also dem Ministerpräsidenten des Königs] Recht zu geben.›

So ist es.

Wenn nämlich nach der Erklärung des Volks von Paris die Republik bei den Wahlversammlungen in Frage gestellt werden muss, geht man davon aus, dass der Wille des Volks nicht einstimmig, dass dieser Wille nichts anderes als der Wille der Mehrheit ist.

Wenn die Verfassung in der Mehrheit der Stimmen begründet ist, hatte die [parlamentarische] Opposition kein Recht, gegen die konservative Mehrheit aufzubegehren [und einen neuen König zu berufen]; die Nationalgarde hatte Unrecht, die [außerparlamentarische] Opposition zu schützen, die Arbeiter, der Nationalgarde zu folgen, und alle zusammen, der Regierung Gewalt anzutun und dann den Pakt [einen anderen König zu akzeptieren] zu brechen und die Dynastie zu verjagen.

Wenn es die Mehrheit ist, die das Kriterium des Rechts bildet, muss man sich beeilen, die Spuren der Barrikaden zu verwischen, die Königsresidenz zu restaurieren, die Mitglieder des Königshauses zu entschädigen, Louis-Philippe zurückzurufen, Herrn Guizot das Ministerium wiederzugeben, im Parlament Abbitte zu leisten und schweigend auf die Entscheidung der Wähler zu warten, die [wenigstens] 200 Fr. Steuern zahlen.

Und dann werdet ihr sehen, wie die Mehrheit, ausgeliefert ihren egoistischen Instinkten und aufgewühlt durch das Ereignis, gegen die Reform, gegen die Demonstrationen, gegen die Opposition und gegen die Republik gleichermaßen stimmt.

Wenn es der Mehrheit obliegt, das Gesetz zu erlassen, muss man weiter sagen, dass es der Mehrheit innerhalb Mehrheit obliegt, und so weiter, bis wir wieder bei der monarchistischen Regierung angelangt sind, dass also die Regierung der Mittelklasse gehört, gewählt von der Mehrheit in den Versammlungen vor Ort; dass die Mittelklasse ihrerseits ihrer eigenen Mehrheit, der Mehrheit der Wähler, Respekt zollen muss; dass die Mehrheit der Wähler der Mehrheit der Abgeordneten gehorchen muss, die Mehrheit der Abgeordneten sich dem Ministerium unterwerfen muss, das wiederum verpflichtet ist, sich dem Willen des Königs zu unterwerfen, der kraft Mehrheit herrscht und regiert.

Mit der Theorie der Repräsentation wird man aus diesem Kreis nie ausbrechen; gerade außerhalb dieses Kreises hat das Volk sich platziert. Das Gesetz der Mehrheit, sagte es, sei nichts als ein vorläufiger Vergleich zwischen widerstreitenden Meinungen, der auf die Lösung durch das Volk warte. Auf diese Art und Weise löste die Revolution vom 24. Februar [1848] drei allgemeine Fragen in einem

Sinn, der allen herkömmlichen Vorstellungen diametral entgegensteht:

1. Frage des legalen Widerstands. – Das Volk hat es uns ein für alle Mal gesagt: Protestieren ist für das Volk gleichbedeutend mit Befehlen; Tadel ist gleichbedeutend mit Opposition; Widerstand ist gleichbedeutend mit dem Umstürzen des Objekts seines Widerstands.

2. Frage der Reformen. – Die Opposition forderte zwar dieselben Dinge und unter denselben Bedingungen wie der Aufstand, betrachtete sie aber nur jeweils einzeln und im Detail; sie nahm von ihrem Protest die Monarchie, die Charta und die verfassungsmäßigen Institutionen aus und schob eine soziale Reform auf oder lehnte sie ab. Das Volk hingegen umfasste alle geforderten Reformen in einem einzigen Bündel und verstand, dass aus diesem Bündel eine neue Idee hervorging, die das Königtum und die Charta aufhob.

3. Frage der Repräsentation der Mehrheit. – Publizisten sind sich einig: sowohl die Regierung als auch die gesetzgebende Gewalt lassen sich nur durch eine Delegation an Repräsentanten ausübten; die Wahl sei die einzig mögliche Form, ein Mandat zu erteilen; nur per Abstimmung gelange man zu einem Ergebnis; und die Mehrheit, nicht das Volk, sondern seine Vertretung mache das Gesetz. Das Volk hingegen sah, dass die Autorität der Mehrheiten nicht absolut ist; dass sie Zweifel und Ausnahmen unterliegt; in manchen Fällen kommt es vor, dass die Mehrheit des Volks die Gesamtheit des Volks verurteilt; daher gab es einen Grund, dieses Prinzip in der neuen Verfassung zu revidieren. Das Volk brach das Gesetz der Mehrheit mit dem Ruf: ‹Es lebe die Republik!› Die Republik! Das ist, zweifelt daran nicht, der Wunsch des Volks. Es hatte ihn [17] 92 verlauten lassen; und wenn dieser immer wiederkehrende Wunsch nicht erfüllt wurde, lag die Schuld dafür gewiss nicht beim Volk, sondern bei seinen Geburtshelfern. Das ist die Logik des Volks, die, wenn jeder Bürger sie als Regel anwenden würde, unfehlbar zum Bürgerkrieg führen würde, die aber in dieser höheren Individualität, die sich Volk nennt, immer zu Frieden und Einheit führt. Schnell wie der Blitz, unfehlbar wie die Algebra, ist die Logik des Volks das Gesetz der Geschichte, die Quelle von Recht und Pflicht, das Prinzip aller Moral und die Vollstreckung aller Gerechtigkeit.[1] Sie ist es, die den König, der einen Meineid leistet, und den gemeinen Schurken mit denselben bürgerlichen Kugeln straft, erstaunt über ihre eigene Intelligenz.

Möge jeder sich in diesen schwierigen Tagen auf die Seite des Volks stellen. Jeder studiere diesen souveränen Gedanken, der nicht der Gedanke einer Partei oder Schule ist und der sich dennoch in allen Schulen und Parteien erahnen lässt; der sich selbst definieren und alle unsere Fragen beantworten kann, vorausgesetzt, wir wissen, wie wir ihn befragen.

Das Volk befragen! Hierin liegt das Geheimnis der Zukunft. Das Volk befragen! Das ist die ganze Wissenschaft der Gesellschaft.

Das Volk, das sich scheinbar nur gegen einen verhassten Ministerpräsidenten auflehnte, überging Konservative, Dynastiker, Legitimisten[2] und Demokraten, machte sich über alle Theorien lustig und pflanzte seine Fahne in unendlicher Entfernung auf, jenseits aller verfassungsrechtlichen Fiktionen. Das Volk wird uns sagen können, was die Worte Republik, Gleichheit und Brüderlichkeit

1 Inwiefern unterscheidet sich dies vom Verfahren der Akklamation, das Proudhon schon eine Woche später verspottet, siehe S. 79?
2 Zur Erläuterung der Parteienbezeichnungen 1848 siehe S. 112, Fn. 3.

bedeuten, die es sich zum Motto gemacht hat und die bisher noch in keiner Sprache jemals einen wirklichen Sinn hatten. Wie sehr übertrifft es in der Spontaneität seiner Kühnheit die akribische Vorsicht der Philosophen! Philosophen, folgt dem Volk!

2

Die Provisorische Regierung hat die Revolution nicht verstanden. – Leider! Kaum hat das Volk begonnen, sich Gehör zu verschaffen, usurpiert die Menge seinen Namen, die Schwätzer ersticken seine Stimme und anstelle des Volks etabliert sich die Tyrannei seiner Höflinge. Seit der Revolution hat das Volk aufgehört zu sprechen, und wir segeln ohne Kompass, im Wind aller Verrücktheiten, auf einem grenzenlosen Ozean.

Ich durchforste die Presse, suche in Proklamationen, auf Wandzeitungen, lausche nachts, lausche tags, wo dieses tiefe Wort, das uns dreimal in drei Tagen, Willen und Ereignisse beherrschend, mit seinen hohen Offenbarungen in Erstaunen versetzte, weiterhin mein Ohr trifft und mein Herz erleuchtet. Noch nie wurde den Vorkämpfern eine feierlichere Gelegenheit geboten. Noch nie hielt die Gunst der Stunde eine größere Aufmerksamkeit für den bereit, der es verstand, die Sache des Volks in Worte zu fassen. Für einige Momente verstummte alles vor der unsichtbaren Majestät, die einen erschaudern lässt bis in die Seele und deren kleinste Spuren[1] man anbetete.

Wo stehen wir heute?

Ich weiß, dass die ehrenwerten Bürger der Provisorischen Regierung keine Zeit hatten, über ihre Programme nach-

---

[1] *simulacres* (Simulakren); Übertragung mit ‹Spur› nach einer Idee von Jacques Derrida (in *La Différance*, 1968). In diesem Satz klingt bereits eine Spur Distanzierung vom Revolutionsmythos an.

zudenken, und dass sie sich äußern mussten, obwohl sie noch darauf warteten, dass die Revolution von selber ihre Taten vollbrachte. Ich kenne den Eifer, die Redlichkeit und den Patriotismus dieser neuen Männer, die genauso verblüfft über ihre Rolle sind wie wir.[1] Ich erkenne die Kompetenz vieler an, ich erkenne den guten Willen aller an. Ich wünsche mir, dass sie bis zu dem Tag an der Macht bleiben, an dem das Parlament durch sein Votum die Regierung in Ordnung bringen wird. Meine Kritik richtet sich daher eher gegen das Schicksal ihrer Situation als gegen ihre Personen. Auch würde ich der Provisorischen Regierung ein, zwei oder drei Fehler und ebenso viele Inkonsequenzen verzeihen; angesichts grundlosen Übermuts, systematischer Widersprüche, einen durch nichts zu rechtfertigenden Absolutismus und dem reaktionären Verhalten fühle ich aber, dass die Achtung vor Menschen mir nicht den Respekt vor ihren Taten abverlangen kann, und ich sage mir, die Stunde sei gekommen, in Opposition zu gehen.

Zu opponieren, sagte [der Führer der monarchistischen Linken] Herr Barrot, sei die Würze der Freiheit.

Zu opponieren, antwortete [der Ex-Ministerpräsident des Königs] Herr Guizot, sei die Garantie der Verfassung.

Zu opponieren, so möchte ich hinzufügen, ist das erste unserer Rechte und die heiligste unserer Pflichten.

Die Republik wurde in eine restaurative Demokratie verwandelt, Empirie und Utopie traten an die Stelle von Ideen und machten das Volk zum Material für Experimente; kleine Männer, kleine Ideen, kleine Reden; Mittelmäßigkeit, Vorurteile, Zweifel, bald vielleicht auch Jähzorn. Den Willen des Volks, den seine Führer intensivieren sollten,

---

1 Wer dies ‹wir› ist, bleibt ungewiss.

schwächten sie ab. Man erwartete von den improvisierten, auf den Flügeln der Revolution getragenen Räten, dass sie Sicherheit herstellen würden – sie säen Schrecken; Erleuchtung bringen – sie schaffen Chaos; Ideen schärfen, sagen können, was das Volk will und was nicht – sie klären nichts, lassen alles offen, machen nur Angst. Sie wollten die Eigentümer beruhigen und zugleich dem Proletariat Garantien geben, indem sie ihren Antagonismus in Einklang bringen, doch sie schürten den Konflikt, bliesen zum sozialen Krieg. Man rechnete mit Taten, sie produzierten Trägheit. Wie um das Versagen ihrer Herzen zu bezeugen, setzten sie Seelengröße auf die Tagesordnung. Weil sie nicht auf die Zukunft vertrauten, erklärten sie den Eid für abgeschafft, damit die Republik, die bereits früher beschädigt worden war,[1] nicht zu einem Anlass für neue Meineide werde. Man verlangte von ihnen, Arbeitsplätze zu schaffen, sie bilden einen Ausschuss; Kredit, sie verordnen Papiergeld;[2] Absatzmärkte, sie weisen auf die Zwangslage hin, in der die Republik sich befinde.[3] Einmal sagen sie uns, die «Organisation der Arbeit» könne nicht von heute auf morgen erfolgen, ein anderes Mal, die Frage sei komplex, und vierzehn Tage später schicken sie uns zurück aufs Arbeitsamt. Ganz in ihren Erinnerungen an

1 Vermutlich Anspielung darauf, dass 1792 die Jakobiner die Republik für ihren Terror missbrauchten.
2 *assignats*, Papiergeld, das nach 1789 eingeführt wurde; es führte zu großen Problemen zwischen Stadt- und Landbevölkerung, da etliche Bauern sich weigerten, den Städtern Lebensmittel für zunehmend wertlos werdende Assignaten zu liefern. «1793 hungerte das Land die großen Städte aus und erstickte die Revolution. [...] Was [...] bot man den Bauern im Tausch für ihre schwere Arbeit an? Assignaten! Papierfetzen, deren Wert von Tag zu Tag fiel» (Peter Kropotkin, *La Conquête du Pain*, zweite Auflage, Paris 1892, S. 89f).
3 Völliger Zusammenbruch des Außenhandels.

verflossene Zeiten schwelgend, antworten sie uns wie die Jakobiner, anstatt wie Ökonomen zu sprechen. Von diesen Leuten hat das Volk sich zurückgezogen: dennoch, sie sind ihm hold und erbarmen sich, es zu belehren. Aber nichts, nichts, nichts in ihnen lässt die Intelligenz dieses Volks erahnen, dessen Schicksal sie in Händen halten. Überall in ihren Handlungen findet man an Stelle von universellen, erhabenen Gedanken, die das Volk hervorbringt, nichts als heiße Luft, laue Worte, Kommunismus, Routine, Widerspruch und Zwietracht.

Als erstes redet die Provisorische Regierung mit Engelszungen auf das Volk ein, von der roten Fahne [als Emblem der Republik] abzulassen [und stattdessen die Trikolore anzuerkennen]. Natürlich habe ich keine Lust, Terrorismus zu betreiben, und im Grunde genommen liegt mir die rote Fahne genauso wenig am Herzen wie alle anderen Fahnen der Welt. Aber da die Provisorische Regierung so viel Wert auf Embleme legte, sollte sie zumindest versuchen, dies zu begreifen, und sich mit den ehrenhaften Menschen zu arrangieren. Diese Genugtuung haben die Leute auf den Barrikaden verdient.

Die Revolution, man kann es nicht leugnen, wurde im Angesicht der roten Fahne gemacht; die Provisorische Regierung aber beschloss, die Trikolore beizubehalten. Um dies zu erklären, hielt Herr de Lamartine Reden und *Le National* publizierte Leitartikel. Rot, so sagen sie, war einst die Farbe des Königtums; Rot ist die Farbe der Engländer: Es ist überdies die Farbe des verabscheuungswürdigen Bourbonen, des Tyrannen der Zwei Sizilien.[1] Rot kann nicht die Farbe Frankreichs sein.

Es wird nicht gesagt, dass Rot die Farbe der Gerechtigkeit,

---

1 Ferdinand II (1810-1859).

die Farbe der Souveränität ist. Und da alle Menschen die Farbe Rot lieben, könnte es nicht auch sein, dass Rot das Symbol der menschlichen Brüderlichkeit ist? Beseitigt die rote Fahne und den Purpur! Aber damit verleugnet ihr die soziale Frage. Wann immer das vom Leiden besiegte Volk außerhalb der juristischen Legalität, durch die es unterdrückt wird, seine Wünsche und Beschwerden zum Ausdruck bringen wollte, marschierte es unter der roten Fahne. Es ist wahr, dass die rote Fahne nicht die Welt umrundet hat, wie ihr glücklicher Rivale, die Trikolore. Die Gerechtigkeit, sagte Herr de Lamartine treffend, sei nicht weiter als bis zum Champ-de-Mars gekommen. Sie ist so schrecklich, die Gerechtigkeit, dass man sie nicht genug verstecken kann. Arme rote Fahne, alle verlassen dich! Ich aber küsse dich und drücke dich an meine Brust. Auf das Wohl der Brüderlichkeit!

Behalten wir, wenn ihr wollt, die Trikolore als Symbol der Nationalität bei. Aber denkt daran, dass die rote Fahne das Zeichen einer Revolution ist, die die letzte sein wird. Die rote Fahne ist das Banner der Föderation des Menschengeschlechts.

Die zweite Amtshandlung der Provisorischen Regierung war die Abschaffung der Todesstrafe für politische Vergehen. Vielleicht hielt sie dies für notwendig, um die Gemüter zu beruhigen. Zu Recht? Als Prinzip ist das jedoch bedeutungslos, denn seht euch die Inkonsequenz an.

Am 23. und 25. Februar [1848] und den folgenden Tagen erschossen organisierte Arbeiterpatrouillen, die in der Hauptstadt die Polizei ersetzten, spontan ohne Gerichtsverfahren alle, die sie bei einem Diebstahl ertappten. Und das geschah unter dem Beifall der ganzen Welt, unter dem Beifall der Eigentümer und dem der Proletarier. Woher kam diese einhellige Zustimmung? Stimmt es nicht, dass

Diebstahl unter diesen Umständen etwas anderes ist als sonstiger Diebstahl, dass er einen Angriff auf die Sicherheit des Staats darstellt, ein politisches Verbrechen? Es gibt also politische Verbrechen, die das Volk für todeswürdig hält und die es mit dem Tode bestraft, und zwar in dem Moment, in dem seine Vertreter die Abschaffung dieser Strafe in das Gesetz aufnehmen. So rechtfertigten auch die Leute des [jakobinischen] Terrors, die wir noch in schlechter Erinnerung haben, ihre Hinrichtungen. Selbst der leichteste Fehler wurde in ihren Augen zu einem Verrat am Vaterland. Gott bewahre, dass wir diese abscheulichen Tage noch einmal erleben müssen! Aber ist es nicht klar, dass die Regierung, anstatt abzuschaffen, was nicht in ihrer Macht steht, es besser definieren sollte, und die Sicherheit der Bürger in einer Neubestimmung des Strafrechts zu suchen ist?

Schafft die Todesstrafe für alle Arten von Verbrechen ab, und morgen wird ein Mann, dessen Vater ermordet, dessen Tochter vergewaltigt, dessen Ruf oder Vermögen ruiniert wurde, mit eigener Hand Gerechtigkeit üben. Und wie werdet ihr die private Rache unterdrücken, wenn die Todesstrafe abgeschafft ist? Es ist keine Menschenfreundlichkeit, welche von sozialen und politischen Verbrechen, von Verbrechen gegen Personen und Eigentum abhält; alles unterliegt dem Gesetz des Ausgleichs.

Nach dem Verbot der roten Fahne und der Abschaffung der Todesstrafe für politische Vergehen kam dann eine Verordnung zur Anklage der Ex-Minister.

Informieren ist in Ordnung, aber anklagen ist absurd, vor allem nach Abschaffung der Todesstrafe für politische Vergehen. Außerdem ist es eine Beleidigung des Volks.

Die Provisorische Regierung hat noch nicht begriffen, dass der 22., 23. und 24. Februar [1848] das Ende einer

Verfassung und nicht der Sturz von Ministern war. Am Dienstag konnte Herr Guizot angeklagt werden, aber nur von den Abgeordneten der Linken. Sein Verbrechen bestand darin, die Existenz der Monarchie aufs Spiel zu setzen und durch einen Konflikt die Institutionen des Juli 1830 zu gefährden. Noch am Mittwoch war Herr Guizot, obwohl bereits zurückgetreten, verantwortlich für das Blutvergießen; die triumphierende Opposition durfte ihn also für seine unmäßige Verweigerung zur Rechenschaft ziehen, denn manches Mal muss ein Staatsmann nachgeben, sogar den Launen der Meinung. Der Sieg vom Donnerstag sprach Herrn Guizot frei. Für ihn, wie für alle anderen, hat er das Terrain der Legalität verändert. Er ehrt ihn sogar in gewissem Sinne, denn er beweist, dass er das Volk besser eingeschätzt hatte, als die parlamentarische Opposition es tat. Herr Guizot könnte nur auf Grundlage der Verfassung der Julimonarchie angeklagt werden: Da sie außer Kraft gesetzt wurde, ist Herr Guizot nur noch seinem Gewissen und der Geschichte unterworfen; er hat das Recht, die Revolution für unzuständig zu erklären.

Armer Politiker! Wenn man ihn nicht ausgeschlossen hätte, hätte er sich, wie die Herren Thiers und Barrot, opportunistisch der Republik angeschlossen; er hätte sich selber bestraft. Denkt ihr also, dass ihr einen Mann dieses Charakters mit Gefängnis bestrafen könnt? Zwingt ihn, zu sagen: ‹Ich habe mich geirrt!› Beweist ihm, dass in dem Moment, in dem er die Monarchie für notwendiger denn je hielt, die Republik das einzig Mögliche war – das ist die einzige Sühne, die ihr dieser schönen, freilich schuldigen Intelligenz auferlegen könnt.

Ich weiß, dass ihr mit der Anklage gegen Herrn Guizot dem Volk eine Art Genugtuung verschaffen wolltet. Ihr versteht vom Volk bloß die Rache. Während das Volk sich in der sozialen Revolution befindet, wähnt ihr euch mal durch Terror bedroht und schafft die rote Fahne und die Todesstrafe ab; mal noch der Verfassung verpflichtet und es ist die Verfassung, die ihr wiederherstellt, indem ihr den Mann anklagt, der sie besser als ihr zu verteidigen wusste. Es steht also geschrieben, o Volk, dass man dich nie verstehen wird!

Muss ich von all diesen Verordnungen sprechen, die eine unverständlicher als die andere? In jeder Zeile kommt die Intelligenzlosigkeit der Revolution zum Vorschein!

Verordnung, die die Beamten von ihrem Eid [auf den Ex-König] entbindet. – Das klingt, als solle auf Louis-Philippe Heinrich V[1] oder Prinz Napoléon[2] folgen. Was!, nach eurer Meinung reichte es für das Gewissen der Beamten nicht aus, dass eine Revolution die konstitutionelle Monarchie abschaffte und damit nicht nur den gegenwärtigen König ablöste, sondern auch das Prinzip änderte! Als bedürften sie der Absolution des Herrn Crémieux![3] Aus diesem Grund verkuppelte die Provisorische Regierung geistliches mit weltlichem Reich, indem sie sich wie der heilige Petrus die Macht anmaßte, zu binden und zu lösen! Prinzipienlose Juristen, die ihr nichtmal den ersten Paragrafen des politischen Glaubensbekenntnisses drauf habt! Obwohl Louis-Philippe noch lebt, obwohl seine Blutlinie noch existiert, ist das Königtum, das müsst ihr wissen, tot. Das Königtum ist tot, es lebe die Republik. Das

1 Henri d'Artois (1820-1883) *sollte* auf Karl X folgen; die Revolution vom Juli 1830 verhinderte es.
2 Nun, er machte dann tatsächlich das Rennen als Napoléon III. Das ahnte Proudhon noch nicht.
3 Adolphe Crémieux (1796-1880), Justizminister in der Provisorischen Regierung.

ist nicht schwieriger, als von Ludwig XVIII zu Karl X hin-
überzuwechseln.[1]

*Verordnung, die die Organisation der Arbeit mit einer
Garantie versieht.* – Obacht: Die Garantie gibt nicht die
Republik, sondern die Provisorische Regierung. Sie legte
Wert darauf, dass die Idee von einer der Republik überlegenen Instanz käme. Aber vor lauter Gedanken an die
Idee vergaß der Verfasser dieser Verordnung, uns zu erklären, was denn die Garantie eines Provisoriums wert sei.
Was, wenn die endgültige Regierung nicht organisiert?
Wenn sie findet, ‹Organisation› fiele nicht in ihren Auf-
gabenbereich? Wenn sie die Meinung vertritt, die Rede
von ‹Organisation der Arbeit› gebe nicht den Gedanken
der Revolution wieder, sei bedeutungslos? Wenn ihre
erste Handlung darin besteht, die Auflösung der angeblich nationalen Werkstätten zu beschließen? Wenn die
Pläne der Kommission für unmöglich erklärt werden? Wo
nimmt die Republik, nachdem sie in Vorleistung getreten
ist, ihre Entschädigung her? Was wird für sie die Garantie
der Provisorischen Regierung bedeuten, wenn diese bereits 50 Millionen Francs verschlungen hat?
Wahrlich, ihr Bürger der Provisorischen Regierung, ihr
habt gut daran getan, für die Ehre der Republik nur eure
persönliche Garantie zu verpfänden, aber was ist nun mit
unseren Finanzen?

*Verordnung, die die Einrichtung nationaler Werkstätten
anweist.* – Der konnten wir nicht entgehen. «‹Ich habe
vier kleine Kinder, die ständig nach Brot krähen›, ruft

---

1 Ludwig XVIII (1755-1824), der erste König nach der Restauration infolge der Niederlage von Napoléon I. – Karl X (1757-1836), Bruder und
Thronfolger, bis er in der Julirevolution 1830 gestürzt wurde.

Sganarelles Frau. – ‹Züchtige sie›, antwortet [ihr Ehemann,] der Säufer, [‹wenn ich gut gezecht und gut geschmaust habe, will ich, dass auch alle in meinem Haus betrunken sind.›]»[1]

Unsere Organisatoren machen es wie Sganarelle. In Paris gibt es 36 000 Schneider ohne Arbeit. Die Provisorische Regierung bietet ihnen Scheren, Nadeln, Arbeitsräume, Textilpressen ... – ... alles, außer Arbeit!

Die Druckereien haben zur Hälfte keine Aufträge mehr. In der Hauptstadt erhalten 90 Druckereien einen Materialzuschlag von drei Millionen Francs. – Aber Aufträge?

Die Baustellen sind dicht. Flugs werden nebenan neue errichtet, um mit ihnen zu konkurrieren. – Aber mit wem?

Der Buchhandel – Klassik, Politik, Religion, Medizin, neu, gebraucht – ist voller unverkäuflicher Bücher. Also muss man den Buchhandel ‹organisieren›. Die Provisorische Regierung erteilt nun 50 weitere Konzessionen. – Aber Käufer?

Zierstickereien, Goldschmiede, Hutmacher, alle Handwerksbetriebe liegen am Boden. Kommt alle her, ihr Arbeiter. Die Provisorische Regierung wird euch Lizenzen ausstellen, mit Direktoren, Kontrolleuren, Inspektoren, Buchhaltern, Verwaltern und Kontoristen versorgen; sie hat noch viel mehr davon auf Lager. – Aber Kapital? aber Nachfrage? aber Absatzmärkte?

Die Hälfte der Häuser ist baufällig, und ein Viertel der Wohnungen steht leer. Der Wert dieses Teils des Grundbesitzes muss gesteigert werden. – Die Provisorische Regierung plant den Bau von Kasernen, Hospizen und staatlichen Domizilen, um die Arbeiter zu beherbergen!

Das Nutzland wird schlecht bewirtschaftet; der Landwirt-

---

1 Aus: *Arzt wider Willen*, Komödie von Molière, 1666, 1. Akt, Szene 1.

schaft fehlt es an Kapital und an helfenden Händen. – Die Regierung denkt an Dünen, Brachen, Heiden, Ödland, an all das unkultivierte und unfruchtbare Land!

Wenn Schaulustige es amüsant finden, dass Scharlatane hier falsch abbiegen, dass die öffentlichen Güter und die Zeit der Werktätigen verschwendet werden, dagegen habe ich nichts einzuwenden. Aber was sagt das Volk dazu?

Verordnung, die die Arbeitszeiten verkürzt, den Stücklohn und das Feilschen abschafft. – Die Arbeiter denken an ihre Interessen, sie haben Recht. In dieser Republik, die von der Wiege an korrupt ist wie eine Monarchie im Sarg, die geschwätzig ist wie ein konstitutioneller König, in der man sich um Posten, Aufträge, Vorteile, Befugnisse und alles, was Geld einbringt, balgt, können die Arbeiter nichts besseres tun, als eine Verkürzung der Arbeitszeit oder eine Lohnerhöhung zu fordern. Sonst würden sie sich täuschen lassen. Man bewies ihnen, dass sie viel arbeiten und wenig verdienen, was auch stimmt. Daraus folgerten sie, dass es nur gerecht wäre, wenn sie mehr Geld bekämen und weniger arbeiteten. Im Rahmen der politischen Ökonomie der Provisorischen Regierung ist die Argumentation einwandfrei, aber ich muss zugeben, dass ich die Logik meines Volks nicht erkenne.

Darüber informiert, dass es Schwierigkeiten gebe, der Verordnung zu gehorchen, erließ die Provisorische Regierung eine weitere Verordnung, verschickte Rundschreiben und hielt Reden, in denen es im Wesentlichen hieß: Ja, die Produktion könne unter der Arbeitszeitverkürzung leiden, der Wille der Regierung müsse aber ausgeführt werden, und das werde er auch, komme, was da wolle! Die Präfekten müssten dafür Hand anlegen; es gehe um Gleichheit und Brüderlichkeit.

Da seid ihr also, Diktatoren von drei Ellen,[1] Sozialisten mit Trikolore, die ihr euch genötigt fühlt, innerhalb von nur vierzehn Tagen zu Willkür, Einschüchterung und Gewalt zu greifen! So versteht ihr das soziale Problem! Unter den dreitausend Patrioten, die euch zuhören, findet sich nicht einer, der euch auspfeift! Nein, dies gutartige Volk, das so tief monarchisiert ist, schreit Bravo! auf die Tyrannei. Ihr werdet also auch das Lohnniveau verordnen. Dann werdet ihr den Preis vorgeben, dann zum Kauf verpflichten, dann den Wert festlegen![2] Wirklich, wenn es nicht so lächerlich wäre, würde ich auf den Rathausplatz gehen und dort aus Leibeskräften brüllen: ‹Her zu den Waffen, Bürger! Zwanzig Patronen für die Provisorische Regierung!›

Wie soll man sich diese Autoren aus dem Gruselkabinett vorstellen, die 1848 die Unternehmer für Feudalherren, die Werktätigen für Leibeigene und die Arbeit für einen Frondienst halten? Die sich nach so viel Studium der Materie einbilden, dass das moderne Proletariat aus der Unterdrückung durch eine Kaste resultiert? Die nicht wissen oder so tun, als wüssten sie nicht, dass genau dieselbe Bedingung, die die Arbeitszeit festgelegt, auch den Lohn bestimmt, die Arbeitsteilung vornimmt, die Konkurrenz entwickelt, das Kapital zu einem Monopol macht, den Körper und die Seele des Arbeiters versklavt, dass es ein System schicksalhafter Ursachen ist, die unabhängig vom Willen der Herrn wie der Gesellen wirken? – Sprich, Volk, sprich, sprich!

---

1 Hesekiel 41:22: «Und der hölzerne Altar war drei Ellen hoch und zwei Ellen lang und breit, und seine Ecken und alle seine Seiten waren hölzern. und er sprach zu mir: ‹Das ist der Tisch, der vor dem HERRN stehen soll.›»
2 Proudhon skizziert hier bereits die Interventionsspirale!

Verordnung, die die Tuilerien in ein Hospiz für Kriegs-
invaliden des Volks umwandelt. – Die Invaliden des Volks!
Brosamen vom Tisch der Herrn für die Elenden! Aber ich
glaube, ich höre sie, die guten Herren der Provisorischen
Regierung: Sie sorgen sich nicht um die Gleichheit und
die Brüderlichkeit, vielmehr darum, eine Armee von
Prätorianern zu haben, die ihnen ergeben ist. Deshalb
erregen sie die gierigen Leidenschaften der Werktätigen
und schüchtern die Bourgeoisie ein, indem sie die Massen
gegen sie aufhetzen. Es komme, wie es wolle! Die Arbeit,
die gegen das Kapital aufbegehrt, wird der Diktatur zur
Hand gehen. Wehe dem, der lacht, wehe dem, der sich beklagt, wehe dem, der arbeitet!

Rundschreiben des Ministers für öffentliche Bildung an
die Rektoren über den Grundschulunterricht. – Es besagt
im Wesentlichen, dass für jedes Individuum die Grund-
schulbildung ausreiche, die Republik jedoch eine Elite
von Leuten benötige und diese Elite aus dem gesamten
Volk ausgewählt werden müsse.
Ist es klar, dass die Provisorische Regierung weder von
Gleichheit noch von Brüderlichkeit ein Wort glaubt? Bisher dachten wir, leichtgläubige Menschen, die wir sind,
dass diese mehr oder weniger reale Klasse des Volks, die
man Bourgeoisie nennt, so etwas wie die Elite des Volks
sei, und dass wir die Revolution gemacht hätten, damit
alle zur Elite gehörten. Das Rundschreiben des Ministers
stellt unsere Vorstellungen auf den Kopf. Es stimmt, dass
eine Frage wie etwa die Organisation der Arbeit ziemlich
komplex ist: Es geht darum, wie die Bürger gleich sein
können, ohne die natürlichen Unterschiede zu verletzen.
Die Provisorische Regierung säbelt an der Schwierigkeit:
Fähige, Unfähige, Untertanen mit Mittelmaß, Untertanen

aus der Elite, was spielt das für eine Rolle? Sind wir nicht alle Franzosen, alle Bürger, alle Brüder? Wählen wir uns doch einfach gute Aristokraten, und es lebe die Republik! Ich wende mich ans versammelte Volk.

Wir sollten uns freilich vor Verleumdung hüten. Hat die Provisorische Regierung nicht verfügt, dass die Zinsen für Einlagen bei Kreditinstituten auf 5 % erhöht werden sollten, «da die Zinsen für Schatzanweisungen ebenfalls 5 % betragen, denn die Früchte der Arbeit müssten immer stärker zunehmen und das unantastbarste und heiligste aller Güter sei das Sparguthaben der Armen»? Welchen rührenderen Beweis für ihre Gleichheitsgefühle hätte die Provisorische Regierung geben können?

Zweifellos, wären es die Inhaber von Schatzanweisungen, die die Zinsen der Kreditinstitute aufbessern müssten. Allerdings, wenn es der Proletarier, der weder Schatzanweisungen noch Sparguthaben besitzt, ist und bleibt, der die Zinsen von beiden Anlageformen zu zahlen hat, ist es dann nicht klar, dass durch die Gleichheit unter den Gläubigern der schwebenden Schulden die Ungleichheit zwischen den Gläubigern des Staats und Schuldnern des Staats größer als zuvor gemacht wurde?

Die Ersparnisse der Armen vermehren die Früchte der Arbeit! Was für ein heuchlerisches Geschwätz. Ihr gebt dem, der mehr besitzt, also mehr, und dem, der weniger besitzt, nehmt ihr das wenige weg, das er hat. Das ist Wirtschaft nach dem Evangelium.[1] Aber ist das, was das Volk denkt, ein Wort des Evangeliums?

Die Provisorische Regierung ist nicht weniger hart in Bezug auf Gerechtigkeit als in Bezug auf Gleichheit.

---

1 «Wer da hat, dem wird gegeben werden, […]; wer aber nicht hat, dem wird auch, was er hat, genommen werden.» Matthäus 25:29.

‹Eine Verkürzung des Arbeitstages auf zehn Stunden›, so sagen die Herrn, ‹schadet uns; drum können wir nicht denselben Lohn zahlen wie früher.› – ‹Die Kürzung des Lohns›, erwidern die Arbeiter, ‹raubt uns die Substanz: Unser Schicksal wäre schlimmer als vor der Revolution!› Die Begriffe sind glasklar; der Widerspruch ist eklatant. Wie wird die Provisorische Regierung ihn lösen?

Die Löhne, verfügt sie, würden so geregelt, dass die Herrn nur eine halbe Stunde mehr bezahlen und die Arbeiter nur eine halbe Stunde weniger bekommen, wenn der Arbeitstag weiterhin zehn statt elf Stunden beträgt. Das bedeutet, dass der Verlust einer Arbeitsstunde, der zunächst ganz zu Lasten der Herrn ging, zu gleichen Teilen zwischen Herrn und Arbeitern aufgeteilt werden wird. Die Provisorische Regierung nimmt einen Mittelweg für eine philosophische Synthese. Das Volk hingegen, das immer mehr arbeiten, mehr produzieren und mehr profitieren soll – wird es sagen, dass es gewinnt, wenn alle anderen verlieren?

Verordnung, die die Einrichtung staatlicher Bankschalter für den kleinen Geldverkehr anweist. – Fürs Bankwesen tut die Provisorische Regierung das Gleiche wie für die Arbeit. Wenn es an Geld mangelt, richtet sie Kassen ein, um es entgegenzunehmen, und Büros, um es zu zählen. Das nennt sie die Organisation des Kredits!

Verordnung zur Rückerstattung der in ein Kreditinstitut eingezahlten Beträge über 100 Fr. in 5-zu-100-Renten zu pari.
Verordnung, die den Minister dazu ermächtigt, die Krondiamanten und andere Güter aus dem Königsbesitz sowie die staatlichen Wälder zu veräußern.

Erklärung, in der die Vorauszahlung der Steuern für das Jahr gefordert wird.
Verordnung, mit der eine patriotische Anleihe in Höhe von 100 Millionen Francs eröffnet wird.
Verordnung, die die Grundsteuer um 45 Cent erhöht.
Verordnung, mit welcher die Rückzahlung von Schatzanweisungen und Bankeinlagen aufgeschoben wird.
Verordnung eines Zwangskurses für Banknoten.
usw., usw., usw., usw.

Ach, ihr großen Politiker, ihr zeigt dem Kapital die Faust, und schon kniet ihr vorm Hundertpfennigstück nieder! Ihr wollt «die Juden, die Könige der heutigen Zeit»,[1] besiegen, und betet – zugegebenermaßen fluchend – das goldene Kalb an![2] Ihr sagt oder lassen sagen, dass der Staat die Eisenbahnen, die Kanäle, die Binnenschifffahrt, den Frachtverkehr, die Minen und das Salz übernehmen wird, dass man eine Reichensteuer einführen wird, eine Luxussteuer, eine progressive Steuer, eine Steuer auf die

[1] Titel eines Buchs (1847) von Alphonse Toussenel (1803-1885), Antikapitalist, Antisemit, Sozialist und Anhänger von Charles Fourier und Louis Blanc, die Proudhon ansonsten ablehnte.
[2] Die Anbetung des goldenen Kalbs gegen ‹die Juden› zu richten, hat wenig Sinn; in der Erzählung geht es darum, dass Juden die Anhänger des goldenen Kalbs besiegen. Überdies stellte Proudhon die Strategie, die Besitzenden anzugreifen und ärmer zu machen, immer wieder als kontraproduktiv dar. Der Absatz enthält weiter unten eine Anomalie. Die Wendung, die Provisorische Regierung solle sich (wenn sie sonst nicht weiterwüsste) mit den Juden versöhnen, ist vermutlich ironisch gemeint. Dennoch steht sie in geradem Verhältnis zu Proudhons Aufruf, statt den Klassenkampf die -versöhnung zu praktizieren und den Kampf (oder Krieg) gegen die Reichen dranzugeben. Da Proudhon hier die Judenfeindlichkeit der Provisorischen Regierung und *nicht* sich selber zuschreibt, könnte diese Stelle so interpretiert werden, dass er sich gar nicht mit ihr identifiziert. Leider schließen spätere Äußerungen Proudhons diese Interpretation aus.

Hausangestellten, Pferde und Kutschen, dass man Arbeitgeber, Angestellte, Rentiers und Eigentümer zur Kasse bitten wird. Ihr verursacht die Entwertung des Geld-, Industrie- und Immobilienbesitzes; ihr lasst die Quelle aller Einkünfte versiegen; ihr macht, dass dem Handel und der Industrie das Blut in den Adern gefriert; und dann beschwört ihr das Geld, auf dass es zirkuliere, und bittet die entsetzten Reichen, es nicht zurückzuhalten! Glaubt mir, Bürger Diktatoren, wenn das eure ganze Wissenschaft ist, dann beeilt euch, euch mit den Juden zu versöhnen; dann verzichtet auf diese Demonstrationen des Terrorismus, die das Kapital dazu veranlassen, nach der Revolution zu schnappen wie die Hunde nach den Postboten. Kehrt in den konservativen Status quo zurück, über dessen Tellerrand ihr nicht hinaussehen könnt und von dem ihr niemals hättet abweichen dürfen. Denn in der zweideutigen Situation, in der ihr euch befindet, kommt ihr nicht umhin, das Eigentum anzutasten; und wenn ihr Hand an das Eigentum legt, seid ihr verloren. Mit einem Fuß steht ihr bereits in der Tür des Bankrotts!

Entschuldigt meine Vehemenz: Wenn die Macht irrt, empört mich das fast so sehr wie die Käuflichkeit. – Nein, ihr versteht nichts von den Dingen der Revolution. Ihr kennt weder ihr Prinzip noch ihre Logik noch ihre Gerechtigkeit, sprecht nicht ihre Sprache. Was ihr für die Stimme des Volks haltet, ist nur das Gebrüll der Menge, die wie ihr die Gedanken des Volks nicht kennt. Verweigert euch dem Geschrei, das euch überfällt. Respekt vor Personen, Toleranz für Meinungen, aber Verachtung für Sekten, die euch zu Kreuze kriechen und euch nur beraten, um euch besser zu kompromittieren. Sekten sind die Schlangen der Revolution. Das Volk gehört keiner Sekte an. Enthaltet euch so weit wie möglich der Requirierungen, Beschlagnahmungen und vor allem der Gesetzgebung; und seid nüchtern bei den Verfassungen. Bewahrt das Vertrauen in die Republik und lasst das Licht von selber aufgehen. Dann werdet ihr euch ums Vaterland verdient machen.

Sie, Bürger Dupont,[1] sind die Redlichkeit an der Macht. Bleiben Sie auf Ihrem Posten, bleiben Sie dort bis zum Tod; Sie werden schon früh genug abgelöst werden.

Sie, Bürger Lamartine,[2] sind Poesie im Verein mit Politik. Bleiben Sie noch etwas, obwohl Sie kein Diplomat sind. Wir lieben diesen großartigen Stil, und das Volk wird Sie inspirieren.

Sie, Bürger Arago,[3] vertreten die Wissenschaft in der Regierung. Behalten Sie das Portefeuille; genug Dummköpfe werden Ihnen nachfolgen.

Sie, Bürger Garnier-Pagès,[4] haben verkauft, veräußert, geliehen und jonglieren mit dem Rest. Jetzt müssen Sie dem Parlament eröffnen, dass der Staat nichts mehr besitzt, dass sein Kredit keine andere Sicherheit mehr bietet als Patriotismus, dass es vorbei ist. Mit Ihrer Bilanz werden Sie beweisen, dass Regierung von nun an nur noch durch eine Erneuerung der Gesellschaft möglich ist und dies dem Land sich als Alternative stellt: Entweder Brüderlichkeit oder Tod!

1 Jacques-Charles Dupont de l'Eure (1767-1855). Er war das Haupt der Provisorischen Regierung; gegenüber den politischen Parteiungen wahrte er eine neutrale, das Gemeinsame betonende Haltung.
2 Siehe S. 65, Fn. 2, sowie S. 90-96, dort sehr viel kritischer.
3 François Arago (1786-1853), Naturwissenschaftler und sowohl in der Julimonarchie als auch nach 1848 politisch aktiv. Er war einer von denen, die die Abschaffung der Sklaverei in Frankreich betrieben. Die Diktatur von Napoléon III lehnte er ab und legte seine politischen Ämter nieder.
4 Louis-Antoine Garnier-Pagès (1803-1878), ebenfalls Mitglied der Provisorischen Regierung, gehörte der parlamentarischen Linken an, befasste sich aber vor allem mit Finanzfragen.

Sie, Bürger Albert und Louis Blanc,[1] sind Hieroglyphen, die auf einen Champollion[2] warten. Bleiben Sie also als hieroglyphische Figuren, bis Sie entziffert werden. Sie, Bürger Flocon und Ledru-Rollin,[3] liefern uns den Geist der Gerechtigkeit, der Sie antreibt. Sie sind, trotz Ihres veralteten Stils, der Fels, auf den die Revolution baut. Folgen Sie also Ihrer Intuition, geben Sie ihr aber nicht so eine schrecklich Form. Man könnte Sie für Robespierres Rute halten.

Sie, die Bürger Crémieux, Marie, Bethmont, Carnot und Marrast,[4] symbolisieren Nationalität, Patriotismus und republikanisches Ideal in verschiedensten Nuancen. Aber Sie kommen nicht aus der Negation heraus; Sie sind als bloße Demokraten bekannt, Ihre Ideen sind seit fünfzig Jahren verjährt. Wir hungern nach Symbolen.

Und Sie, die ehemaligen Dynastiker, Bourgeois so furchtsam wie Eulen, bedauern Sie nicht diese Revolution, die in Ihren Ideen bereits längst vollzogen war und die Ihre parlamentarischen Streitigkeiten vielleicht zu früh zum

1 Louis Blanc, Kopf der französischen Sozialdemokraten (siehe S. 113, Fn. 3); Albert (eigentlicher Name: Alexandre Martin, 1815-1895) war sein Sekretär und das erste Mitglied der Regierung, das der Arbeiterklasse entstammte.
2 Jean-François Champollion (1790-1832), Sprachwissenschaftler, der maßgeblich an der Entzifferung der altägyptischen Hieroglyphen beteiligt war.
3 Ferdinand Flocon (1800-1866), Wirtschaftsminister. – Alexandre Ledru-Rollin (1807-1874), Gründer der Zeitung La Réforme, Sprachrohr der parlamentarischen Linken, in der Provisorischen Regierung Innenminister.
4 Adolphe Crémieux (siehe S. 142, Fn. 3). – Pierre Marie [de Saint-Georges] (1797-1870), Arbeitsminister. – Eugène Bethmont (1804-1860), später Justizminister. – Hippolyte Carnot (1801-1888), nach der Revolution von 1848 kurz Bildungsminister. – Armand Marrast (1801-1852), einer der maßgeblichen Autoren der Verfassung.

Blühen gebracht haben. Diese Frühgeburt kann nicht in den Schoß seiner Mutter zurück. Es handelt sich darum, die Revolution erhaben zu machen, nicht in den Schmutz zu ziehen. Hören Sie sich an, was ich Ihnen sagen werde, und betrachten Sie es als das Glaubensbekenntnis des Proletariats. Ich werde offen mit Ihnen sprechen.

Die Revolution von 1848 liquidiert die alte Gesellschaft und bildet den Ausgangspunkt für eine neue Gesellschaft. Das ist mit der Wiederherstellung der Monarchie unvereinbar.

Sie ist nicht mit einem Tag erledigt: Sie wird 25 Jahre oder 50 Jahre, vielleicht ein Jahrhundert brauchen.

Wir könnten sie ohne Sie und gegen Sie vollenden: Lieber freilich würden wir sie mit Ihnen machen. Durch Ihr Erstgeburtsrecht, durch die Überlegenheit Ihrer Mittel und durch Ihr praktisches Geschick sind Sie gleichsam ihr natürlicher Beistand. Es ist Ihre Aufgabe, die Arbeit zu organisieren. Wir wollen die Reform nicht zum Schaden von irgendjemandem; wir wollen sie in aller Interesse.

Was wir fordern, ist eine sichere, nicht nur abstrakte, vielmehr *gültige* Solidarität aller Produzenten untereinander, aller Konsumenten untereinander und der Produzenten mit den Konsumenten. Es ist die Umsetzung nicht der Träumereien einer Kommission, sondern der absoluten Gesetze der Ökonomie in öffentliches Recht. Sie sind gespalten, wir wollen Sie zusammenbringen und mit Ihnen Teil der Koalition sein. Wir legen Wert auf diesen Pakt, dessen Klauseln wir mit all unseren Bemühungen und unserer Intelligenz zu bestimmen versuchen, als Garantie für unser Wohlergehen und als Unterpfand für unsere moralische und intellektuelle Vervollkommnung.

Was haben Sie zu befürchten?

Verlust Ihres Eigentums? Hören Sie sich das gut an. Es ist

unzweifelhaft, dass die Artikel der neuen Verfassung Ihr Recht ändern werden und dass dieses nackte, nicht an den Gebrauch gebundene Eigentumsrecht, das Ihnen so teuer ist, zum Teil umgestellt werden wird: aus derzeit individuellem wird gegenseitiges Eigentum. Sie können enteignet, aber niemals des Besitzes beraubt werden, genauso wenig wie man dem französischen Volk Frankreich entwenden kann. Jenes nackte Eigentum, das unserer Meinung nach einzige Ursache Ihrer Verlegenheiten und unseres Elend ist, wird Ihnen nicht entschädigungslos weggenommen werden, sonst wäre es Konfiszierung, Gewalt und Diebstahl; wäre es Eigentum statt Reform.[1]

Befürchten Sie etwa, dass die Kommunisten Ihnen Ihre Kinder und Frauen wegnehmen könnten? Als ob sie nicht genug von ihren eigenen hätten! Da die Gemeinschaft ihrem Wesen nach nichts Definiertes ist, ist sie alles, was man will. Das beste Mittel, das die Philosophie entdecken wird, um Freiheit, Gleichheit und Brüderlichkeit zu schaffen, ist für die Kommunisten die Gemeinschaft. Sich vor der Gemeinschaft zu ängstigen, heißt, es vor nichts zu tun.[2]

Ist es gar die Rückkehr des alten Jakobinismus, vereint mit dem alten Babouvismus,[3] die Sie entsetzt?

---

1 Dialektik: Eigentum zu konfiszieren oder zu enteignen, bedeutet, einen neuen Eigentumstitel nach altem Recht zu etablieren, nicht das Eigentumsrecht zu reformieren. Unabhängig hiervon aber änderte Proudhon seine Meinung über dies Thema in der Hinsicht, als er in der (posthum publizierten) Theorie des Eigentums gegen Besitzrecht und für Eigentumsrecht plädierte.

2 Dieser Passus ist insofern bemerkenswert, als Proudhon sonst (auch in diesem Text) eine kompromisslose Ablehnung des Kommunismus formulierte (siehe S. 138; für 1863 vgl. S. 260).

3 François Noël Babeuf (1760-1797), radikaler, frühsozialistischer Revolutionär und Geheimbündler.

Wir mögen diese Doktrinen der Demokratie nicht mehr als Sie, für die die «Organisation der Arbeit» nur eine Phantasie ist, dazu bestimmt, den Aufruhr im Volk zu beruhigen; diese Cagliostros[1] der Sozialwissenschaft, die aus Brüderlichkeit schändlichen Aberglauben machen. Und wenn unsere Demonstrationen sie zu verteidigen scheinen, dann deshalb, weil sie für uns vorübergehend das Prinzip repräsentieren, das im Februar siegte.

Konservative,[2] Ihnen stehen im Moment zwei politische Strategien, zwei verschiedene Wege zur Verfügung.

Entweder verständigen Sie sich direkt mit dem Proletariat, ohne Sorge um die Regierungsform und ohne vorherige Konstituierung der Legislative wie auch der Exekutive. In Bezug auf Politik und Religion ist das Proletariat wie Sie skeptisch. Der Staat ist für uns der Nachtwächter, der Wachtmeister der Arbeit und des Kapitals. Man kann ihn organisieren, wie man will, solange er nicht befiehlt, vielmehr nur gehorcht.

In diesem ersten Fall wird der Vergleich gütlich ausfallen, und seine Artikel werden die Verfassung Frankreichs, die Charta von 1848 sein.

Oder Sie werden sich der restaurativen Demokratie anschließen, dem Äquivalent der königlichen Macht, einem neuen System der Balance zwischen Bourgeoisie und Proletariat, das einer monarchischen Restauration nicht abgeneigt ist und in welchem die Mehrheit der Menschen fatalerweise zu Mühsal und Elend verurteilt ist.

In diesem Fall, das sage ich Ihnen mit Schmerz, ist nichts getan, und wie bei Louis-Philippe wird es sehr bald wieder

---

1 Alessandro Cagliostro (1760-1797), italienischer Hochstapler.
2 Der Begriff der Konservativen ist nicht einheitlich definiert. Hier bezeichnet Proudhon mit ihm die (liberale) Bourgeoisie, die mit der Julimonarchie verbunden war (politisch sind das die Dynastiker).

von vorne losgehen. Sie werden sich für geschickt halten, dabei waren Sie bereits immer bloß blind. Es wird wieder den 10. August [1792],[1] 21. Januar und 2. Juni [1793],[2] den 9. Thermidor II,[3] Prairial- und Vendémiaire-Tage,[4] sowie den 29. Juli [1830] und 24. Februar [1848] geben. Wieder werden Sie Szenen à la Boissy d'Anglas sehen,[5] jeden Tag werden Sie die Massaker von Saint-Roch und Transnonain wiederholen müssen,[6] was Sie nicht davor bewahren wird, am Ende selber elendiglich unter den Kugeln des Volks zu fallen.

Bürger, wir erwarten Sie mit Zuversicht. 60 Jahrhunderte des Elends haben uns gelehrt, zu warten. An Ihnen liegt es, ob Ihr Kapital so lange fasten kann wie unsere Mägen.

1 Tuileriensturm. Absetzung des Königs.

2 Hinrichtung des Königs. Entmachtung der Girondisten und Herrschaftsübernahme der Jakobiner.

3 Monatsname des Revolutionskalenders. 27. Juli 1794. Der Sturz von Robespierre.

4 Weitere Monatsnamen des Revolutionskalenders. 20. bis 32. Mai 1795, Prairialaufstand (gescheiterter Umsturzversuch der letzten Jakobiner). Journée du 13 Vendémiaire (5. Oktober 1795), royalistischer Aufstand (durch Napoléon niedergeschlagen).

5 François-Antoine Boissy d'Anglas (1756-1826). Im Prairialaufstand töteten die Jakobiner einen Abgeordneten, spießten seinen Kopf auf und präsentierten ihn dem Parlamentspräsidenten Boissy d'Anglas, um ihn einzuschüchtern. Doch er hielt so lange stand, bis der Aufstand niedergeschlagen wurde.

6 Massacre de l'Eglise Saint Roch: am 5. Oktober 1795, Napoléon lässt einen royalistischen Aufstand niedermetzeln. – Massacre de la rue Transnonain: am 14. April 1834 werden nach Protesten die Bewohner eines Wohnhauses als Vergeltung ermordet.

Non possumus.[1]

---

1 Diese Formel steht auf der Titelseite der Originalausgabe. Zum Sinn siehe S. 224, Fn. 1.

ZUR DIALEKTIK DER DEMOKRATIE 1863[1]

Als 1852 nach der Wahl das neue Parlament[2] seine Arbeit aufnahm, da missbilligte ich in einer tagespolitischen Schrift[3] das Verhalten der drei Deputierten, die in der Sitzung vom 30. März [1852] durch die Verweigerung des Eides [auf den Präsidenten mit zehnjähriger Amtszeit] ihre Teilnahme selbst annullierten.

Damals vertrat ich die Ansicht, die republikanische Partei solle trotz ihrer katastrophalen Niederlage die Gelegenheit ergreifen, um Präsenz zu zeigen und vor allem Zeugnis abzulegen; die besiegte Idee müsse am Tag nach ihrer Niederlage wieder aufstehen und sofort mit der Kritik der herrschenden Ideen beginnen; in der Verweigerung des Eides drücke sich kein ausreichender Protest aus; General Cavaignac,[4] um nur ihn zu nennen, habe Besseres zu tun, als seine Würde mittels eines nutzlosen Rückzugs zu schützen; und das größte Interesse der Demokratie, die erste Pflicht des wahren Republikaners – jede persönliche Abneigung beiseite lassend – bestehe darin, den neuen Machthabern durch eine stolze Haltung und eine Reihe konservativer Handlungen die Unverjährbarkeit unseres

1 *Les Démocrates assermentés et les Réfractaires*, Paris 1863.
2 Das Parlament hieß damals *Corps législatif* (gesetzgebende Körperschaft). Da es hier nicht um Details des französischen Systems geht, übersetze ich es umgangssprachlich verständlicher mit ‹Parlament›.
3 [Anmerkung von Proudhon:] *La Révolution sociale démontrée par le Coup d'État* [Die soziale Revolution, dargelegt anhand des Staatsstreichs], Paris 1852.
4 Louis-Eugène Cavaignac (1802-1857), schlug am 23. Juni 1848 mit großer Härte einen Arbeiteraufstand nieder. Danach berief ihn das Parlament einstimmig zum Ministerpräsidenten. Bei der Präsidentschaftswahl Ende des Jahres unterlag er allerdings bei weitem Louis-Napoléon (dem späteren Napoléon III).

Rechts und die Unsterblichkeit unserer Hoffnung zu signalisieren.

Diese Gründe waren ernst, und ich zweifle kaum daran, dass ich, würden ähnliche Umstände wieder eintreten, nochmal denselben Rat erteilen würde. Vor allem muss man leben, man muss sich erklären. Deshalb bin ich, allgemein gesprochen, sowohl aufgrund meiner Prinzipien als auch aufgrund meines Charakters für eine Politik der Diskussion und der Aktion. Die vorliegende kleine Schrift wird einen weiteren Beweis dafür liefern.

Im Jahre 1852 wurde der Name Republik beibehalten. Das Plebiszit von 1851 machte Louis-Napoléon nur erst zum zehnjährigen Präsidenten [und noch nicht zum Kaiser]; der durch die Verfassung vom 14. Januar 1852 auferlegte Eid [auf den Präsidenten] galt [noch] nicht als die Vorbedingung für eine Kandidatur [zum Parlament]; die Gemeindegesetzgebung von 1855 hatte die Freiheit der [regionalen] Versammlungen [zur Wahl des Senats] [noch] nicht geschmälert und das, was ich im Laufe dieser Schrift als die Macht der Institution des allgemeinen Wahlrechts bezeichnen werde, [noch] nicht eingeschränkt; man hatte [noch] nicht, wie seither, die natürlichen Gruppen durch willkürliche Wahlkreise zerschlagen; das Gesetz über die allgemeine Sicherheit bedrohte [noch] nicht die persönliche Freiheit; das Gesetz über die Verteilung von Broschüren im Wahlkampf behinderte [noch] nicht die Tätigkeit der Versammlungen [für die Unterstützung der einzelnen Kandidaten]; man stand [nur erst] am Anfang eines neuen Regimes, das zwar weder Maß noch Kraft abgesteckt hatte, von dem man aber absehen konnte, dass es bald seinen Titel ‹Republik› gegen einen anderen, ehrgeizigeren austauschen wollen würde. Im März 1852 sich dem Parlament anzuschließen, das hieß, vorab gegen das

Plebiszit zu protestieren, das am 21. November desselben Jahres stattfinden sollte und durch das Louis-Napoléon in den Stand des Kaisers erhoben wurde.

Die von ihren Ressentiments geplagte Demokratie ging zunächst nicht auf diese Überlegungen ein. Im September 1852, als man für die widerspenstigen Abgeordneten Nachfolger ernennen musste, bestand sie darauf, auch von ihren neuen Kandidaten zu verlangen, dass sie den Eid verweigern würden: Als ein Abgesandter der demokratischen Partei nach Lyon kam und mir unter dieser Bedingung eine Kandidatur vorschlug, musste ich nur ein in meinen Augen nutzloses Mandat ablehnen.

Im Jahr 1857 glaubte die Demokratie, die es leid war, nichts zu tun und nichts zu sein, die den Tod über sich kommen fühlte und die es nicht erwarten konnte, wieder in das politische Leben einzutreten, die Pferde wechseln zu müssen. Auf andere Ratschläge hin und nach einer erneuten Verweigerung des Eides fand man sich damit ab, ihn zu leisten. War man der Meinung, ein Eid, nur mit der Hand, als Absichtserklärung oder unter geistigem Vorbehalt geleistet, würde von Rechts wegen ungültig sein und man müsse sich angesichts der Dringlichkeit und der Zwangslage nicht mehr darum kümmern? Wie dem auch sei, da ich 1852 bereit gewesen war, unter der Bedingung des Eides ins Parlament einzutreten, wurde mir die Ehre zuteil, dass man mir in Paris und Lyon zwei Kandidaturen vorschlug, die ich [wiederum] ablehnte. Aus welchen Gründen? Das ist es, was ich zu erklären versuche.

Jedoch muss ich gestehen, dass ich 1857 weit davon entfernt war, mein Verhalten mit der gleichen Sicherheit begründen zu können, wie ich es jetzt [1863] tun werde. Ich hatte mich weder mit der kaiserlichen Verfassung beschäftigt, noch war ich mir über die Natur und die Macht des allgemeinen Wahlrechts im Klaren. Mir fehlte auch das Zeugnis zahlreicher Tatsachen: Alles, was ich hätte sagen können, war, dass mir die Situation verdächtig vorkam. Als ich mich an die Arbeit machen wollte, bemerkte ich, dass mir die Prinzipien unter meinen Füßen weggerutscht waren, dass mir sowohl der gute Glaube als auch die Logik fehlen würden, und beschloss daher, mich der Stimme zu enthalten und zu schweigen. Einerseits erschien es mir unpassend, von einer Abstimmung zurückzuhalten, gegen die ich damals nicht mehr Argumente hatte, als ich dafür gehabt hätte; andererseits widerstrebte es mir, einen Eid zu leisten, den mir mindestens die Hälfte meiner Wähler als Verrat vorgeworfen hätte, hätte sie in mir jemanden erblickt, der fähig ist, ihn zu achten, und ich befürchtete, dass ich, wenn ich ihm treu bliebe, mich mehr als ich wollte in einem System engagieren würde, das in vielerlei Hinsicht meiner Meinung nach hinauslief auf die Zerstörung der Ideen und Institutionen von [17]89; anstatt das allgemeine Wahlrecht in voller Tragweite zu entwickeln, tendierte es durch eine falsche Auslegung der Verfassung dazu, es zu beschneiden.

Denen, die mir diese langsame Entschlussfassung vorwerfen, möchte ich zu meiner Rechtfertigung sagen, dass ich nicht die Gabe des spontanen Urteilens besitze, dass ein Mensch, je mehr er sich an das Nachdenken und die Dialektik gewöhnt hat, desto weniger fähig ist, einen plötzlichen Entschluss zu fassen, und dass ich auf jeden Fall, wenn ich hier auch keinen schnellen Geist bewies, wenigstens Loyalität und Uneigennützigkeit an den Tag legte. 1857 und 1852 war die Idee, auf die ich mich festlegte, gerade jene, die der Demokratie am wenigsten gefiel. Ich wurde des Widerspruchs beschuldigt: Wer bringt schon den Mut auf, trotz Selbstliebe seine Popularität zu opfern? Aufgrund meiner Ablehnung der Kandidatur wurden die Herren Hénon[1] und Darimon[2] gewählt: Ich hatte also die Chance auf eine Doppelwahl und konnte folglich hoffen, der sozialistischen Demokratie zwei von den fünf Stimmen zu geben, welche die demokratische Opposition schließlich im Parlament erhielt, unabhängig davon, für welche Stadt ich mich entschieden hätte. Wie viele können wegen eines Skrupels oder eines Zweifels den Einflüsterungen des Ehrgeizes und der Ruhmsucht widerstehen?

Ich glaube, mehr als jeder andere das Recht erworben zu haben, meine Gedanken zu den bevorstehenden Wahlen zu äußern, zumal die Lage sich geklärt hat und es heute weder um die Notwendigkeit einer Wiederauferstehung [der Republik] geht, wie 1852, noch um eine nutzlose und unfruchtbare Opposition, wie wir sie von 1857 bis 1863 hatten, noch um persönliche Abneigungen, die für mich nicht mehr existieren, vielmehr um Grundsätze unseres öffentlichen Rechts und um die größten Interessen des Landes und des Staats.

Obwohl unsere revolutionäre Ära bereits 74 Jahre zurückliegt, sind wir sozusagen Neugeborene im politischen Leben. Wie alle Gesellschaften in Zeiten des Wandels stolpern wir immer wieder über unsere Prinzipien und vermischen ständig die Ideen der Vergangenheit mit denen der Zukunft. Die Institutionen, die wir anstreben, zeigten sich bisher nur als Idee, als metaphysische Abstraktionen: Wir haben weder die Philosophie noch die Wirtschaft noch die Tragweite durchdrungen, wir haben sie nicht in ihrem Umfang erfasst, wir kennen nicht die

---

1 Jacques-Louis Hénon (1802-1872), republikanischer Abgeordneter.
2 Alfred Darimon (1819-1902), Schriftsteller sowie republikanischer Abgeordneter; Anhänger Proudhons.

Verfahren und die Unvereinbarkeiten. Uns fehlt der Lehr-körper, und wir wissen nicht, wo wir mit der Anwendung beginnen sollen. Zweifellos hat die Revolution einen Ab-grund zwischen der alten und der neuen Gesellschaft auf-gerissen, und es ist uns unmöglich, zur Vergangenheit zurückzukehren. Die Demokratie ist unruhig, tritt aber auf der Stelle, ohne einen wirksamen Entschluss zu fassen oder sich auch bloß zu einigen. Wenn sie versucht, einen Schritt nach vorne zu machen, wird sie zum Draufgänger. Daher die Unruhe und die Angst, die uns demoralisieren, daher der Geist der Gleichgültigkeit, des Machiavellis-mus und der Intrigen, der uns nicht ehrt, daher schließ-lich als notwendige Folge die despotischen Züge, die die Regierung bei uns angenommen hat.

Der Lärm der bevorstehenden Wahlen weckte meine Auf-merksamkeit. Ich unterzog unser politisches System, wie es sich in den letzten achtzig Jahren herauskristallisiert hat, einer genaueren Betrachtung. Heute kann ich meiner Meinung nach ein unerwartetes Licht auf dieses System werfen und somit auch eines der tiefsten Geheimnisse der Revolution enthüllen, indem ich zusammen mit der Interpretation der Verfassung von 1852 die Theorie dieser gewaltigen Maschine, die man das allgemeine Wahlrecht nennt, darlege.

Die Wähler, die Kandidaten, die Parteien, die Journalisten und die Publizisten, das Lager des Fort- wie das des Rück-schritts, die Opposition wie die Regierung, diejenigen, die wählen wollen, sowie diejenigen, die es vorziehen, sich der Stimme zu enthalten, alle sollen hier endlich lesen können, was mich umtreibt: Welche Entscheidung auch immer jeder in seinem Gewissen getroffen haben wird, welche Namen auch immer aus der Wahl hervorgehen werden, ich wage dies vorauszusagen: Das Ergebnis wird immens sein. Die Situation wird sich ändern, ein großer Fortschritt wird erzielt werden. Wir meinen nur deshalb, in der Falle zu sitzen, weil wir nicht vor uns sehen, dass die Erleuchtung kommt, dass Frankreich sich selbst erkennt, und dass die verlorene Zeit schon bald wiedergewonnen werden wird. Die Reflexion der Völker ist der Leuchtturm der Reiche; der wahre Feind ist unsere freiwillige Blindheit, die Routine der höheren Klassen, das Vorurteil und das Laster der Massen, Widersprüchlichkeit und Willkür der Regierung.

§1

Das allgemeine Wahlrecht als Grundlage des öffentlichen Rechts der Franzosen. – Der grundlegende Unterschied zwischen der Charta von 1830 und der Verfassung von 1852. – Die Einführung des allgemeinen Wahlrechts[1] im Februar 1848 konstituierte die französische Nation rechtlich als eine demokratische Gesellschaft.

Was auch immer man über den aktuellen Zustand dieser Demokratie und die Ergebnisse der allgemeinen Wahlen denken mag, über die politische und die wirtschaftliche Leistungsfähigkeit der Demokratie, über die Aufrichtigkeit und die Intelligenz des Parlaments, über die Stabilität der Regierung, die aus ihr hervorgegangen ist, und über die progressiven oder rückwärtsgewandten Tendenzen, die sie beeinflussen, welche Vorbehalte auch immer man haben mag, entweder aufgrund des Prinzips, das uns regiert, oder aufgrund der Regierung, die es zum Ausdruck bringen soll, oder aufgrund beider – dem Gesetz nach ist Frankreich, ich wiederhole es, in gewissem Sinne tatsäch-

---

1 Im Französischen steht ‹*suffrage universel*› sowohl fürs allgemeine Wahlrecht wie für die Ausführung einer allgemeinen Wahl und wird von mir entsprechend übersetzt.

lich eine Demokratie. Das allgemeine Wahlrecht macht souverän.

Mittlerweile wurden Bände über die seit fünfzehn Jahren überholten Chartas 1814 und 1830 geschrieben, über die parlamentarischen Gepflogenheiten, die tendenziell aus dem Wahlsystem hervorgingen, das als Grundlage für jene Verfassung diente, zu dem wir aber wahrscheinlich nie zurückkehren werden. Soweit ich weiß, blieb die Verfassung von 1852 dagegen bisher ohne Untersuchung, zumindest ohne denselben philosophischen Fleiß, und noch weniger betrachtete man den Geist des allgemeinen Wahlrechts, die Bedingungen seiner Ausübung und vor allem seine institutionelle Kraft. Die Verfassung von 1852 beruht auf dem allgemeinen Wahlrecht, das sie verankert, während die Charta auf dem Zensuswahlrecht beruhte; aber beide wurden gleichermaßen geschmäht, die erste als autokratisch und die zweite als populistisch. Seltsam, mit welchem Nachdruck das Bürgertum das Mittelmaß einfordert. Als könne man ein politisches System mittels Verachtung und Hass oder eine Idee mittels Schweigen besiegen.

Die erste Überlegung, die die Verfassung von 1852 nahelegt, ist, dass das allgemeine Wahlrecht, auf das sie zurückgeht, egal wo es praktiziert wurde, immer von einer demokratisch-republikanischen Partei eingeführt wurde, niemals von einem Kaiser, einer Aristokratie oder einem König, und dass dieses Wahlrecht, nachdem es einmal eingeführt worden war, sich ständig gegen seine Urheber wandte und statt der Republik,[1] deren Ausdruck man in ihm vermutete, die immerwährende Diktatur, das Kaiser-

1 Louis-Napoléon wurde mit größter Mehrheit gewählt, ein Plebiszit bestätigte den Übergang zur Diktatur (Ausweitung seiner Amtszeit auf zehn Jahre), das Volk jubelte dem Kaiser – zumindest anfangs – zu.

reich, begünstigte. So führte im antiken Rom die Demokratie durch das allgemeine Wahlrecht zum Cäsarismus. In Frankreich stimmte das Volk von Danton,[1] Robespierre[2] und Marat[3] sieben Mal für das Reich: 1800, 1802, 1804, 1815, 1848, 1851 und 1852. Woher kann solch ein Umsturz kommen? Bisher hatte die Republik, ebenso wie die konstitutionelle Monarchie, als Bedingung ihrer Dauer eine Vorherrschaft von Aristokratie oder Bourgeoisie; das Eingreifen des Volks wirkte sich für sie stets verhängnisvoll aus. Ist es unmöglich, das allgemeine Wahlrecht und die Republik miteinander zu vereinbaren?

Eine zweite, nicht weniger wichtige Seite der Verfassung von 1852 beinhaltet, dass sie trotz ihres autokratischen und absolutistischen Scheins im Wesentlichen und auf unbestimmte Zeit als modifizierbar gilt; folglich hat sie eine auflösbare, vorübergehende und sozusagen metamorphe Natur, die nach Belieben reformiert, umgestaltet, umgewandelt und ersetzt werden kann, ohne dass die Gesellschaft auch nur den geringsten Schaden davonträgt. Das allgemeine Wahlrecht hingegen steht als Grundlage der Verfassung und als Ausdruck der gesellschaftlichen Souveränität vollständig, unaussetzbar und unantastabar fest. Zweifellos kann der Wähler seine Entscheidungen rückgängig machen, seine Handlungen annullieren, sich selbst entrechten, die Form seiner Regierung ändern, es lässt sich selber aber nicht einschränken, abschwächen, in Fesseln schlagen & Bedingungen auferlegen; es kann

1 Georges Danton (1759-1794), Revolutionär, im Zuge des Terrors der Jakobiner hingerichtet.
2 Maximilien de Robespierre (1758-1794), Revolutionär, Drahtzieher der jakobinischen Terrorherrschaft, dann selber deren Opfer.
3 Jean Paul Marat (1743-1793), Revolutionär und Jakobiner, in der Anfangsphase des jakobinischen Terrors von der Girondistin Charlotte Corday getötet.

seine Natur nicht ändern, kann keine Ausnahmen, Grade oder Privilegien zulassen, ohne das ganze System zu gefährden – es bleibt sich selber gleich und angemessen, oder es hört zu sein auf und die Gesellschaft mit ihm. Ganz anders das System von 1830: Hier ist die Basis, d. h. die Zensuswahl in zwei oder mehr Stufen, wie die Mehrheit und das Amt des Ministerpräsidenten das variable Element, der Regierungsorganismus andererseits stellt das feste Element dar. Seit der Verfassung von 1852 dreht die Regierung sich um das allgemeine Wahlrecht; in den Chartas 1814 und 1830 wirbelten die Wählerschaft und das ganze Land mit ihr um die Macht, um den Staat. Eine unerwartete Folge dieses Gegensatzes ist, dass im System der Charta das dynastische Recht und das königliche Prärogativ[1] die integralen Bestandteile und wesentlichen Bedingungen der Charta und von Natur aus unbestreitbar sind; die Regierung kann nicht beeinträchtigt werden in ihrer Form, ohne dass zugleich die gesamte Gesellschaft erschüttert wird. Im Kaiserreich wiederum bleibt die Verfassung von der Dynastie unabhängig; man kann also annehmen, dass die Aufhebung eines der beiden Elemente, des dynastischen Prinzips oder der Verfassung, ohne gleichzeitige Aufhebung des anderen möglich ist. In zwei Worten: Keine Charta ohne eine Dynastie, keine Dynastie ohne eine Charta – das ist es, was die Geschichte von 1814 und 1830 offenlegt. Im Kaiserreich dagegen sind Dynastie und Verfassung zwar miteinander verbunden, aber weder solidarisch noch zusammenhängend, was wiederum die Geschichte von 1799 und 1804 sowie von 1851 und 1852

1 Das dem Souverän übergesetzlich vorbehaltene Recht. Insofern der Souverän Gesetz*geber* ist, *muss* er über dem Gesetz stehen, weil er es *gibt* oder, falls er es bereits gegeben hat, auch wieder ändern kann. Wenn er es nicht ändern kann, ist er nicht mehr souverän.

zeigt. Hierin liegt die Originalität und in gewisser Hinsicht auch die Tiefe der kaiserlichen Verfassung.

Insofern das Wahlprinzip, oder besser gesagt das Prinzip der Volkssouveränität, in der Verfassung von 1852 vorherrscht, muss der Theoretiker sich vor allem auf dieses Prinzip und seine Funktionsweise konzentrieren. Was ist der erste Gedanke des allgemeinen Wahlrechts? Welche geheime Idee treibt es an? Was ist sein Ziel, sein Gegenstand, sein Zweck? Die Verfassung von 1852 antwortete darauf: Das allgemeine Wahlrecht und die Regierung, die es schuf, haben zum Ziel, die großen Prinzipien von [17]89 anzuwenden und weiterzuentwickeln. Es ist also die Tradition von 1789, auf die sich das allgemeine Wahlrecht beruft, es ist die Rolle des Interpreten und des Fortsetzers der Revolution, die es einnimmt. Sein Mandat hat nichts Mystisches an sich, sondern ist ein Werk der Logik und der Anwendung, das es zu vollbringen verspricht. Es würde sich selber untreu werden sowie sich selber zerstören, sollte es seine Bestimmung und seinen Ursprung verleugnen.

Nachdem der erste Punkt geklärt ist, taucht eine weitere Frage auf: Wie manifestiert sich das allgemeine Wahlrecht? Was sind die Bedingungen für seine Ausübung, die Garantien für seine Authentizität und die Formen seines Urteils? Was ist seine Macht? Die Verfassung von 1852 ist hier sehr zurückhaltend, und es ist unerlässlich, auf die Idee der Revolution selber zurückzugreifen, um die Unzulänglichkeit ihrer Gegebenheiten zu beheben.

§ II

Entscheidung der Wähler als Interpret des revolutionären Gedankens. – Die ältere Gesellschaft berief sich auf eine höhere, übernatürliche, himmlische Ordnung. Aufgrund ihrer Vorstellung vom menschlichen Schicksal, von der Moral und ihren Geboten, von der Gerechtigkeit, den Rechten, die sie schafft, und den Pflichten, die sie auferlegt; vom Staat und seinen Institutionen weigerte sie sich zu glauben, dass die soziale Ordnung auf einer rein rationalen Grundlage beruht, und verband sich durch die Offenbarung mit der Gottheit; Politik und politische Ökonomie waren bei ihr eng mit der Religion verknüpft. Alle Institutionen trugen diesen Doppelcharakter; die Ehe war ein ziviler und religiöser Bund; die Kirche und der Staat, die sich zwar voneinander unterschieden, aber untrennbar und gleichberechtigt waren, blieben vereint und sozusagen aneinander gekoppelt wie zwei Säulen des sozialen Gebäudes. Dies wurde als System des göttlichen Rechts bezeichnet. Das Recht war also gleichzeitig gegeben *erstens* in der Religion, d. h. in der Heiligen Schrift, in den Dekreten der Konzilien und den Bullen der Päpste, *zweitens* in den unvordenklichen Traditionen der Völker, die man aus der ursprünglichen Offenbarung ableitete, und folglich *drittens* im dynastischen Prinzip, der Kastenhierarchie und dem feierlichen Zusammenspiel der unter dem Vorsitz der Krone versammelten Orden. Die Menge wurde früher nur in diesem Sinne befragt, und die Akte der Volksspontaneität galten als Manifestationen des göttlichen Willens, *Vox populi vox Dei*.[1] Man hätte es als absurd, unmoralisch, gottlos angesehen, die Verfassung der Gesellschaft und die Regierung des Staats in einer Versammlung von Rechtsgelehrten diskutieren zu lassen und sie mittels allgemeiner Wahlen der Beratung durch die ganze Menschheit zu unterwerfen.

---

1 Volks Stimme ist Gottes Stimme. Zuerst 798 nachgewiesene Redewendung, die mal ablehnend, mal zustimmend, heute meist ironisch verwandt wird.

Der Geist dieser Gesellschaft war also ein Geist des Absolutismus und der Unwandelbarkeit. Das Recht und das Gesetz wurden als eine von oben kommende Anordnung verstanden, und die Gerechtigkeit war prinzipiell und faktisch der Autorität untergeordnet.

Die Revolution sah die soziale Ordnung auf eine gänzlich andere Art und Weise. Man hatte erkannt, dass trotz des absolutistischen Anstrichs sich alles in der Menschheit unaufhörlich verändert und dass die Zivilisation durch eine Reihe von Metamorphosen entsteht. Die Philosophie erschütterte den Glauben, die Ketzerei spaltete die Kirche und man kriegte das Gefühl, dass das Recht, die Seele der Gesellschaft, auf etwas anderem beruhen müsse als auf einer Offenbarung, die so vielen Zweifeln unterlag.

Dem göttlichen Recht entgegen bestätigte die Revolution das Recht des Menschen und des Bürgers: Ohne das höchste Wesen zu leugnen oder zu bestätigen und ohne sich um göttliche Belange zu scheren, stellte sie den Grundsatz auf, das Recht habe seinen Ort im Bewusstsein des Menschen; es sei unnötig, eine andre Quelle und eine andre Sanktion zu suchen, denn das Gesetz leite sich aus dieser immanenten Gerechtigkeit ab. Die Gesellschaft sei somit autonom, da sie ihre Gesetzgebung in sich selbst trage; zudem sei sie verbesserungsfähig oder, wie wir es heute sagen, progressiv, wie alle Schöpfungen der Natur. Das göttliche Recht wurde verneint, die Religion aus der Politik verbannt, die Kirche nicht mehr bloß vom Staat unterschieden, sondern radikal getrennt von ihm, der Glaube zur individuellen und freien Angelegenheit erklärt, und die Souveränität des Volks ersetzte natürlich die Souveränität des Pontifex und des Monarchen. Die Bedeutung des dynastischen Prinzips wurde erheblich verringert, die Institutionen des Adels und des Feudalsystems wurden abgeschafft, die Gleichheit vor dem Gesetz verkündet, die autoritäre wurde von der liberalen Ordnung abgelöst, und man kam zu dem Schluss, dass die Menschheit perfektioniert werden könne und der Fortschritt in fortschreitender Erziehung des Volks durch das organisierte, von der Schirmherrschaft der Potentaten und der Kasten befreite Volk bestehen müsse.

Derart wurde die Regierung von ihrem bisherigen absolutistischen zu einem republikanischen Wesen. Was versteht man unter Republik? Anders als früher wird im Staatssystem der Republik

1. die Gerechtigkeit, die einst als göttliches Gebot galt und deshalb der Autorität untergeordnet war, zu einer gesellschaftlichen Kraft erklärt; folglich steht sie über der Autorität;

2. Religion, Dogma, Kirche, Regierung, Dynastie und alles damit Zusammenhängende, was einst als Unbestreitbar galt, dem Streit der Meinungen überantwortet;

3. die Ungleichheit der Verhältnisse und des Vermögens, die man ursprünglich als ein Gesetz und eine soziale Notwendigkeit ansah, von nun an durch die demokratischen Institutionen bekämpft und stetig abgemildert;

4. und schließlich keine andere Staatsräson mehr als das Recht anerkannt, da das Recht souverän ist; «Despotês ho nomos», wie Paul-Louis[1] sagte.

Das ist die Republik; trotz aller Verbesserungen, die noch anstehen, und jener Prüfungen, die sie noch absolvieren

---

1 Paul-Louis Courier (1772-1825). «Herrschen möge das Gesetz.» In *Collection complète des Pamphlets politiques et Opuscules littéraires*, Bruxelles 1827, S. 152 (aus einem offenen Brief vom 10. März 1820); er legte den französisch-griechischen Satz in einer Anekdote einem deutschen Bauern in den Mund, den er sich habe übersetzen lassen. Proudhon hielt es nicht für nötig, eine Übersetzung beizufügen.

muss, kann man sagen, dass die französische Nation seit der letzten Einberufung der Generalstände im Grunde keine andere Regierung gehabt hat.

Aber wenn die Gesellschaft ihre Gesetzgebung in sich selbst besitzt und ihr die Gerechtigkeit immanent ist, wie drückt sie sich dann aus? Auf welche Weise manifestiert sich das Gesetz?

Die gesellschaftliche Vernunft manifestierte sich über die Zeiten hinweg auf tausenderlei Arten: auf Maifeldern, bei Abstimmungen, Liebesmalen, Mysterienspielen, in Akademien, Bünden, Clubs, bürgerlichen und religiösen Festen, in Komitien, Konzilien, Parlamenten, Schriften, Schwurgemeinschaften, Senaten, Ständeversammlungen, Theatern, Tribunalen, Zeitungen, vor Gericht usw.

Heute ist gemäß der Verfassung vom 14. Januar 1852 und der Anordnung vom 2. Februar desselben Jahres die Wahl die wichtigste, feierliche Weise, den Willen des Landes zum Ausdruck zu bringen.

Das drückt die institutionelle Beziehung zwischen dem allgemeinen Wahlrecht und der Revolution aus. Man sieht an dieser Darstellung: das eine kann nicht ohne das andere sein; die Institutionalisierung des einen zieht das jeweils andere nach sich; wenn man das allgemeine Wahlrecht in dem Sinne, wie wir es heute verstehen, als göttliches Recht verkündet hätte, hätte dies zur Revolution geführt; da aber im Gegenteil zuerst das göttliche Recht verneint wurde und dies die Revolution nach sich zog, musste daraus das allgemeine Wahlrecht folgen.

Dieser Wandel vollzog sich nicht plötzlich; vielmehr war er das Werk von Jahrhunderten. Man kann sogar sagen, dass das Menschenrecht, wenn auch in der Minderheit, es zu keiner Zeit versäumte, gegen das göttliche Recht zu protestieren. Jedoch eins steht fest: Über Jahrtausende herrschte, offiziell oder stillschweigend, unter allen Regimen, das göttliche Recht vor, und 1789 kam es zu einem entscheidenden Umschwung gegen dieses Recht.

§ III

Bedingungen, Garantien und Formen des allgemeinen Wahlrechts. – Es ist keine Kleinigkeit, die Gedanken eines ganzen Volks auf authentische Weise zu erfassen; und wie die Frage nach der Zuständigkeit des Staats die größte aller Regierungsfragen ist, so kann man auch sagen, dass die Organisation des allgemeinen Wahlrechts die schwierigste aller Fragen ist, die die soziale Ordnung betreffen.

1. Die Wahl erfolgt *allgemein*, das heißt sie muss jedes Recht, jede Meinung, jedes Interesse vereinen, ohne sie zu vermischen, alles nach seiner Natur, seinen Bedürfnissen, seinem Charakter, seinen Bestrebungen und seiner Herkunft. Mit der Allgemeinheit der Abstimmungen verschwand der Wahlzensus. Unter der konstitutionellen Monarchie war er zwar noch beibehalten worden, stellte aber trotz der überlegenen Intelligenz, die man ihm zuschrieb, einen Angriff auf das Prinzip der Revolution und einen Restposten des alten Regimes dar. Indem er einer Klasse von Bürgern die Ausübung der politischen Rechte vorbehielt, verschaffte er ihnen ein Mittel, um die feudale Knechtschaft zu ihrem Vorteil wiederherzustellen.

2. Ihr Abstimmungsergebnis drückt die allgemeine Wahl *synthetisch*, nicht vereinfachend aus. Da die Meinungen, Interessen und Rechte, die sie zeigt, unterschiedlich, oft sogar gegensätzlich sind und das allgemeine Wahlrecht das Ziel hat, durch seine Abstimmungen die Grundlage für den Ausgleich zu schaffen, ist die Idee, die aus der Abstimmung hervorgeht, notwendigerweise eine Synthese.

Wenn alle Wähler die gleichen Ansichten, die gleichen Rechte, die gleichen Fähigkeiten und das gleiche Vermögen hätten, wenn sie den gleichen Beruf ausübten, wenn sie in allem gleich wären, dann wäre das allgemeine Wahlrecht nutzlos und es gäbe keine Notwendigkeit für eine Wahl. Da der Erstbeste die allgemeine Meinung ausdrücken und für alle stimmen könnte, gäbe es gar nichts Besseres zu tun, als sich auf den Prinzen und auf die Regierung zu verlassen. Die Vereinfachung der Ideen und die Identität der Interessen würden die Gesellschaft durch das Menschenrecht wieder zum Absolutismus zurückführen.

3. Die allgemeine Wahl ist *direkt*, d. h. entscheidet ohne Vermittler, über die vorgelegten Fragen, wie z. B. die Wahl der Abgeordneten des Parlaments oder die Ernennung des Präsidenten der Republik. Diese Klausel ergibt sich aus dem Konzept des Menschenrechts, das alle Kastenunterschiede ausschließt. Das mehrstufige Verfahren ist ebenso wie eine Einschränkung des Wahlrechts eine Abweichung vom Prinzip der Revolution, ein Kennzeichen des Feudalismus.

4. Die Wahlentscheidung ist *unabhängig* und *mit sich selber identisch*. Dies ergibt sich aus dem Konzept der Volkssouveränität, die weder Verfall noch Herabsetzung zulässt.

5. Die Wahlentscheidung hat keine beratende, vielmehr eine *beschließende* Funktion. Das Staatsoberhaupt ist, unabhängig von seinem Titel, nur der Bevollmächtigte des Volks, das ihm weitere Bevollmächtigte, nämlich Abgeordnete, als Berater zur Seite stellt. Das ist das Gegenteil des alten Systems, in dem der Monarch, der Adel und der Klerus die Vertreter der göttlichen Autorität waren und das Volk keinen Willen zu äußern und keine Befehle zu erteilen hatte; es war nur dazu berechtigt, auf den Knien seine hochachtungsvollen Bitten und Eingaben durch seine Gesandten vortragen zu lassen.

6. Wenn die Wahlentscheidung beschließend ist, heißt dies, dass Wähler das Recht haben, sich zu *versammeln*, zu *diskutieren* und sich untereinander *auszutauschen*, wie, wann und so oft sie es wollen. Auch hier zeigt sich, dass das System der Revolution das genaue Gegenteil des göttlichen Rechts ist. Das alte System behauptete als Folge seines religiösen Dogmatismus und Absolutismus Unfehlbarkeit, während das neue System bereit ist, sich selber als irrtumsanfällig anzuerkennen, nicht um die Autorität des Volks zu entkräften, sondern gerade um ihm seine Fehlbarkeit als einen weiteren Titel der Autonomie zu verleihen. Nur Gott, seine Kirche und seine Gesalbten können den Anspruch erheben, ewige Gesetze zu erlassen und unwiderrufliche Urteile zu fällen.

Die Wahlentscheidung rühmt sich der unverjährbaren Fähigkeit, sich selber zu *revidieren*. – Was ihre Formen betrifft, so sind sie diejenigen aller beschließenden Versammlungen. Ich fasse sie unter drei Rubriken:

a) Um ihre Stimme abzugeben, bilden Bürger Initiativen oder Bündnisse.[1] Der Grund hierfür liegt nicht nur in den großen Entfernungen oder der enormen Bevölkerungszahl, was es in einem Land wie Frankreich unmöglich macht, mehrere Millionen Wähler an einem Ort zu versammeln, sondern auch im synthetischen Charakter des allgemeinen Wahlrechts, das nicht nur alle Bürger zur Wahl aufruft, sondern auch die Stimmen so weit wie mög-

---

1 *groupes ou collèges électoraux.* ‹Parteien› zu sagen, wäre sowohl in Bezug auf die französischen politischen Verhältnisse, die noch heute weit weniger festgefügte Parteien kennen als dies in Deutschland der Fall ist, als auch auf Proudhons Theorie unangebracht.

lich nach der natürlichen Gruppierung der Meinungen und Interessen, der Spezialität der Berufe und der Rechte formuliert.

b) Die Wahlentscheidung, obwohl – und gerade weil – sie synthetisch ist, betrifft nur einfache Fragen, d. h. Fragen, auf die mit *ja* oder *nein*, *dafür* oder *dagegen* geantwortet werden muss. Es darf nicht anders sein. Ein Schriftsteller, ein Redner kann in einer Erörterung einen komplexen Vorschlag prüfen und durchgehen; eine Versammlung, geschweige denn ein ganzes Volk, vermag dies nicht, da aufgrund unterschiedlicher Meinungen und Interessen, die es alle zu berücksichtigen gilt, jeder bestimmte Dinge zulässt, andere ablehnt, die Einführung neuer und die Änderung der übrigen verlangt, so dass derselbe Entwurf – der Vernunft der Mehrheiten unterworfen – aus dem politischen Prozess ganz verändert herauskommt, als er aus den Händen seines Verfassers hineingegeben worden war.

Aus diesem Grund ist die Gesamtabstimmung über eine dem Volk vorgelegte Verfassung oder ein ihm vorgelegtes Gesetz *en bloc* zwangsläufig mit bösen Überraschungen und Irrtümern behaftet und daher mehr oder weniger angreifbar. Bei den Präsidentschaftswahlen 1848 wurden $5\frac{1}{2}$ Millionen Stimmen für den Prinzen Louis-Napoléon abgegeben: Daran gab es nichts auszusetzen. 1851 wurde derselbe Louis-Napoléon mit $7\frac{1}{2}$ Millionen Stimmen wiedergewählt und erhielt die Befugnis, eine Verfassung nach den in seiner Proklamation vom 2. Dezember [1851] festgelegten Grundlagen auszuarbeiten. Diese Grundlagen waren fünf an der Zahl. Hier erlaube ich mir anzumerken, dass diese Zahl über die Grenze hinausging, die durch das Gewohnheitsrecht festgelegt war, so dass in gewöhnlichen Zeiten die öffentliche Meinung es nicht versäumt hätte, eine Abstimmung Punkt für Punkt zu fordern. Das Volk, zu dessen Gunsten man gerade das allgemeine Wahlrecht wiederhergestellt hatte, wollte nicht so genau hinsehen und tat die Einwände ab.

c) Wenn die Wähler in einer beschlussfassenden Volksvertretung, in einer Bürgerversammlung usw. sich nicht für ausreichend informiert oder frei halten oder wenn ihnen die zur Wahl stehenden Alternativen ebenfalls missfallen, zeigen sie ihre Ablehnung, indem sie sich der Wahl enthalten. Ist die Wahl geheim, wird die Enthaltung durch das Einlegen eines leeren Zettels angezeigt.

Da die Fragen der politischen Bündnisse und der Wahlenthaltung derzeit von größter Bedeutung sind, werden wir sie besonders hervorheben.

§IV

Die Bedeutung der Wahlkreise für die Abstimmung. – Die Nichtwähler. – Damit ein Parlament seiner Arbeit überhaupt nachgehen kann, Meinungen herauszubilden, die Wahrheit zu verbreiten und den Triumph des Rechts zu sichern, diskutiert man die zu verabschiedenden Entwürfe ersteinmal ohne Öffentlichkeit. Zu diesem Zweck werden die Abgeordneten in Vorstände[1] und Ausschüsse[2] aufgeteilt.

Die Gruppe der Vorstände bestimmt das Los.

Die Ausschüsse bildet man, indem die Abgeordneten sich spontan und frei nach ihren persönlichen Fähigkeiten oder Spezialisierungen selber verorten und zusammenfinden. Es gibt einen Ausschuss für das Heer, die Marine, die Justiz, die Finanzen, die öffentliche Bildung etc. Hier

---

1 *bureaux.*
2 *comités.*

kommt das Prinzip der Trennung der Gewalten oder der Arbeitsteilung zum Tragen.

Jeder Gesetzesentwurf wird zunächst in den Ausschüssen unter die Lupe genommen, dann an die Vorstände weitergeleitet und einer Kommission[1] zur Prüfung unterbreitet, die aus so vielen Mitgliedern besteht, wie es Vorstände gibt, endlich zusammen mit dem Bericht der Kommission in einer öffentlichen Plenumssitzung erörtert.

Dieses Verfahren, dessen Prinzip und Gründe[2] ich nicht weiter erläutern muss, gilt auch für die Wahlen. Die Wahlkreise, welchen Vorstände und Ausschüsse des Parlaments entsprechen, sind Länder, Provinzen, Kommunen, Gemeinden, Bezirke, Ortsteile und Körperschaften.[3] Die Verordnung vom 2. Februar 1852, die hier mit den vorherigen Gesetzen übereinstimmt, erkennt dieses Prinzip an, wenn es für die Eintragung des Bürgers in die Wählerliste verlangt, dass die Gemeinde seit mindestens sechs Monaten sein Wohnort ist. Die Angelegenheiten werden aus der Sicht jedes Ortes, ob groß oder klein, diskutiert; dementsprechend wird der Abgeordnete ernannt; aus der Verschmelzung oder Synthese dieser verschiedenen Meinungen, aus ihrem Zusammenspiel und ihrem Abwägen entsteht das Gesetz als Ausdruck des kollektiven Gedankens.

Die Erhaltung dieser natürlichen Gruppen sowie die Einteilung der Kammer in Ausschüsse ist daher von größter Bedeutung für das Geltendmachen der Wählermacht und

---

1 *commission.*

2 Impliziert Proudhon hier, dass die zufälligen Gepflogenheiten des französischen Parlamentarismus im 19. Jahrhundert aus dem Prinzip des allgemeinen Wahlrechts abzuleiten seien?

3 *provinces, départements, arrondissements, cantons, communes* sowie *corporations.*

die wesentliche Voraussetzung einer Stimmabgabe. Ohne sie gibt es keine Originalität, keinen Freimut und keinen hervorstechenden Charakter der Stimmen. Hier zeigt sich, in welch tiefem Irrtum sich diejenigen befanden, die 1848 in der Annahme, dass die Entscheidung der Wähler den Gedanken der Nation umso besser repräsentieren würde, je mehr sie von jedem Geist der Lokalität befreit wäre, forderten, dass man das gesamte französische Volk nach einer für alle Franzosen einheitlichen Kandidatenliste zur Urne bitten solle, wie man das ebenfalls in den Ländern handhaben wollte. Die Auflösung der natürlichen Gruppen bei den Wahlen wäre aber die moralische Auflösung der Nation selber, der Ruin des allgemeinen Wahlrechts und damit eine Verneinung des Gedankens der Revolution.

Was die Enthaltung bei der Wahl betrifft, so ist die gleiche Analogie zwischen den Vorgängen des allgemeinen Wahlrechts und der Arbeit eines Parlaments festzustellen. In diesem Zusammenhang unterlief den Autoren des Wahlmanifests [der republikanischen Opposition] leider ein bedauerlicher Fehler.[1]

«Der Wähler *muss* wählen gehen», schreiben sie in einem herrischen Tonfall. «Die Enthaltung, falls sie auf Gleichgültigkeit und Egoismus beruht, ist sträflich; manchmal wird sie von edleren Gefühlen inspiriert, aber stets bleibt sie steril: Die Erfahrung straft sie Lügen. Wer sich enthält, vernichtet sich.»

Dies alles ist von größter Falschheit. Es gibt viele andere gute Gründe für eine Enthaltung als Gleichgültigkeit und

---

1 «*Manuel électoral*». Dessen Hauptautor war der Republikaner Jules Ferry (1832-1893); es handelte sich demnach nicht um ein offizielles Dokument oder Handbuch zur Wahl, sondern um einen Aufruf von der (republikanischen) Opposition, sich an der Wahl zu beteiligen.

Egoismus oder das Beharren auf einer sterilen Tugend, welche die eben zitierten Autoren anführen; dann ist die Enthaltung nicht verwerflich, sondern obligatorisch, und die Erfahrung beweist, dass in diesem Fall derjenige, der sich enthält, sich nicht vernichtet, sondern ermächtigt. In ihrem Eifer – den ich nicht tadeln möchte –, einer Regierung, die bisher ohne Gegengewicht geblieben ist, eine mächtige Opposition an die Seite zu stellen, in ihrem Wunsch, Wähler für die Sache der Freiheit zu gewinnen und die allgemeine Schlaffheit zu überwinden, haben die Verfasser des Manifests nicht bemerkt, dass sie selber die Macht der Wählerschaft verstümmeln, indem sie eine der wichtigsten und in manchen Fällen die wirksamste Waffe des Wählers mit Tadel belegen.

Die Enthaltung oder ungültige Wahl, die ebenso legal und nicht weniger bedeutsam ist wie die artikulierte Wahl, liegt im Ermessen des Abgeordneten, der sich für nicht ausreichend informiert hält oder dem die verschiedenen Alternativen, die ihm vorgeschlagen werden, gleichermaßen missfallen. Sie wird unerlässlich, sie ist die erste und heiligste Pflicht, wenn die zur Abstimmung gestellte Frage zweideutig, heimtückisch, deplatziert, ungesetzlich ist oder außerhalb seiner Zuständigkeit liegt, wenn die Tyrannei ihr Haupt erhebt und unberechtigterweise in den Tempel des Gesetzes eindringt, wenn der vor der Tür rumorende Aufruhr oder der Blitz der Bajonette die Diskussion beendet und der Freiheit des Gesetzgebers Gewalt antut. Was ist die *Tagesordnung*[1] anderes als eine – mehr oder weniger energisch begründete – allgemeine

---

1 Statt über eine spezifische Frage abzustimmen, nehmen die Abgeordneten eine nicht Stellung beziehende Haltung ein, indem sie zur Tagesordnung übergehen – dies kommt also einer kollektiven Stimmenthaltung gleich. (Siehe das folgende Beispiel.)

Stimmenthaltung? Was z. B. machte den Ruhm von Boissy d'Anglas in der berühmten Sitzung vom 2. Prairial aus,[1] wenn nicht die heroischste aller Enthaltungen? Ich behaupte: Was für den Abgeordneten gilt, gilt auch für den Wähler, der sich der Stimme enthalten muss, wenn von ihm mehr verlangt wird, als es sein Recht ist und seiner Würde entspricht, zu gewähren; wenn ihm die Formen, Bedingungen und Garantien des allgemeinen Wahlrechts unzureichend zu sein scheinen. Was wäre am 20. Dezember 1851 geschehen, wenn die Wähler, die die ihnen zur Wahl gestellte Frage für zu komplex hielten, die Teilung verlangt und sich in der Zwischenzeit der Stimme enthalten hätten? Angenommen, das Volk hätte zwar Louis-Napoléon wiedergewählt, die Verfassung von 1848 wäre aber vorläufig in Kraft geblieben: Vom Volk wären neue Abgeordnete gewählt worden und ein Vergleich zwischen dem Oberhaupt der Exekutive und den Vertretern der Legislative hätte geschlossen werden müssen.

Es wäre die Aufgabe der Autoren des Manifests gewesen, den Wählern all diese Dinge zu erklären; ihnen das Ausmaß ihrer Macht aufzuzeigen; ihnen nachvollziehbar zu machen, dass in dem, was ich *Formen, Bedingungen und Garantien des allgemeinen Wahlrechts* nannte, bereits im Keim alle Prinzipien und Rechte der Revolution enthalten und verwirklicht sind; das Volk mit dem Geist des neuen Systems zu durchdringen: Dinge, die wichtiger sind als die Regeln der Wahl, die Formalitäten der Kandidaturen und der Wahlablauf. Ohne diese Formen, Bedingungen

---

[1] François-Antoine Boissy d'Anglas (1756-1826). Im Prairialaufstand töteten Jakobiner am 2. Prairial III (21. Mai 1795) einen Abgeordneten; sie spießten seinen Kopf auf und präsentierten ihn dem Parlamentspräsidenten Boissy d'Anglas, um ihn einzuschüchtern. Doch er hielt stand, bis der Aufstand niedergeschlagen ward.

und Garantien, um die der Gesetzgeber verständlicherweise sich nicht zuvörderst gekümmert hat, würde das allgemeine Wahlrecht aufhören, fortschrittlich zu sein, es würde dem Geist der durchaus verbesserungsfähigen Verfassung von 1852 nicht mehr entsprechen, es würde seine eigene Würde verletzen.

§ V

Die Bedingungen, unter denen sie durchgeführt wird, machen die Wahl unmöglich. Erster Grund: Die Wahl ist dem steuernden Einfluss der Regierung ausgesetzt. – Das erste, was eine Bürgerinitiative oder Wählervereinigung wie ein Parlament tun muss, ist, sich zu vergewissern, dass alle Bedingungen für Freiheit und Aufrichtigkeit der Abstimmung erfüllt sind. Wenn auch nur eine davon verletzt ist, ist die Wahl mit dem Makel der Verfassungswidrigkeit, der Gewalt und folglich des Betrugs behaftet; sie ist nicht rechtsgültig, und die Abstimmung muss für nichtig erklärt werden. In diesem Fall, ich wiederhole, ist die Stimmenthaltung seitens des Wählers kein Akt tadelnswerter Gleichgültigkeit oder steriler Tugend noch ist sie eine aufrührerische Intrige oder eine böswillige Heimtücke; sie ist ein Akt der Selbsterhaltung, eine Mahnung an Recht und Gesetz, alles, was man sich als besser, präziser und entschiedener zu sein wünscht.

Wenden wir diese Prinzipien auf die aktuelle Situation an. Die Demokratie ist heute [1863] aus der Erstarrung erwacht,[1] in die sie der 2. Dezember [1851][2] versetzt hatte;

---

1 Bei den Wahlen am 31. Mai 1863 gewann die republikanische und die monarchistische Opposition viele Stimmen hinzu und errang in den Großstädten die Mehrheit.

2 Staatsstreich, mit dem der 1848 gewählte Präsident Louis-Napoléon sich zum Diktator auf zehn Jahre putschte.

sie hat sich bei den Wahlen von 1857 gezeigt,[1] sie lebt endlich, und wir müssen sie dazu beglückwünschen. Sie sorgt sich wieder um ihre Freiheiten und Rechte, ein lobenswerter Eifer beseelt die Wählerschaft, es wurden Bündnisse geschmiedet;[2] durch dies Beispiel angeregt brennen eine Menge junger Redner darauf, ihr Talent in den Dienst der gerechtesten Sache zu stellen, und man streitet bereits um die Ehre der Kandidaturen mit einem Eifer, den man leicht des Ehrgeizes verdächtigen würde, wenn man nicht wüsste, dass er von reinstem Patriotismus inspiriert ist. Was haben wir in der momentanen Situation zu tun? Und zunächst mal: Unter welchen Bedingungen fordert man uns heute auf, unsere Stimme abzugeben? Es ist seltsam, dass von den rund 60 Rechtswissenschaftlern, die sich sowohl bei der Erstellung des Manifests [der republikanischen Opposition] zur Wahl als auch bei der Erstellung der Listen für die Volkszählung mit den Wahlen befasst haben, nicht ein einziger daran gedacht hat, diese Prüfung vorzunehmen.

Vor allem: Ist der Wähler unabhängig? Ich meine, kann das allgemeine Wahlrecht wirklich so spontan ausgeübt werden, wie es das höhere Gesetz voraussetzt und wie es dem Geist der Verfassung entspricht? Ja, antwortet die Regierung, denn die Wahl ist geheim und niemand wird gezwungen, seine Stimme abzugeben. Diese Antwort beweist nur, dass wir überhaupt noch nicht genau wissen, was das allgemeine Wahlrecht ist.

---

1 Bei den Wahlen vom 22. Juni 1857 wurden erheblicher Repressionen und der Einschränkung der Pressefreiheit durch Zensur zum Trotz einige republikanische Abgeordnete gewählt und es gab eine große Zahl an Nichtwählern.
2 In Paris kam es gar zu einem Bündnis von Republikanern und Monarchisten.

Im Aufbrausen der Idee von Einheit, Autokratie und Zentralisation machte die kaiserliche Regierung durch einen ihrer Minister ohne Geschäftsbereich, Herrn Baroche,[1] deutlich, das allgemeine Wahlrecht sei von Natur aus und seinem Wesen nach niemals in der Lage, sich selber und seiner Spontaneität überlassen zu werden. In der Tat ist, wie wir festgestellt haben, die Entscheidung der Wähler fehlbar; aus dieser Fehlbarkeit leitet sie das Recht ab, sich selber zu revidieren, und das ist der Charakter, der sie grundlegend vom göttlichen Recht unterscheidet. Der Regierungssprecher schloss, die oberste Führung des Staats sei zum unverzichtbaren Schutz des wählenden Volks verpflichtet. Daher die Regierungskandidaten, die direkt durch die Machthaber aufgestellt werden, ohne die Initiative der Bürger; die Bürger bleiben ausgeschlossen, sogar die Freunde der Regierung und Befürworter ihrer Politik.

Für einen Demokraten, was sage ich, für jeden, der über die Ideen von [17]89 und den Geist der Verfassung von 1852 informiert ist, egal welcher Partei er angehört, und auch wenn er keiner Partei angehört, ist diese Anmaßung der Machthaber unerträglich. Er darf keine Kandidaten akzeptieren, welche das Produkt einer Vermischung der Funktionen des Oberhaupts mit den Attributen des Souveräns sind, obgleich sie ursprünglich in gutem Glauben gehandelt haben mögen, was ich ihnen gern zugestehe. Das würde das politische Gleichgewicht stören und die Ökonomie des Systems untergraben.

Die kaiserliche Regierung scheint bei diesem Anspruch, den ich als außerkonstitutionell zu bezeichnen wage, von

---

1 Pierre Jules Baroche (1802-1870), ein redegewandter Jurist, zunächst Liberaler, dann Unterstützer von Napoléon III, schließlich Justiz- und Bildungsminister in Personalunion.

der Praxis der 1814[1] und 1830[2] gegründeten Regierungen inspiriert worden zu sein. Aber die Bedingungen sind nicht die gleichen. Das öffentliche Recht unter dem derzeitigen Kaiserreich ist keineswegs mehr das, was es unter der konstitutionellen Monarchie war.

Einst, unter der Restauration und der Julimonarchie, übte ein verantwortlicher Ministerpräsident die Macht aus, der aus einer parlamentarischen Mehrheit hervorging. Er wurde durch eine gegnerische Minderheit bekämpft. Der Ministerpräsident war also ein Parteiführer; er konnte nichts anderes sein. Der König, der für unverletzlich erklärt wurde und sich nicht vorm Parlament verantworten musste, stand außerhalb der Debatte. Folglich konnte der Ministerpräsident seine Kandidaten nominieren, so wie die Opposition die ihren; indem er sie vorschlug, indem er sich zu ihnen bekannte, erschien er nur selber vor dem Wahlleiter, vor dem er für keinen anderen als sich sprach. Aufgrund dieses Prinzips musste ein Abgeordneter, der Minister werden wollte, sich der Wiederwahl stellen. Der Fehler des Ministerpräsidenten und seiner Minister, der ihnen immer wieder vorgeworfen wurde, bestand darin, dass sie sich im Wahlkampf der Instrumente der Macht bedienten, indem sie Posten, Subventionen und geheime Fonds verteilten; dass sie die Präfekten veranlassten, sich Mittel zu bedienen, die nicht ihnen oder ihrer Partei gehörten, sondern der Allgemeinheit, Mittel, die ihrer Obhut anvertraut waren; dass sie manchmal so weit gingen, den König in ihren Wahlkampf einzubeziehen, der für unverletzlich erklärt wurde – alles Dinge, die dem Geist jener Verfassung widersprachen. Dieser Niedergang der

---

1 Restauration der Monarchie nach der Niederlage von Napoléon I (bis 1830).
2 Julirevolution: ‹Bürgerkönig› Louis-Philippe (bis 1848).

verfassungsmäßigen Sitten bei die Regierung war einer der Gründe, die zum Sturz beider Dynastien führten. Heute regiert der Kaiser; er allein ist verantwortlich; seine Minister können im Parlament nicht persönlich zur Rede gestellt werden; das Parlament kann ihnen nicht mit Sturz als Sanktion drohen. Das Parlament seinerseits übt keine Initiative aus, sondern es stimmt den Gesetzen zu, die ihm von der Regierung vorgeschlagen werden, oder lehnt sie ab; aber es macht keine Vorschläge, es nimmt keine Petitionen entgegen; es entscheidet zwar über die Steuern, das ist wahr, aber es hat in der Regierung nicht die Oberhand. In Maßen ist es ihm zwar erlaubt, die Handlungen der Regierung zu diskutieren, aber es würde nicht wagen, eine Rüge auszusprechen.

Die Konsequenz daraus ist, dass, da der Kaiser unmittelbar dem französischen Volk gegenüber verantwortlich ist, eine Kontrolle der Regierung auf eine ernsthafte, reale und wirksame Art nur bei Wahlen stattfindet, in den Vereinigungen, Parteien und Bündnissen der Wähler, Organe der nationalen Gemeinschaft.

Wie darf das in einer Wahl proklamierte Oberhaupt des Staats, das allein regiert, dem Volk verantwortlich ist und über alle Handlungs- und Einflussmöglichkeiten verfügt, gleichzeitig ein Einflussfaktor bei der Wahl sein? Wie darf es als Beauftragter des Volks dazu berufen sein, die eigene Regierung durch Abgeordnete seiner Wahl kontrollieren zu lassen? Wie konnte Herr Baroche nicht erkennen, dass diese beiden Befugnisse miteinander unvereinbar sind? Wie soll man sich vorstellen, dass angesichts der kaiserlichen Omnipotenz, die sich zum Kandidaten für die Legislative macht, je eine Masse von Wählern gefunden wird, die selbstlos und zahlreich genug ist, um eine Mehrheit an Abgeordneten zu ernennen, die der Politik des

Staatsoberhaupts zuwiderläuft? Wann hat man je eine ähnliche Energie des Willens, eine ähnliche Höhe der Intelligenz in einer Nation gesehen? Dass die Regierung über ihre Anhänger verfügt, ihre Kandidaten hat, die sich zu ihr bekennen und im Wahlkampf für sie einsetzen, das ist gut und schön, aber dass sie sie eigens hervorbringt, dass sie sie autorisiert, sie begünstigt und dass sie, um den Erfolg noch gewisser zu machen, mit der Überwachung der Wahl, der Einteilung der Listenplätze usw. beauftragt wird, das scheint übermäßig zu sein. Hier liegt sowohl ein Prinzip des Untertanengeistes als auch der Nährboden für Zwistigkeiten vor, was der Gesetzgeber nicht gewollt haben kann.

Zwischen dem von der Verfassung von 1852 geschaffenen System und den Äußerungen von Herrn Baroche zur Wahl besteht also eine Unvereinbarkeit. Entweder kehren Sie zum echten parlamentarischen System zurück, wenn Sie sich den Wahlen stellen wollen; oder, wenn Sie es vorziehen, Ihre Allmacht zu behalten und die Legislative und die Exekutive zu kumulieren, mögen Sie Abstand nehmen davon, bei den Wahlen zu erscheinen, es sei denn als ein Mandatsträger, der kommt, um Rechenschaft abzulegen, als Justiziar des allgemeinen Wahlrechts. Ansonsten gebietet es die Pflicht der Bürger, sich der Stimme zu enthalten, d. h. Sie zur Ordnung zu rufen. Ich wundere mich noch einmal, dass seit zehn Jahren derart viele Rechtsgelehrte, Publizisten, Journalisten und Kandidaten, die die Öffentlichkeit mit ihren Bekenntnissen zu Freiheit und Unabhängigkeit in den Schlaf wiegen und sich als Repräsentanten der Opposition aufspielen, hierüber kein Wort verloren. Unter diesen Umständen zu kandidieren und sich als Oppositionspolitiker zu bezeichnen, ist eine Mystifikation, eine unglaubliche Dummheit.

§VI

Zweiter Grund: Ist die Möglichkeit gegeben, sich zu versammeln und die Handlungen der Machthaber öffentlich zu diskutieren? – In dem Manifest [der republikanischen Opposition] zur Wahl lese ich: «Es gibt nur dann wirklich freie Wahlen, wenn die Wähler das Recht haben, sich zu versammeln, um über die Kandidaten zu diskutieren.» Die Autoren des Manifests hätten hinzufügen müssen: ‹... und über die Politik der Regierung›. Warum haben sie das nicht getan?

«Vorm 2. Dezember 1851 wurden Bürgerversammlungen von der Verfassung anerkannt und durch Gesetze geregelt, die nicht mehr in Kraft sind. Die Verordnung vom 2. Februar [1852] sagte nichts über diese Versammlungen aus, weil sie das Recht aufrechterhielt; das ist nicht zu bezweifeln. Seitdem jedoch ist die Verordnung vom 25. März 1852 in Kraft getreten, die öffentliche Versammlungen jeglicher Art einer Genehmigungspflicht unterwirft.»

Man sollte erwarten, dass der Schluss gezogen wird, die Verordnung stehe im Widerspruch zur Praxis des allgemeinen Wahlrechts und darum sei die Verordnung ungültig; falls sie weiter besteht, wäre es sträflich zu wählen, weil die Regierung ihre Kompetenz missbräuchlich ausweitet. Weit gefehlt: Die Autoren des Manifests sind oberschlau. Vor allem legen sie Wert darauf, dass gewählt wird, koste es, was es wolle. Sie erkennen zwar an, dass die Verordnung vom 25. März, sollte man sie auf den Wahlkampf beziehen, verfassungswidrig wäre; folglich sei ihr ein nur diktatorischer und kurzzeitiger Charakter beizumessen; fügen aber hinzu, es gebe, falls die kaiserliche Regierung beharre, ihr eine solche Tragweite zuzuschreiben, welche ihr nicht eigne, zumindest Grund zu mutmaßen, sie sei anwendbar weder auf Versammlungen, die exklusiv aus registrierten Wählern, noch auf Versammlungen, die aus speziell eingeladenen Personen bestehen, da beide nicht als öffentliche Versammlungen gelten können, insofern sie auf bestimmte Personen und Eigenschaften beschränkt blieben; in jedem Fall wären nicht-öffentliche Versammlungen gestattet.

Was soll aus einem Volk werden, wenn es auf diese Weise über seine Freiheiten und Rechte aufgeklärt und von seinen Beratern von einer Niederlage in die nächste getrieben wird? Wird eine Macht sich angesichts eines so schwachen Gegengewichts nicht zu weiteren Übergriffen ermutigt sehen? Solche Winkelzüge sind eine Unredlichkeit sowohl der Regierung als auch der Nation gegenüber. Das Recht, sich zu versammeln und über die Kandidaturen hinaus auch die Politik und die Handlungen der Machthaber zu diskutieren, ergibt sich für die Wähler aus den großen Prinzipien, die [17]89 aufgestellt wurden:

1. die Gerechtigkeit, d. h. die Souveränität, sei dem Volk immanent;

2. die allgemeine Wahl, die sie zum Ausdruck bringt, sei Prinzip, Grundlage sowie Dreh- und Angelpunkt der Regierung;

3. die Entscheidung der Wähler sei fehlbar, daher widerruflich und immer Gegenstand von Revisionen;

4. die Wähler seien unabhängig;

5. sie entscheiden; sie beraten nicht nur;

6. sie dürfen sich in öffentlichen, nach dem Gesetz natürlicher Gruppen gebildeten Versammlungen ausdrücken, nicht bloß in exklusiven Versammlungen mit geladenen Gästen, was dem Zweck dieser Institution unangemessen wäre.

Demnach sind die exklusiven Versammlungen, die die Verfasser des Manifests den Wählern als letzte Zuflucht ihrer Freiheit und Souveränität vorschlagen, gerade eines der Dinge, von denen die Wähler am meisten Abstand nehmen sollten, wenn der mehr oder weniger unklare Wortlaut eines Polizeigesetzes sie nicht leider zu einer Notwendigkeit machen würde. – Was lässt sich hieraus schließen? Eine einfache Sache ist, dass die Regierung aufgefordert werden muss, Bedeutung und Tragweite zu erklären, die sie der Verordnung vom 25. März 1852 beimisst; denn wenn diese Tragweite nach Auffassung der Regierung die wäre, die das Manifest andeutet, würde die Abstimmung unmöglich werden. Es gäbe einen Widerspruch zwischen der Verfassung vom 14. Januar und der Verfügung vom 25. März 1852; das allgemeine Wahlrecht und die Regierung, der es als Grundlage dient, würden zu Widersachern werden. Es geht um die Ehre eines Landes und die Würde der Bürger.

«Das Parlament ist der einzige Ort, an dem es von nun an der Meinung erlaubt ist, sich Gehör zu verschaffen», das rufen immer wieder diejenigen, die das Volk zur Wahl drängen. Sie sehen nicht, dass, wenn dem so ist, genau der Fall eintritt, keine Abgeordneten zu wählen, weil sie Mandatsträger ohne Mandat sein werden, weil die Wähler den Inhalt dieses Mandats nicht haben diskutieren und definieren dürfen und sich folglich der Stimme enthalten sollten.

§ VII

Dritter Grund: Die Presse ist nicht frei. – Ich lasse die so oft wiederholten Gemeinplätze zu dem Thema beiseite. Der Leser erwartet von mir etwas Neues, vor allem ein offenes Wort. Unter dem Regime vor 1789 war die Presse nicht frei. Das Verbot zu schreiben und zu veröffentlichen, war prinzipiell eine verfassungsgemäße, logische, legale und moralische Angelegenheit. Es konnte nicht anders sein, mit einer absoluten und transzendentalen Souveränität, in einer Zeit der dynastischen Legitimität, der Kastenhierarchie, der priesterlichen Dominanz, der Staatsräson, mit einem Wort, des göttlichen Rechts, unbestreitbar und unreformierbar. Nichtsdestotrotz setzte der menschliche Geist in dieser Knechtschaft seinen Siegeszug fort. Was konnte die absolutistische Polizei gegen das universelle Denken ausrichten? Und mit dem Himmel war es möglich, sich zu arrangieren.

Seit 1789 wurde die Presse wie die Gedanken selber für frei erklärt. Alle unsere Verfassungen, außer die von 1799 und von 1852, erkannten den Bürgern formell das Recht zu, ihre Meinungen unter Einhaltung der Gesetze zu veröffentlichen. Die Theorie der Menschenrechte und die Theorie des allgemeinen Wahlrechts ließen es nicht zu, den Grundsatz der Meinungsfreiheit zu vernachlässigen. In der Praxis wurden weiterhin restriktive Gesetze erlassen, die nicht mehr wie früher mit der Unantastbarkeit des Dogmas begründet wurden, sondern mit Unwürdigkeit der Presse, die sich leider tatsächlich oft belegen ließ. Traurigerweise hat die Bewegung des Geistes eine Verlangsamung erfahren, entweder aufgrund die Wirkung der Zensur oder vor allem aufgrund der Art der Vergabe von Lizenzen zum Publizieren und deren Missbrauch.

Um nur von den Zeiten zu sprechen, die wir alle miterlebt haben: Stimmt es etwa nicht, dass seit etwa dreißig Jahren, seit der Julirevolution [1830] die Periodika (ich begnüge mich mit diesen) abgesehen von einzelnen wenigen Ausnahmen sich zunehmend als für Dogmatismus anfällig, inkompetent, heuchlerisch, verleumderisch, monopolfreundlich, streitsüchtig, intrigant, den Pflichten gegenüber Land und Staat untreu, lügenreich, Spekulation begünstigend, käuflich und feige erwiesen? Sie verdrehten die Ideen, verfälschten die Prinzipien, verdunkelten die Geschichte, verhöhnten die öffentliche Vernunft, verdarben die Sprache, täuschten das Land, manipulierten die Meinung oder brachten sie zum Schweigen. Wenn es mir, einem Mann des Geistes, erlaubt wäre, mir eine Revolution zu wünschen, dann, so gestehe ich ein, in der Hoffnung, dass sie diese unwürdige Presse, die Schande der Nation und die Geißel des menschlichen Denkens, als kriminell verfolgen würde.[1]

Der 2. Dezember [1851] unternahm, wie seine Vorgänger, den Versuch, die Presse zu disziplinieren. Die Absicht mag gut gewesen sein, und ich würde dem Verfasser des Gesetzes vom 17. Februar 1852 von Herzen Dank sagen, hätte er Erfolg gehabt. Ich würde über die Bedingungen nicht klagen, denen er die Äußerung von Ideen unterwarf; falls zumindest die genehmigten Zeitungen ihre Aufgabe ehrlich erfüllen würden, würden sie, obwohl sie nicht alles sagen dürfen, nur wahre Dinge sagen; nur gerechte Anliegen verteidigen; präzise informieren; Fragen, denen sie sich widmen, mit Loyalität und Intelligenz behandeln, nicht jeden Augenblick zu ihrem Vorteil und für Geld lügen. Leider muss man feststellen: Die Korruption der Presse nahm als direkte Folge der Einschränkungen, Repressionen und Behinderungen, denen sie ausgesetzt war, zu; sie verschlimmerte sich, wohl den Erwartungen der Macht entgegen, unter dem Regime des 2. Dezembers 1851 gegenüber der Februarrepublik 1848 sowie der Juli-

---

1 Bei diesem Hass gegen die Presse mag einem das Gruseln kommen. Die folgende Äußerung, die Zensur von Louis Bonaparte 1851 habe eine gute Absicht verfolgt, ist unwürdig. Die weiter unten gegebene Versicherung, er fordere *kein* Verbot der bestehenden Presse (S. 197), taucht sie in ein unglaubwürdiges Licht. Aber ... siehe S. 247f.

monarchie 1830; vor allem sie gefährdet die Vernunft und die öffentlichen Freiheiten und pervertiert den Geist der Institutionen; der Schaden wäre viel geringer, wenn man die Presse, statt sie zu knebeln und zu monopolisieren, einfach und mit einem Schlag abgeschafft hätte. Das ist der Grund, weshalb ich den Zustand der Presse zu einem Gegenstand der Wahlbeanstandung mache.

Ein so feierlicher Akt wie die Erneuerung des Parlaments im Angesicht der Verordnung vom 25. März 1852, die öffentliche Versammlungen jeder Art verbietet, bräuchte Publikationen. Die wahrheitstreueste aller Zeitungen, *Le Moniteur*, reicht nicht aus, da sie Organ der Regierung ist und die Politik der Regierung vertritt, die den Wählern zur Beurteilung vorgelegt wird. Wie kann man einer der Intrige verfallenen, der Käuflichkeit überführten Presse trauen, die offenkundig vom Ausland gesteuert wird? Welche Wahrheit kann man von ihr erwarten, sowohl über innere als auch über äußere Angelegenheiten? In den Fragen des öffentlichen und internationalen Rechts, der allgemeinen Wirtschaft, der Verwaltung sowie der Finanzen, der Justiz, der Religionen usw. ist das Land dank der Zeitungen mit Vorurteilen gesättigt, von denen ein einziges, wenn es bis zum Äußersten getrieben wird, ausreichen würde, um die Masse zu vergiften. So dass wir dem moralischen und materiellen Ruin, der uns ständig droht, nur aufgrund der Vielzahl und der Konkurrenz unserer Irrtümer entgehen. Wissen wir aus den Zeitungen etwas darüber, was in Griechenland, Polen, Ungarn, Russland, Österreich, Deutschland und Belgien wirklich vor sich geht? Wissen wir etwas über die Vereinigten Staaten, Japan, Afrika, China und Vietnam? Nichts, die gesamte Presse ist nämlich abhängig – ich will ja nicht sagen von Parteien, was zwar unehrenhaft sein könnte, jedoch nicht mehr stimmt,[1] da die Zeitungen, statt den Parteien, die sie vertreten, zu dienen, diese ausbeuten und verkaufen; sie ist abhängig – sage ich – von Industrie- und von Finanzgesellschaften, von okkulten Interessen aller Art, die nur das an die Öffentlichkeit durchdringen lassen, was ihnen passt. Was wissen wir über die eigenen Angelegenheiten, Wirtschaftsabkommen, Konzessionen,[2] Militäreinsätze, Börsen, Aufträge der öffentlichen Hand usw.? Immer noch nichts, da die angeblich unabhängigen Zeitungen alle der Regierung ergeben sind, die ihnen nur das mitteilt, was sie will, oder den zahlenden Akteuren, die ebenfalls nur das mitteilen oder durchlassen, was sie wollen. Eine gewisse Zeitung beschuldigte neulich einen ihrer Konkurrenten, seinen Börsenteil verpachtet zu haben. Ebenso gut hätte man ihn der Komplizenschaft bei einem Betrugsunternehmen beschuldigen können. Die Beschuldigung blieb unbeantwortet, vielmehr wurde sie einfach totgeschwiegen, soweit ich weiß. Wenn die Presse jedoch frei gewesen wäre, wäre ein solches Geschäft unmöglich gewesen, es wäre angeprangert, der schuldige Journalist geächtet worden und das käufliche Blatt wäre vielleicht gezwungen gewesen zu verschwinden. Eine andere Zeitung, und zwar eine der ehrlichsten, der eine Kritik an einer Eisenbahngesellschaft vorgelegt wurde, antwortete: «Von dem Unternehmen erhalten wir gut und gern 12 000 Fr. Zuschuss, wir können nichts veröffentlichen, was ihm schadet.» – Ich kenne jemanden, der seit zehn Jahren beim Innenminister auf die Genehmigung wartet, eine Zeitung zu gründen. Mal angenommen, der

---

1 Im Original: ... ehrenhaft ... Druckfehler?
2 Gemeint ist die Übertragung staatlicher Rechtsansprüche an Nutznießer; heute würde man (positiv) von Public Private Partnership oder aber (negativ) von Korporatismus sprechen.

Minister hätte am Tag, an dem die Veröffentlichung jener anti-bankokratischen Nachricht verweigert wurde, dem Antrag des soeben erwähnten Bittstellers stattgegeben, hätte dieser, dafür bürge ich, in der ersten Nummer die Nachricht mitsamt der Antwort des beschuldigten Journalisten veröffentlicht und sofort den Krieg gegen die Konzerne und die ihnen hörige Presse begonnen, was, Gott verzeih mir, bedeutet: gegen fast alle Zeitungen.[1]

Die Journalisten lassen sich nicht bloß auf Kosten der Wahrheit und des allgemeinen Interesses von der ihnen zu Gebote stehenden Werbung bestechen; sie streben danach, das Land, das sie indoktrinieren, im Parlament zu vertreten: Wir sehen sie auf allen Seiten ihre Kandidaten und ihre konkurrierenden Programme aufstellen. Die putzigsten Diskussionen zwischen ihnen werden vor den Augen der Wähler inszeniert: ‹Geben Sie mir Rhabarber, dafür gebe ich Ihnen Senna; unterstützen Sie meine Kandidatur und ich unterstütze die Ihre; schließen wir unsere Listen zusammen und machen wir uns über die Bürgerversammlungen lustig.› Journalisten, die um die Stimmen der Opposition werben, sind wie die Legalisten, die bei den Wahlkampfveranstaltungen, nachdem sie die Ungerechtigkeiten des Systems angeprangert haben, für Stimmabgabe plädieren und gegen Enthaltung wettern. Im Grunde genommen sind mit dem etablierten System alle zufrieden und streben nur danach, ihrer beruflichen Laufbahn die Ehren und Vorteile der politischen Karriere

---

1 Proudhon rühmt sich, Logiker zu sein. In diesem Fall hätte die Logik ihm sagen müssen, dass es nicht die Unternehmen und die käufliche Presse sind, die man beschuldigen sollte, sondern die Zensur durch die Behörde. Weder die Unternehmen noch die Presse verhindern die Veröffentlichung der unliebsamen Nachrichten, sondern einzig und allein die mangelnde Konkurrenz, deren Ursache die Behörde ist. Genau dieser Logik folgt er dann ja auch einige Zeilen weiter unten.

hinzuzufügen. – Unter anderen Umständen wäre es nicht unpassend, dass ein Journalist das Abgeordnetenmandat erhält; aber wie kann man nicht sehen, dass unter den gegenwärtigen Umständen eine dreifache moralische Unvereinbarkeit zwischen dem Abgeordnetenmandat und der Eigenschaft als Journalist besteht, weil

1. die Presse politisch nicht frei ist;

2. sie aus Rücksicht auf industrielle Interessen keine hinreichende Garantie für Redlichkeit bietet;

3. jeder Journalist, der sich bewirbt und gleichzeitig die Meinung seiner Leser bildet, in einem Dilemma steckt ähnlich wie die Regierung, die Kontrolleuren gegenüber Rechenschaft ablegt, die sie selber ernannt hat.[1]

Ich verlange nicht, dass die bestehenden Zeitungen abgeschafft werden, Gott bewahre! Sondern sage nur, dass die Lage, in der sich die Wähler durch die monopolisierte Presse befinden, schlimmer ist, als wenn es keine Presse gäbe; und da der Journalismus nur durch sich selber, d. h. durch den freien Wettbewerb, verbessert werden kann, schließe ich daraus, dass es der Regierung des Kaisers ge-

---

1 [Anmerkung von Proudhon:] Eine einzige Zeitung, *Le Temps*, gestand ein, dass zwischen dem Mandat eines Abgeordneten und dem Beruf des Journalisten eine Unvereinbarkeit besteht. Sie sah die Sache nur unter dem Gesichtspunkt der politischen Freiheit, d. h. unter dem Gesichtspunkt der Beeinflussung und Abhängigkeit von den Machthabern, während sie das Problem, das das Monopol der Zeitungen aufgrund ihrer unvermeidlichen Käuflichkeit mit sich bringt, außer Acht ließ; um so mehr verstand sie nicht, dass aus der Situation, in der die Presse sich befindet, nicht einfach auf eine *besondere*, sondern auf eine *generelle* Unvereinbarkeit geschlossen werden muss. In der ihr eigenen Inkonsequenz blieb *Le Temps*, die Gegnerin der Kandidatur von Journalisten, eine erklärte Befürworterin der aktuellen Wahl, was ihr diesmal den Ruhm einbrachte, mit ihrer Meinung allein zu stehen. [Die Initiative ergriff Auguste Nefftzer (1820-1876), Chefredakteur von *Le Temps*. Er war es auch, der die Franzosen mit der Philosophie Hegels vertraut machte.]

fallen möge, das Gesetz vom 25. Februar 1852 aufzuheben und die Presse für frei zu erklären, da sie andernfalls dem allgemeinen Wahlrecht, das in den Informationsmitteln behindert wird, seine Offenheit nimmt und dem Prinzip nach bedroht.

§ VIII

Vierter Grund: Wahlkreise. – Wir haben bereits in § IV gesehen, wie man, um die Gedanken einer beschließenden Versammlung herauszuarbeiten, zweistufige Gruppen bildet, die jeweils getrennt diskutieren und beraten, bevor man gemeinsam diskutiert und abstimmt. Dasselbe gilt, wie gesagt, unbedingt auch für eine große Nation, die dazu berufen ist, ihren Willen direkt vermittels allgemeiner Wahlen kundzutun. Der Ausdruck des Volkswillens muss wie die Gedanken der Gesetzgeber synthetisch sein, was nur durch getrennte Abstimmung innerhalb natürlicher Gruppen geschehen kann.

Das verstand ein Abgeordneter und Freund der Regierung, Herr Plichon,[1] gut, als er die derzeitige Einteilung der Wahlkreise kritisierte und die Regierung im Interesse des Reiches wie auch des Landes aufforderte, zu den alten Gepflogenheiten zurückzukehren.

Vor der Revolution hatte jede Provinz eigene Stände. Der König berief diese Stände zur Generalversammlung ein, die sogenannten *États-Généraux*. Seitdem hatten wir Wahlkollegien der *Departements* (Landkreise) und der *Arrondissements* (Bezirke); deren Abgeordnete bildeten in einer einzigen Kammer die Nationalvertretung. Dort kamen alle lokalen Gedanken zum Ausdruck und ver-

---

1 Charles Ignace Plichon (1814-1888), ursprünglich Sozialist, wurde zu einem politischen Wortführer der Protektionisten, Katholiken und Landbesitzer.

schmolzen miteinander – es gab den Gedanken von Bordeaux, Burgund, den Gedanken des Languedoc, den Gedanken der Provence, der Bretagne, der Normandie, der Dauphiné, der Picardie, den Gedanken Lothringens, den Gedanken des Elsass und so weiter. Aus diesen Gedanken bildete sich der Gedanke des ganzen Landes, der wahre französische Gedanke.

Heute [1863] ist dieses System fast verschwunden, es gibt keine lokale Idee mehr und damit auch keine nationale Idee. Das sieht man an der Willensschwäche und der Verfärbung des Gesetzgebers, der, seines alten Prärogativs beraubt, durch die Abhängigkeit seiner Position dazu gebracht wurde, immer mehr hinters Denken der Regierung zurückzutreten. Die kaiserliche Autorität ist in der Tat das nationale Denken. Und es muss gesagt werden, dass es die Demokratie war, die durch ihre Abneigung gegen jede dezentrale Möglichkeit und ihre Anbetung der Einheit den Geist der neuen Verfassung in jener Hinsicht bestimmte. Die alten, von der Natur vorgegebenen Gruppen, die man einst als moralische Personen betrachtete, deren freies Handeln ebenso respektabel war wie das des Individuums, wurden aufgelöst.

Es ging der Regierung darum, die Artikel 34 und 35 der Verfassung anzuwenden, in denen es heißt: «Die Wahl basiert auf der Bevölkerung. Auf jeweils 35 000 Wähler kommt ein Abgeordneter im Parlament.»

Was haben wir getan? Man schuf Wahlkreise, welche das lokale Denken unterbrechen und verfälschen und die Tragweite der Stimme neutralisieren. Die Folgen dieser Neuerung sind schwerwiegend: Sie zielen ab auf nichts Geringeres, als das politische Leben in den Städten, Gemeinden und Provinzen zu vernichten und durch diese Zerstörung kommunaler und regionaler Autonomie das allgemeine Wahlrecht in der Entwicklung zu behindern. Statt einen lebendigen Organismus zu bilden, in dem das Denken mit umso größerem Glanz auftritt, je komplexer die Organisation ist, bildet der Körper der Nation bloß noch eine Ansammlung von Elementarmolekülen, einen Staubhaufen, der von einem äußeren und übergeordneten Gedanken, dem Zentralgedanken, in Bewegung gesetzt wird. Weil wir nach Einheit streben, haben wir die Einheit selbst geopfert.

Also, was passiert? Der Verwaltungsbezirk fühlt sich ohne eigenes Genie und sucht seine Inspirationen außerhalb; die Bezirkshauptstadt folgt dem Beispiel. Alle Welt kreist um den Regierungssitz, weil man sich zuhause als ein Nichts fühlt. Sie verlangen von uns Abgeordnete? Welche Abgeordneten sollen wir euch denn schicken? Bestimmt die Kandidaten doch selber!

Wie traurig, dass die demokratische Opposition, anstatt die Regierung auf diesem Weg zu bremsen, es ihr gleich tut. Auf Paris fixiert, schickt die Opposition Abgeordnete in die Provinzen, um mit den Abgeordneten der Regierung zu konkurrieren. Dergestalt bringt das französische Volk sich um sein Prärogativ; der Geist der Freiheit erlischt, die Idee des politischen Vertrags wird ausgehöhlt, und die so sehr geforderte Nationalität verschwindet. Es gibt keine Gesellschaft mehr, sondern ein Volk von Prätorianern, mal in Uniform, Söldner,[1] mal in Kitteln oder Kutten, Staatsbürger,[2] aber stets bewegen sie sich wie auf dem Manöverfeld unter dem Kommando des großen Auserwählten, des *Imperators*.

Zweifellos behaupte ich nicht, das allgemeine Wahlrecht,

---

1 *milites* (lat.).
2 *quirites* (lat.).

ein- oder zweimal unter diesen Bedingungen ausgeübt, sei radikal machtlos und man müsse die letzten beiden Legislaturperioden als verfassungswidrig und ihre Arbeit als null und nichtig betrachten. Die Institutionen eines großen Landes sind nicht aus einem Guss, sondern unterliegen einer langen Erprobungszeit. Ich will nur sagen, dass nach Aufhebung des Systems göttlichen Rechts die gesamte Gesellschaft in Gefahr gerät, wenn man die Revolution, die an seine Stelle trat, aufhält oder in der Entwicklung ihrer Idee verfälscht und wenn die große Triebfeder, nämlich die individuelle und lokale Souveränität, bricht, weil Willkür nichteinmal mit der Zustimmung der Massen fortgesetzt werden kann, ohne den politischen Tod der Nation und folglich die Auflösung des Staats herbeizuführen. Polen ist an seinem Chaos gestorben, wir gehen an unserer übermäßigen Unterwerfung unter die Zentralgewalt zugrunde. Es ist Sache der Wähler, sich zu entscheiden, solange noch Zeit ist und die gemäßigteren Meinungen von allen Seiten eine Reform fordern.

§ IX

Fünfter Grund: Die Zentralisierung der Gemeinden; Paris. – Die vorherigen Überlegungen erhalten weitere Nahrung durch die Regelung, die seit acht Jahren für die Gemeinden, insbesondere für die Städte Paris und Lyon, getroffen wurde. Nach dem Gesetz vom 5. Mai 1855 werden Bürgermeister und Beigeordnete in den jeweiligen Hauptstädten der Länder, der Kreise und der Bezirke sowie in Kommunen mit 3 000 und mehr Einwohnern durch den Kaiser ernannt. In den anderen Gemeinden ernennen Präfekten sie im Namen des Kaisers. Sie können durch einen Erlass des Präfekten suspendiert und durch eine Anordnung des Kaisers abberufen werden.

Die Stadträte werden von den Einwohnern gewählt, außer in Paris und Lyon, wo der Kaiser sie ernennt.

Die französischen Gemeinden haben ihre Unabhängigkeit verloren und sind nun eine Zweigstelle der Präfektur. Paris und Lyon, als die beiden größten Gemeinden, beraubte man sogar ihres Stimmrechts, da ihre vom Kaiser ernannten Ratsmitglieder nicht mehr einen Gemeinderat, sondern eine kaiserliche Kommission bilden. Nach demselben Gesetz vom 5. Mai 1855 haben die Präfekten im Hinblick auf die Kommunalwahlen noch das Recht, die Gemeinden in Wahlkreise einzuteilen und die Zahl der zu wählenden Ratsmitglieder unter Berücksichtigung der Zahl der Wähler auf diese Wahlkreise zu verteilen.

Das Gesetz vom 5. Mai 1855, das die Ernennung der Bürgermeister und Beigeordneten dem Kaiser vorbehält und den Präfekten das Recht zuweist, die Gemeinden in getrennte und rivalisierende Bezirke aufzuteilen, wollte jeden Anflug von Aufruhr gegen die zentrale Autorität verhindern. Diese überlegte aber nicht, dass sie mit ihrem Ziel nicht nur die Institution der Gemeinde zerstörte, sondern auch dem allgemeinen Wahlrecht und der Verfassung selber schweren Schaden zufügte. Wie konnten die Verfasser des Manifests [der republikanischen Opposition] zur Wahl diese Widersprüchlichkeit nicht erkennen? Wie konnten sie nicht sehen, dass zwischen dem Gesetz von 1852 und dem von 1855, das erste über das allgemeine Wahlrecht, das zweite über die kommunale Organisation, eine grundlegende Unvereinbarkeit bestand, aus der ein zerstörerisches Gegeneinander resultierte?

«Die Gemeinden», sagen sie Mirabeau folgend,[1] «sind die

1 Marquis de Mirabeau (1749-1791). In seiner Rede vor dem Parlament bei der Debatte über die Organisation der Gemeinden am 23. Juli 1789 verwies er auf Nordamerika und wandte sich gegen die Kritik, die eine

Grundlage unserer Staatsgemeinschaft, die Rettung aller Tage, das einzig mögliche Mittel, um das Volk für die Regierung zu interessieren und alle Rechte zu garantieren. Unsere Väter begannen den heroischen Akt der Befreiung in den Gemeinden. Sie bezahlten abwechselnd mit ihrem Vermögen und ihrem Blut für die politischen Rechte, welche durch die Institutionen und die großen Prinzipien von [17]89 garantiert wurden.»

Nach solchen Prämissen wäre nur eine Schlussfolgerung zulässig, nämlich dass, weil die kommunale Unabhängigkeit eng mit der Ausübung des allgemeinen Wahlrechts verbunden ist, die Wähler sich von jeder Wahl für das Parlament enthalten müssen, bis die Unabhängigkeit der Gemeinde durch eine Änderung des Gesetzes wieder hergestellt wird. – Ich bitte um die Erlaubnis, eine Frage aufzuwerfen, nämlich: Dürfte z. B. eine Abstimmung in Paris als gültig angesehen werden? (Nicht laut Buchstaben des Gesetzes, sondern laut guter Verfassungsphilosophie.)

Paris, dessen Meinung einst Frankreich regierte, dessen Initiative die Provinz mitriss, Paris ist seiner Autonomie beraubt; es findet dort kein kommunales Leben mehr statt; seine Verwaltung, seine Finanzen liegen in den Händen der zentralen Autorität. Es stimmt gleichsam enthauptet,[1] will sagen, entmündigt ab.

Einmal angenommen, man würde das Prinzip der Wahlunmündigkeit, das im Gesetz vom 2. Februar 1852 vorgesehen ist, auf Körperschaften, juristische Personen, wie

Gefahr «der Schaffung von Staaten im Staat» heraufbeschwor. Die Autonomie der amerikanischen Bundesstaaten und die Idee einer auf lokaler Ebene verwurzelten nationalen Vertretung zitierte Mirabeau in der Entgegnung als das empirische Beispiel: Die Gemeinden seien die Grundlage des öffentlichen Wohls, dem Parlament untergeordnet, aber frei, sich ihre eigene Organisation zu geben.

1 *ut capitis minor* [*ab se removisse*] (Horaz, *Carmina*, 3:5).

man früher sagte, anwenden, dann müsste man Paris in die Kategorie der Personen einordnen, die vom Wahlrecht ausgeschlossen sind, entweder weil sie nicht aus eigenem Antrieb handeln können oder weil die Justiz sie ihrer Rechte beraubte: Frauen, Minderjährige, Geisteskranke, Bankrotteure, Strafgefangene und -entlassene usw. Die Frage, ob Paris wählen dürfe, ist schwer zu beantworten. Kann eine belagerte Stadt in Würde wählen? Wird eine eroberte Stadt wählen? Dasselbe gilt für eine Stadt ohne örtliche Autorität; sie ist enthauptet. Aus Staatsraison ist Paris die Selbstverwaltung verboten, und zwar für immer, wenn man der Erklärung von Herrn Billault[1] im Parlament Glauben schenken darf. Ich verstehe, dass die Macht, um die Folgen des Verbots abzumildern, dem revolutionären Paris das Recht belassen hat, neun Abgeordnete ins Parlament zu entsenden; aber wie könnten die Wähler sich mit derartiger Heuchelei zufrieden geben? Und sollte man ihnen den Rat geben, sich auf solch ein Zugeständnis zu stützen?

Falls es eine Reform gibt, die der Regierung des Kaisers als dringlich erscheinen sollte, dann ist es zweifellos diese. Aufgrund der Scheinexistenz, die die Zeitläufte der Stadt verliehen haben, befindet Paris sich in dem Prozess, die Nationalität zu verlieren; Paris ist schon jetzt nur noch halb-französisch. Wäre es zu viel von der mächtigsten städtischen Organisation verlangt, die kosmopolitischen Einflüsse zu bekämpfen, die die Stadt belagern? Statt dass der Kaiser die Freiheit dieser großen Gruppe durch seine Autorität verdrängt, sollte er der Erste sein, der sie befreit von allen Fesseln. Die Macht des Lord Mayor of London ist

---

[1] Adolphe Billault (1805-1863), gewandter Redner, wichtige Stütze der Herrschaft von Napoléon III, unter anderem verschiedentlich Innenminister. Er starb kurz nach der hier besprochenen Wahl.

mit der Stadt gewachsen, und nie werden die Minister der Königin unter dem Vorwand, London sei eine Stadt mit 2¹/₂ Millionen Einwohnern und Handelsmetropole der Welt, ihre Verwaltung durch eine Regierungskommission ersetzen. Welch ein Ruhm für das Paris von Heinrich IV[1] und Ludwig XIV,[2] der Revolution und des ersten Kaiserreichs, dass es zur Karawanserei Europas wurde. Alle Ausländer treffen sich hier, die einen zu ihrem Vergnügen, die anderen für ihre persönlichen Angelegenheiten oder die ihrer Regierungen, keiner, ganz sicher, für die Verherrlichung von Leben und französischer Nationalität. Was geben ihnen unsere nationalen Freiheiten? In Paris fühlen sie sich wohl, vorausgesetzt, die Polizei sorgt für Ordnung und die gebratenen Tauben fliegen ihnen in den Mund. Der Engländer lebt in Gedanken in London, derweil er körperlich in Paris ist, so wie es der Schweizer, der Belgier, der Holländer, der Deutsche, der Russe und der Amerikaner tut. Weit davon entfernt, dass der Ausländer sich um unsern Fortschritt kümmert, begrüßt er unsren Zwang und steuert bloß seinen Anteil an Lastern bei. Auf diese Weise macht er sich nach und nach zu unserem Herrn, und während er sich uns gegenüber als Gastgeber aufspielt, agiert er als Ausbeuter. Die Regierung rechnet für den Bezirk Seine mit 325 000 Stimmberechtigten bei einer Bevölkerung von 1 953 000 Einwohnern. Ich gebe zu, dass mich diese Zahl erstaunt, und es ist nicht meine Aufgabe, über die Wählerlisten zu rechten. Ein Fünftel der Pariser Bevölkerung besteht aus Ausländern, ein weiteres Fünftel aus denen, die ihnen dienen, sie beherbergen, mit Speis und Trank bewirten und für ihre Ver-

---

1 Heinrich IV von Frankreich (1553-1610).
2 Ludwig XIV (1638-1715). – Beide Könige standen für die Einheit von Frankreich als ‹Grande Nation›.

gnügungen sorgen, ein drittes Fünftel besteht aus der Armee, den Beamten und Bettlern usw.; es gibt keine zwei Fünftel an echten Bürgern. Man kommt nach Paris, wie man früher zum Karneval nach Venedig ging: Seinerzeit war auch Venedig eine kosmopolitische Stadt. Was ist aus Venedig geworden? Man kommt nach Paris wie nach Rom zur Zeit der Herrlichkeit der Päpste; was ist Rom heute? Paris, so sagen Sie, ist das Herz und das Gehirn Frankreichs. Geben Sie Paris also die kommunale Unabhängigkeit zurück, sonst, sage ich Ihnen, ist Paris, Kaiserstadt, kosmopolitische Stadt, Stadt des Vergnügens, der Prostitution und der Intrigen, Paris, mit all seinem Luxus, nur ein Babylon, und es wird wie Babylon enden. Paris hat Frankreich nichts mehr zu sagen, und seine energischste Stimme wird immer nur die einer blassen Opposition sein, um die ein kluger Despot vieles geben wird, sobald er Gewissheit hat, dass die Schaulustigen ihm ihre Stimme nicht verweigern.

§ X

Sechster Grund: Eidleistung. – Die Vorbedingung, dass die Kandidaten einen öffentlichen Eid auf die Verfassung und auf die Treue zum Kaiser ablegen, die per Senatsbeschluss vom 17. Februar 1852 auferlegt wurde, stellt laut den Autoren des Manifests [der republikanischen Opposition] zur Wahl eine enorme Einschränkung des Rechts der Wähler dar, die nicht mehr frei sind, einen Bürger zu wählen, der sich nicht selber nominiert hat. – Das ist alles, was die Herren an der Formalität des Eides auszusetzen haben. Die ehrenwerten Autoren gehen darüber hinweg und beschäftigen sich dann nur noch damit, Wähler und Kandidaten darüber zu informieren, was sie zur Erfüllung dieser wichtigen Formalität zu tun haben.

Ist das nicht das, was man vulgär als Korinthenkackerei bezeichnet? Die Scham der Kandidaten, die nach den Regeln brav kindischer Höflichkeit immer so tun müssen, als würden sie nur akzeptieren, was ihnen angetragen wird, auch wenn sie in Wirklichkeit drum betteln, ist sicherlich das Geringste, worüber sich der juristisch gebildete Publizist hier Sorgen machen muss. Da der Eid vom Kandidaten verlangt wird, dürfte es nun niemanden schockieren, dass er sich selber nominiert; und man weiß ja, dass man die Bescheidenheit eines Abgeordneten nicht in solch nichtigen Äußerlichkeiten suchen sollte. Das wahre Problem ist der Eid an sich: Man verlangt ihn vom Abgeordneten, der nach den Regeln des allgemeinen Wahlrechts zur Wahl steht, so wie man ihn früher von dem Abgeordneten verlangt hatte, der nach dem Zensuswahlrecht gewählt wurde. Der Eid, der den Abgeordneten verpflichtet, verpflichtet auch die Wähler selber, wenn sie an den Wahlen teilnehmen; in gewissem Maße bürgen sie für den Abgeordneten. Durch den Eid des Abgeordneten, ja bereits durch den des Kandidaten, leistet die gesamte Demokratie, ob oppositionell oder dynastisch,[1] sobald sie wählt, den Eid. Es ist gut, wenn der Wähler dies weiß, damit niemand eines Tages kommen und ihn aus heiterem Himmel in die Verantwortung nehmen kann, wie immer diese aussehen mag.

Was ist also der Wert des Eids und was ist davon zu halten, wenn es um die Wahlen zum Parlament geht?

Einem Zeitungsbericht zufolge soll Herr Odilon Barrot oder Herr Thiers,[2] ich weiß nicht welcher, bei einer Ver-

---

1 Vermutlich ist gemeint: ... ob *republikanisch* oder *monarchistisch* ...
2 Odilon Barrot (1791-1873), kurzzeitig letzter Ministerpräsident der Julimonarchie vor dem Sturz. – Adolphe Thiers (1797-1877), liberaler Politiker; später erster Präsident der Dritten Republik ab 1871.

sammlung im Haus von Herrn de Broglie[1] gesagt haben, dass der Eid unter einem verantwortungslosen Monarchen wie Karl X[2] oder Louis-Philippe[3] zwar zu einer peinlichen Gewissensfrage hätte werden können, man sich aber bei einem verantwortungsbewussten Kaiser wie Napoléon III keine Sorgen machen müsse.

So stimmt die orleanistische oder restaurative Partei mit den Mazzinianern[4] und Jesuiten überein, wie ein Eid zu interpretieren und wie er zu umgehen sei. Das ist gut zu bemerken. Und wir, Demokraten oder Republikaner, was ist unsere Theorie?

Ich möchte hier nicht wiederholen, was ich an anderer Stelle[5] über den politischen Eid gesagt habe und was alle geistigen Beschränkungen der alten Wortklauber zunichte macht. Der Eid ist von Natur aus unantastbar, er ist absolut, er enthält keine Einschränkung und keine Auflösungsklausel. Er ist ein Pakt der Unterwerfung, oder besser gesagt, eine freiwillige Bindung einer Person an eine andere. Jeder ausgedrückte oder angedeutete Vorbehalt würde sein Wesen verändern und ihn in einen gewöhnlichen Vertrag umwandeln. Der Eid, kurz gesagt,

1 Victor de Broglie (1785-1870), in der Revolution von 1848 Verfechter der parlamentarischen Rechten, aber Gegner des Staatsstreichs von 1851, nach dem er sich ins Privatleben zurückzog.
2 Restauration nach 1814.
3 Julimonarchie nach 1830.
4 Anhänger von Giuseppe Mazzini (1805-1872), ein republikanischer Verfechter der italienischen Einheit (Risorgimento). Zu Proudhons Auseinandersetzung mit dem Risorgimento im Allgemeinen und Mazzini im Besonderen vgl. *Für dezentrale Nationen* (Texte 1862-1864), Berlin 2022. Ebenfalls den Brief von Bakunin zehn Jahre später anlässlich von Mazzinis Tod: *Unterschied ist Leben, Harmonie der Tod*, Berlin 2020. Beide erstmals deutsch, ediert von Stefan Blankertz.
5 [Anmerkung von Proudhon:] Vgl. *Du Principe fédératif* [Paris 1863], S. 286-[300].

muss immer eingehalten werden, sonst wird man zum Meineidigen. Wenn der Eid dem Gewissen widerstrebt, ist es Pflicht, ihn nicht zu leisten, denn ihn einzuhalten verletzt die Gerechtigkeit, ihn zu brechen, betrügt jedoch den, dem er geleistet wurde, so dass in jedem Fall ein Verrat vorliegt. Ich möchte diese moralischen Überlegungen beiseite lassen und mich nur mit der Politik befassen.

Einerseits erklärt Artikel 5 der Verfassung von 1852, der Kaiser sei dem französischen Volk gegenüber verantwortlich. Andererseits schreibt Artikel 14 den Mitgliedern des Parlaments den Eid vor, und der Senatsbeschluss vom 17. Februar 1858 machte die vorherige schriftliche Ableistung des Eides zu einer Bedingung bereits für jede Kandidatur, um der mehrfachen Verweigerung des Eides durch Gewählte ein Ende zu setzen.

Aber weder der Autor der Verfassung noch die Senatoren, die sie interpretieren, noch die Redakteure des Manifests, noch Herr Odilon Barrot und seine Freunde scheinen über eins nachgedacht zu haben, nämlich dass die Artikel 5 und 14 der Verfassung einen Widerspruch implizieren und miteinander unvereinbar sind. Wenn der Kaiser [dem Parlament gegenüber] verantwortlich ist, wie es vor und nach dem 2. Dezember [1851] der Präsident der Republik war, bleibt die den Abgeordneten auferlegte Formalität des Eides wirkungslos, weil die Abgeordneten das Mandat besitzen, im Namen des Volks die Handlungen der Regierung zu kontrollieren, und zu diesem Zweck das Recht haben, die Steuer zu verweigern, was voraussetzt, dass die Kontrolleure vom Regenten unabhängig und nicht durch einen Eid an sein Prärogativ gebunden sind. Wird jedoch behauptet, dass dieser Eid gültig ist, dann macht er die kaiserliche Verantwortlichkeit sowohl vor den Wählern als auch vor den Abgeordneten ungültig. Was könnte man einem Kaiser vorwerfen, wenn seine Minister, der Senat, der Staatsrat und das Parlament ihm per Eid generelle Zustimmung schuldig sind?

Die Idee, dass die Abgeordneten einen Eid ablegen, ist eine Anleihe entweder aus der alten Monarchie göttlichen Rechts, der konstitutionellen Monarchie oder der Cäsarentradition. In all diesen Systemen war der Regent jedoch niemandem gegenüber verantwortlich und seine Person heilig. In Rom war der Kaiser Diktator, Konsul, Tribun, Pontifex und Landesvater. Bereits frühzeitig hatte man für ihn Majestätsgesetze erlassen. Entweder erklären Sie Napoléon III für unverantwortlich und unverletzlich und kehren in dieser Hinsicht zum System der Jahre 1814 bis 1830 zurück, oder Sie befreien die Abgeordneten, die Vertreter des allgemeinen Wahlrechts, von jeder Eidespflicht. In beiden Fällen müsste die Verfassung von 1852 reformiert werden.

Um diese Begriffe miteinander in Einklang zu bringen, könnte man vielleicht sagen, der Treueeid auf den Kaiser sei eher an die Institution als an die Person gerichtet, so dass der erste Untertan des Reichs der Kaiser selber wäre. Abgesehen davon, dass diese Unterscheidung zwischen dem Kaiserreich und dem Kaiser in der Praxis unzulässig wäre, würde aber ein weiterer Widerspruch entstehen, der die Formalität des Eides logisch gesehen ruinieren würde. In den Artikeln 31 und 32 wird die kaiserliche Verfassung für änderbar erklärt. Ich habe bereits in §I gezeigt, dass die Verfassung von 1852 gerade in dieser Hinsicht dem Gedanken von [17]89 am nächsten kam und sich sowohl von den Regierungen göttlichen Rechts als auch von sogenannten konstitutionellen Monarchien unterscheidet. Während also hier die Organisation der Wählerschaft der variable Teil und die Organisation der Macht oder die Regierungsformen den unveränderlichen Teil bilden, ist es im imperialen System die gesamte Regierung, welche der Umgestaltung unterworfen wird, hingegen bleibt das allgemeine Wahlrecht unveränderlich. Aber wie vermag ein Abgeordneter einer Verfassung wie einem Wesen der Vernunft die Treue zu versprechen, deren Wandelbarkeit bestätigt und vorgesehen ist und die von der Person des Regenten unabhängig ist; was sage ich?, einem System, dessen Änderung laut Artikel 45 jeder Bürger verlangen kann.

Die Demokratie soll, bevor sie sich zukünftig an Wahlen wagt, darüber nachdenken: Es geht hier nicht darum, das Gewissen zu betrügen, indem man einen zweideutigen Eid ablegt, und noch viel weniger darum, die Würde ihrer Kandidaten zu retten. Ich spüre zutiefst, wie schmerzhaft die Formalität des Eids, abzulegen nach oder vor der Wahl, für einen Republikaner ist, der sich in seinen Gefühlen der staatsbürgerlichen Gleichheit verletzt sieht, aber ich wiederhole, dass diese ganz persönliche Unannehmlichkeit hier das geringste Problem darstellt. Es geht um die Aufrechterhaltung der Souveränität der Wählerschaft, die mit dem Eid der Abgeordneten unvereinbar ist; es geht darum, klarzustellen, ob das Staatsoberhaupt, wie es in der Präambel der Verfassung heißt, das allgemeine Wahlrecht zum Urheber hat oder das allgemeine Wahlrecht sein Geschöpf ist. – Zwei Pforten des Verderbens stehen Ihnen offen, die eine führt Sie durch den unheilvollen Artikel 14 zum Despotismus, die andere durch den Artikel 5 zu Verrat und Revolte. Gewappnet mit der Verantwortlichkeit des Regent vor ihnen, könnten die Abgeordneten sich in einem bestimmten Moment von ihm lossagen und erklären, ihr Eid binde sie nicht länger; gewappnet mit dem Eid, welchen die Abgeordneten ihm schulden, kann der Kaiser seinerseits durch eine Art des moralischen Drucks ihre Zustimmung zu seinen waghalsigsten Unternehmungen erzwingen und seine Verantwortlichkeit zur Illusion werden lassen. An Ihnen liegt es, ob Sie mit Ihrer Stimme einen solchen Zustand aufrecht erhalten wollen.

§ XI

Siebter Grund: Das allgemeine Wahlrecht ist nicht mehr mit sich selber gleich und identisch. – Das allgemeine Wahlrecht, das das absolutistische System stürzte und das göttliche Recht leugnete, tat zwei Dinge: *erstens* bestätigte es seine eigene Souveränität und *zweitens* erklärte es sich selber für fehlbar, irrtumsanfällig und daher immer und von sich aus reformierbar. Die Verfassung von 1852 erkennt dies in den Artikeln 31 und 32 an, indem sie dem Senat und dem Volk die Befugnis zur Änderung der Verfassung zuweist. Aus der Kombination dieser Attribute, nämlich der Souveränität des Willens der Wählerschaft und seiner Reformierbarkeit, ergibt sich, dass keine ihrer Handlungen einen Zweck bestimmen kann, der irgendeine zukünftige Entscheidung grundsätzlich ausschließt und der ihn gegen den Willen des Volks festschreibt. Mit anderen Worten: Das allgemeine Wahlrecht, derweil es sich selbst revidiert und verjüngt, bleibt mit sich selber gleich und identisch.[1]

1 Dass hieraus ein Paradox folgt, wusste Proudhon: Wenn der Grundsatz gilt, dass die souveräne Entscheidung der Wählermehrheit zu achten sei, kann die Mehrheit entscheiden, das allgemeine Wahlrecht abzuschaffen oder einzuschränken. Damit wäre der Grundsatz ebenso verletzt wie er es werden würde, wenn man solch eine Entscheidung verböte. Und welche Instanz könnte ein solches Verbot aussprechen? Sie müsste außerhalb der Souveränität der Wählerschaft stehen und agieren können, was ein institutionalisierter Widerspruch wäre. Der

Das Recht, sich selbst zu revidieren, ohne zu verfallen, gehört so sehr zum Wesen des allgemeinen Wahlrechts, dass man sogar so weit gehen kann, seinen Verfassungen eine Verfallsdatum zuzuweisen, zum Beispiel fünfzehn Jahre,[1] aus dem einfachen Grund, dass nach fünfzehn Jahren die Dinge nicht mehr dieselben sind, dass die Wählermehrheit sich verschoben hat und dass eine Generation nicht durch eine andere verpflichtet werden kann.[2] Aufgrund dieses Prinzips sind in demokratischen Staaten der Präsident der Republik und die Volksvertreter der Wiederwahl unterworfen, während in Staaten göttlichen Rechts der Kaiser, der König, der Pontifex, der Senator oder der Adlige, der Priester, der Richter usw. unabsetzbar sind.

Was geschieht nun mit der Weisungsbefugnis, die die Regierung sich in Bezug auf das allgemeine Wahlrecht anmaßt, mit der Verordnung vom 25. März [1852], die die Versammlungen und folglich öffentliche Diskussionen jeglicher Art von einer Genehmigung abhängig macht, mit der Zensur, der die Presse unterworfen wird, mit der Neuordnung der Wahlbezirke und mit der Abhängigkeit der Gemeinden [vom Zentralstaat] und schließlich mit der Forderung des Eids? Das Problem hierbei besteht darin, dass das allgemeine Wahlrecht, dessen Ablehnung ausreichen würde, um eine Zeitung zu verwarnen und vielleicht gar zu verbieten, sich in einem Zustand der Unterwerfung gegenüber der Macht befindet, deren Grundlage

hegelianische Ausweg ist die Aussage, die Souveränität der Wählerschaft könne die eigene Aufhebung gar nicht wollen. Das politisch-praktische Problem ist freilich nicht gelöst, wenn die Mehrheit diese der Idee nach unmögliche Entscheidung trifft wie in den Plebisziten, die Präsident Louis-Napoléon erst zum Diktator und dann zum Kaiser machten.

1 Thomas Jefferson ging von zwanzig Jahren aus.
2 Rousseau.

es ist; dass es derart dazu neigt, seine eigene Autorität zu erschüttern; dass man nachdrücklich den Eindruck erweckt, einige seiner Handlungen seien unwiderruflich, während andere nur für eine gewisse Zeit gelten würden; dass es in manchen Angelegenheit nicht die Freiheit hat, sich zu widersetzen und anders zu entscheiden als die von ihm gewählte Regierung.

Mit einem Wort, man möchte durch die Art, wie Wahlen heute geregelt sind, die von verschiedenen Autoren vertretene Lehre durchsetzen, die Souveränität des Volks werde nicht dauerhaft und nicht direkt ausgeübt, bestehe vielmehr lediglich in der Abtretung, die das Volk bei der Ernennung des Kaisers vorgenommen habe; und die Erneuerung der Parlamentarier alle sechs Jahre sei nur eine periodische Bestätigung dieser Abtretung.

Einige Leute scheinen z. B. zu glauben, dass die Plebiszite von 1851 und 1852, wie man sie zu nennen pflegt, außergewöhnliche Manifestationen waren, die von Natur aus unwiderruflich sind und die sich in dieser Hinsicht von anderen, mehr oder weniger feierlichen Manifestationen des Souveräns unterscheiden. Dies ist ein äußerst schwerwiegender Fehler, der ebenso verwerflich ist wie der, die politische Fähigkeit, die Kompetenz und die Legitimität des allgemeinen Wahlrechts unvermittelt zu leugnen. Jede Betätigung des allgemeinen Wahlrechts ist eine Art Plebiszit, und alle Plebiszite sind gleichwertig. Plebiszit, von *plebs*, der Masse oder dem Volk, und *scire*, wissen, ist das Wissen des Volks, d. h. ein Vorschlag, der aus seiner – mehr oder minder sicheren – Wissenschaft hervorgeht und Gesetzeskraft erlangt.

Das allgemeine Wahlrecht ist, wie gesagt, die Form der Autokratie des Volks: ist unzerstörbar und unveränderlich. Es gilt aber nicht für die Ewigkeit, denn wenn dem so wäre, würde es dem göttlichen Recht ähneln, von dem es sich feierlich getrennt hat. Das allgemeine Wahlrecht ist progressiv wie der Mensch, wie die Zivilisation; sein Prärogativ besteht darin, sich selber unaufhörlich revidieren zu können; dies ist das Prinzip, die politische Bedingung unserer Perfektionierbarkeit. Aus Sicht der unfehlbaren Kirche, des absoluten Dogmas und der feststehenden Institution sind diese nie endenden Variationen das wahre Zeichen des Irrtums;[1] aber sie sind im Gegenteil genau das, was die Stärke, die Gewissheit und den Ruhm der Revolution ausmacht.

In dieser Perspektive scheint die Verfassung von 1852 liberaler zu sein als die Chartas 1814 und 1830. Durch sie wurde der König anhand einer Dispensierung der Grundsätze von [17]89 gleichzeitig mit der Erklärung seiner Unverantwortlichkeit und Unverletzlichkeit legitim, was bedeutete, dass er für die Verfassung wesentlich, folglich unbestreitbar und in seiner Person und seiner Dynastie unersetzbar war. Der einfache Vorschlag, das Königtum als ein nutzloses Ornament aus der Charta zu streichen, wäre an sich absurd gewesen und als Attentat bezeichnet und streng bestraft worden. Nach der Verfassung vom 14. Januar 1852 hingegen und nach den in ihr festgelegten Grundsätzen des öffentlichen Rechts ist der Präsident, der auf zehn Jahre gewählt wird, der verantwortliche und zeitweilige Bevollmächtigte der Nation. Als das Volk ihn kurz drauf, am 20. November 1852, die Kaiserwürde auf Lebenszeit mit Vererbung an seine Nachkommen verlieh, kann man, um im Geist von Verfassung und allgemeinem Wahlrechts zu verbleiben, sagen, das Volk habe in diesem

---

1 [Anmerkung von Proudhon:] [Jacques-Bénigne] Bossuet, *Histoire des Variations* [*des Églises protestantes*] [1688].

Fall eine Person, die es als Befreier und Erlöser ansah, mit großer Freigiebigkeit bedacht; es wollte vor allem ihn und seine Erben der Nachwelt empfehlen, um die Erinnerung an ein derart gewaltiges Ereignis so weit wie möglich in einer Art Volksdynastie zu verewigen. Laut Verfassung und Senatsbeschlüssen, die mehrmals geändert wurden, besteht die Kaiserdynastie, welche aus dieser Verfassung hervorging und das Produkt des allgemeinen Wahlrechts ist, neben der Verfassung; sie ist ihr aber nicht wesentlich, innewohnend oder angeboren. So wurde in Rom die Familie Caesars zur kaiserlichen Familie und besetzte den Thron vom Tod des Diktators bis zu dem Neros, 112 Jahre lang; die Antoniner ihrerseits stellten drei Generationen, ebenso die Familien von Constantius und Theodosius. Rechtlich hinderte keiner diese Familien daran, sich auf dem Thron zu halten, solange das Reich bestand, aber das Volk verzichtete nie auf sein Wahlrecht. Weder im Osten noch im Westen beanspruchte je ein Anwärter aufs Purpur das dynastische Recht.

So ist es auch mit dem öffentlichen Recht, das uns regiert. Im Prinzip ist das dynastische Element kein integraler Bestandteil der Verfassung von 1852, so wie das Königtum ein Bestandteil der Charta war; es ist eine Ergänzung, die nachträglich durch ein Plebiszit vorgenommen wurde. Derselbe Senat, der gemäß der Artikel 31 und 32 der Verfassung in Übereinstimmung mit Louis-Napoléon dem französischen Volk die Wiedereinführung der Kaiserwürde zur Annahme vorlegte (siehe den Senatsbeschluss vom 7. November 1852), könnte gemäß denselben Artikeln dem Volk einen diametral entgegengesetzten Vorschlag unterbreiten, ohne dass man sagen könnte, hiermit würde die Verfassung verletzt werden. Eine solche Streichung hätte bei der Charta von 1830 nicht vorgenommen werden können. Zweifellos blieb dem König wie dem Kaiser die Möglichkeit, abzudanken; weder er noch die Kammern hätten jedoch das dynastische Prinzip aus der Charta zu streichen vermocht: Das war Sache der Revolution.

Daher steht dem allgemeinen Wahlrecht kein Recht, das der Kaiser aus den Händen der Nation erhielt, entgegen, keine Vorschrift, keine angebliche Unvereinbarkeit mit der Souveränität des Volks. Weit gefehlt. Wenn es möglich wäre, sich heute vorzustellen, wie es die Alten taten, die Rettung des Volks erfordere das Opfer, nicht bloß der Autorität, vielmehr der Person des Oberhaupts, müsste der Kaiser sich selber opfern, denn das Plebiszit, das ihn gewählt hat, machte ihn zu dem, was er ist; nicht zu einem orientalischen Despoten, der sich auf seinen Egoismus zurückgezogen hat, nicht zum Fetisch, der die nieder-geworfene Bevölkerung unter den Rädern seines Wagens zermalmt, sondern, gemäß demokratischer Tradition, zu einem Codrus,[1] einem Curtius[2] oder einem Decius,[3] mit einem Wort: zu einem Mann der Demut.[4]

---

1 Kodros, letzter (mythischer) König von Attika, der im Krieg gegen die Spartaner den Opfertod wählte (um 1068 v. Chr.).

2 Marcus Curtius († 362 v. Chr.), ein (mythischer) römischer Soldat, der sich für das Wohlergehen Roms opferte.

3 Publius Decius Mus († 340 v. Chr.), Opfertod gegen die Latiner in der Schlacht am Vesuv.

4 Wer diese scheinbare Verbeugung vor der Person des Kaisers nicht als bitterspitze Dialektik zu lesen versteht, übersieht, dass Proudhon Louis-Napoléon persönlich für die Missstände verantwortlich machte und zur Wahlenthaltung bei dieser «fatalen Wahl» aufrief. Louis-Napoléon, der mit der Anklage gegen Proudhon wegen Beleidigung die Verwirklichung von dessen Lebenstraum, der Volksbank, ab-gebrochen hat. In der Haftzeit infizierte Proudhon sich mit Cholera, an den Spätfolgen starb er. Nach der Haft musste er zunächst ins Exil nach Belgien. Diesen Louis-Napoléon soll Proudhon umworben und als Hoffnungsträger ausgegeben haben? Das ist schlicht nicht glaub-haft. Alle Louis-Napoléon zugeschriebenen antiken Vorbilder stehen

Das ist es aber nicht, um was es geht. Gott sei Dank steht weder seine Person, noch seine Dynastie, noch seine verfassungsmäßige Macht auf dem Spiel, um dem Staatschef ein solch heroisches Zeugnis abzuverlangen. Es geht vielmehr darum, das allgemeine Wahlrecht vor drohendem Verfall zu bewahren, der die Nation selbst betrifft. Die Wahlen von 1863 sollten unter den für sie vorgesehenen Bedingungen durchgeführt werden, und das Parlament sollte ohne Protest oder Vorbehalt durch die mehr oder weniger freiwillige, aber völlig unbedeutende Stimme der Bürger erneuert werden; die demokratische Partei, die ungeduldig auf jeden Fingerzeig reagiert, mache sich die Freude, zwölf oder fünfzehn oppositionelle Redner ins Parlament zu bringen, aber durch ihr Votum sanktioniert sie diese fatale Wahl. Ich sage es mit vor Bitterkeit blutendem Herzen: Die Freiheit und das politische Leben haben in Frankreich jetzt nur noch eine einzige Ressource, nämlich dass die kaiserliche Regierung, entsetzt über dieses moralische Versagen eines ganzen Volks und überzeugt von der Größe der Gefahr, sich entschließt, die Nation wieder ins Dasein zu rufen, indem sie nach den wahren Grundsätzen das allgemeine Wahlrecht wiedereinführt und sich freiwillig der Wut der Parteien und der Brutalität der Massen aussetzt.

für eine Sache, die Proudhon zutiefst verachtete: Zentralismus. Wer das für bare Münze nimmt, könnte auch behaupten, Ossip Mandelstam hätte eine ernstgemeinte Ode auf Stalin geschrieben. Vergleiche auch die Rede an den Kaiser, die Proudhon weiter unten (S. 235-240) der zur Stimmabgabe bereiten Opposition mit satirischer Absicht in den Mund legt, und durch die er die Opposition des Paktierens mit der kaiserlichen Regierung anklagt. Darüber hinaus spricht Proudhon im Konjunktiv: Der Kaiser *müsste* sich wie die antiken Vorbilder opfern, *wenn* er im Geiste seiner Verfassung handeln würde: «Ich sage es mit vor Bitterkeit blutendem Herzen.»

§ XII

Charakter und Bedeutung der Wahlenthaltung unter den gegenwärtigen Umständen. – Würde sie, wie interessierte Politiker ihr vorwerfen, das Erlöschen politischen Lebens im Land beschleunigen, wessen ich das derzeitige System bezichtige, oder ein Signal zum Aufstand geben oder den gutgläubigen Wählern eine Falle stellen oder gegen die Macht intrigieren, dann wäre ich der Erste, der eifrig dazu aufruft, zur Wahl zu gehen. Die Rollen wären – bitte, dies zu beachten – vertauscht. Dann würden die Tatmenschen, also die, die jetzt wählen gehen, die Wahl bekämpfen und zu Nichtwählern werden, während ich auf die andere Seite wechsle, auf die der Legalität gegen die Unordnung, der Lebenden gegen die Toten.

Aber die Enthaltung, die von den Unbeholfenen, die zur allgemeinen Beteiligung an der Wahl aufrufen, verkannt wird, ist eine wesentliche Fähigkeit des Wählers; sie ist Teil des Wahlrechts; sie kann sowohl für Bürgerinitiativen als auch für Mitglieder eines Parlaments zu einem ebenso wirksamen wie friedlichen und legalen Mittel des Protests werden. Fänden Sie es passender, in den Wahlkampf unter König Louis-Philippes Aufsicht zu ziehen und die Wähler der Opposition feierlich einen Stimmzettel in die Urne werfen zu lassen, der *de facto* den Bündnispakt zwischen besagter Opposition und Regierung besiegelt? Beachten Sie zunächst, dass es kein Gesetz gibt, nach welchem die Wahlenthaltung zu einem politischen Vergehen, einer Art Koalition gegen Regierung oder Parlament, gemacht werden könnte. Der Artikel 414 des Strafgesetzbuchs,[1] der

---

1 In der damals gültigen Fassung von 1810: «Jede Absprache zwischen denjenigen, die Arbeiter beschäftigen, ist, wenn sie darauf abzielt, ungerechtfertigt und missbräuchlich eine Lohnsenkung zu erzwingen, gefolgt von einem Versuch oder dem Beginn der Durchführung, mit

sich aufs Verbot von Absprachen zwischen Arbeitgebern zur Lohnsenkung bezieht, hat keine Parallele in Bezug auf Wahlen und kann es auch nicht haben. Das wäre etwas Widersprüchliches, da jede Kandidatur, jede Meinung, die öffentlich diskutiert wird, *de facto* und *de jure* eine Absprache impliziert; im Übrigen kann die Regierung die Wahl nicht verpflichtend machen, ebenso wenig wie sie den Wählern ihre Kandidaten aufzwingen kann, da die Wahl schließlich geheim ist. Es ist eine Absprache unter Wählern, die die Kandidaten des Ministeriums nominiert; es ist eine weitere Absprache, die die Kandidaten der Opposition aufstellt; es wird dann, sozusagen, eine dritte Absprache sein, die Stimme zu verweigern, weil sie weder das eine noch das andere will und die Situation der Wähler für unannehmbar hält. Dies alles ist rechtmäßig und vom Gesetz abgedeckt. Mehr gibt's nicht zu sagen.

Damit Stimmenthaltung als Ausdruck des allgemeinen Wahlrechts gelten und nicht als Unterlassung, Ohnmacht oder Gleichgültigkeit missdeutet werden kann, muss sie eine positive Bedeutung haben, darf nicht steril bleiben. Unter den Wählern gab es manche, die zwar keinen Sturz des Kaiserreichs wollten, mit seiner Politik jedoch wenig zufrieden waren; sie erstrebten die Wiederherstellung der alten Verfassungsgarantien und der öffentlichen Freiheiten. Andere gingen darüber hinaus und forderten eine

Gefängnis von sechs Tagen bis zu einem Monat und einer Geldstrafe von 200 bis 3 000 Francs zu ahnden.» [Artikel 415:] «Jede Absprache seitens der Arbeiter, um die Arbeit gemeinsam niederzulegen und die Arbeit in einer Fabrik zu unterbinden [...], oder allgemein die Arbeit einzustellen, zu verhindern und zu überbieten, wird, sobald es einen Versuch oder den Beginn einer Ausführung gegeben hat, mit einer Gefängnisstrafe von mindestens einem und höchstens drei Monaten bestraft, sowie Rädelsführer und Organisatoren mit Freiheitsstrafe von zwei bis fünf Jahren.»

schnellere Entwicklung der Prinzipien von [17]89, einige gar die Rückkehr zur Politik von [17]93.

Es ist nicht meine Aufgabe, mich zwischen diesen Unterscheidungen zu positionieren. Ich fasse alle Freunde des Rechts und der Freiheit in einer einzigen Kategorie zusammen, alle, die sich weniger um Personen als um Dinge, weniger um Fahnen als um Prinzipien kümmern und die die Freiheiten und Garantien vermissen, die wir in den letzten 15 Jahren durch die Ereignisse verloren haben, und an diese wende ich mich:

Wollen Sie auf dem kürzesten Weg zu diesen Freiheiten und Garantien zurückkehren? Das allgemeine Wahlrecht bietet Ihnen den Weg dazu. Je nachdem, wie Sie es ausüben, wie gut Sie die Rechte verstehen und die Pflichten erfüllen, werden Sie von der Regierung die Genugtuung erhalten, die Sie verlangen. So, wie Sie gesprochen haben, wird Ihnen die kaiserliche Macht antworten.

Erwägen Sie, dass das allgemeine Wahlrecht allein durch die Tatsache seiner Ausübung und durch die Kraft seiner Institution bereits selber die praktische Umsetzung all der Rechte, Freiheiten, Garantien und Ermächtigungen ist, deren Verlust Sie beklagen: es ist der Ausgangspunkt all Ihrer Fortschritte, der Keim all Ihrer Reformen, das Instrument Ihrer Kraft, so dass die Regierung, wer immer sie auch sein mag, eigentlich nur Ihre Werke fortsetzt, der Wächter, höchstens der Vorarbeiter Ihrer verschiedenen Einrichtungen ist. Sie fordern beispielsweise die Versammlungs- und Diskussionsfreiheit ein, aber sie ist im allgemeinen Wahlrecht enthalten, oder das allgemeine Wahlrecht existiert nicht; Pressefreiheit, aber sie ist im allgemeinen Wahlrecht enthalten, oder das allgemeine Wahlrecht existiert nicht; kommunale Selbstverwaltung, aber sie ist im allgemeinen Wahlrecht enthalten, oder das

allgemeine Wahlrecht existiert nicht; Justiz-, Strafrechts-
reform, aber sie ist im allgemeinen Wahlrecht enthalten,
d. h. im System des Schwurgerichts, oder das allgemeine
Wahlrecht existiert nicht. Wollen Sie mehr? Fordern Sie
die Organisation des Bildungswesens ein, die Garantie
der Arbeit, die Institutionen der Gegenseitigkeit, die
Definition des Wirtschaftsrechts usw., usw.? All das ist der
Kern des allgemeinen Wahlrechts, oder das allgemeine
Wahlrecht existiert nicht. Es gibt kein Recht, keine Freiheit, keine Garantie, keine Zukunftshoffnung, keinen
Fortschritt, der nicht auf das allgemeine Wahlrecht zu-
rückgeführt werden kann, den das allgemeine Wahlrecht
nicht durch eine seiner Formen ausdrückt, ohne die das
allgemeine Wahlrecht absolut inexistent wäre.

Aber, sagen Sie, die Dinge sind nicht, wie sie sein sollten.
Die Wahl steht unter der Leitung der Verwaltung, man
kann nicht öffentlich diskutieren, die Versammlungen
sind nicht frei, die Presse ist nicht frei, die Gemeinden
hängen von der Zentralgewalt ab, Paris und Lyon können
sich nicht mehr selbst verwalten, die Abgeordneten, ja
die Kandidaten und durch sie die gesamte Wählerschaft
unterstehen aufgrund ihres Eids dem Kaiser.

Nun tritt der Fall ein, dem Kaiser direkt, ohne Vermittler
zu verstehen zu geben, dass die Regeln, unter denen die
Wahl durchgeführt werden soll, ihrer Natur entgegen-
laufen und ihre Tätigkeit in Ketten legen; dass, wenn das
Unglück der Lage sie bis jetzt ertragen ließen und bei den
Wahlen noch keine Beschwerden erhoben wurden, diese
Präzedenzfälle, die man keinem anlastet, die Souveränität
des Volkes nicht verjähren lassen. Nach zehn Jahren der
Geduld scheint die Zeit gekommen, die Regeln wiederherzustellen; daher bitten Sie Seine Kaiserliche Majestät
durch Ihre Enthaltung, Ihrer Forderung nachzukommen.

Bei allem, was Recht ist, ist Ihre Enthaltung also legal und der Regierung keineswegs feindlich gesinnt. Sie ist keine Spaltung zwischen dem Land und der Macht, kein Rückzug des Volks auf den Mons Sacer,[1] kein hinterhältiger Angriff auf das Prärogativ, das der Regent hat – die Enthaltung würde diesen Charakter nur so lange annehmen, wie die Regierung selber es will. Sie ist lediglich eine Erklärung des Landes an die Regierung, dass unter den gegebenen Umständen die Wahl, in ihrer Würde und Zuständigkeit geschmälert, statt die Regierung zu laben, für sie zu einer Gefahr werden, die Nation in einen Zustand politischer Dekadenz versetzen würde; und dass es der Wunsch der Wähler ist, das Oberhaupt des Reiches, dem bis jetzt die Beaufsichtigung der Wahlen zugestanden wurde, möge auf diese Diktatur verzichtet und die Bürger in die Lage versetzt, ihre Wahlpflichten zu erfüllen und einen echten Akt der Souveränität zu vollziehen.

‹Wir sind bereit, Sire, das zu tun, was die Verfassung von uns erwartet, und Ihre Regierung durch die Erneuerung des Parlaments zu unterstützen. Aber in der Situation, in der wir uns befinden, können wir nicht abstimmen, ohne alles zu gefährden: die Prinzipien von [17]89, das allgemeine Wahlrecht, die Zukunft Frankreichs, unsere eigene Ehre und Sie selbst›, lautet die Botschaft, die die Wähler durch ihre Enthaltung an Seine Majestät richten sollten. Es handelt sich dabei weder um eine Kriegserklärung noch um eine Spaltung, noch um eine Herausforderung, noch um einen feindlichen Akt, nicht einmal um einen Protest. Es ist ein respektvoller Hinweis, durch den die Macht davon in Kenntnis gesetzt wird, dass das Volk aus

---

1 Anspielung auf den (mythischen) Rückzug der Plebejer aus Rom 494 v. Chr. auf einen außerhalb der Stadt gelegenen Hügel, um den Patriziern mehr Rechte abzutrotzen.

moralischen Gründen nicht in der Lage ist, zu wählen, und sie auffordert, für rechtschaffene Bedingungen zu sorgen. *Non possumus,*[1] wie die Päpste sagten, wenn es um Zumutungen der Kaiser und Könige ging, ist das Wort der Stunde. Ich gebe zu, dass es nichts Endgültigeres gibt, jedoch auch nichts Parlamentarischeres.

§ XIII

Gewisse Wirkung der Enthaltung. – Es gibt zwei Möglichkeiten, sich der Stimme zu enthalten: entweder alle oder nur einige. Um es genauer auszudrücken: Entweder wird die Mehrheit der Wähler sich zurückhalten und erklären, sie könne unter diesen Umständen nicht abstimmen, oder die Minderheit. In beiden Fällen wird die Wirkung der Enthaltung beträchtlich sein – eine neue Meinungsströmung entsteht im Land, eine kollektive Willenskraft, der sich die Macht in Kürze beugen muss.

Wenn die Mehrheit der Wähler sich der Stimme enthält, erübrigt sich jede weitere Diskussion. Es ist klar, dass die Regierung kurz vor dem Stillstand steht; *de facto* sind die interessantesten Fragen des Augenblicks gelöst. Die Verfassung wird geändert, die nationalen Garantien werden erneuert, alle Freiheiten wiederhergestellt, fruchtbarer und weniger waghalsig gemacht, das öffentliche Recht besser definiert, und mittels eines schlichten Akts der Intelligenz der Wähler, ohne Erschütterung oder Zerreißprobe, tritt das Land in ein neues Zeitalter ein. Aber, so werden einige allzu weitsichtige Politiker bemerken, die sich vielleicht über eine so einfache Lösung ärgern, falls

---

1 [*Sine dominico*] *non possumus* («ohne Sonntag können wir nicht leben»), auf die Zeit der Christenverfolgung in Rom zurückgehende Formel, mit welcher Christen sich bis heute der weltlichen Macht verweigern, wenn diese ihnen die Ausübung ihres Kultes untersagt.

die Regierung verbohrt bleibt, falls sie Augen und Ohren verschließt, falls sie, gestützt auf eine absolutistische Minderheit, auf die Kirche, auf die Armee, die Diktatur an sich reißt; falls … falls … falls … falls … usw. … Ich lasse diese ungeheuerliche Annahme nicht zu; diejenigen, die sie mit mehr bösem Willen als Verstand aufstellen, wissen nicht, was es heißt, dass eine Regierung, die ihr Prinzip verleugnet, sich ihrer Nation in den Weg stellt, und sie vergessen, in welchem Jahrhundert sie leben. Als Louis-Philippe 1848 erfuhr, dass die Nationalgarde sich gegen ihn ausgesprochen und das Bajonett gegen die Truppe gekreuzt hatte, war er sofort auf ihrer Seite und dankte ab. Er sagte: ‹Gegen den Willen der Nationalgarde vermag ich nicht zu regieren.›[1] Der unglückliche König hatte sich eingebildet, dass die Nationalgarde, dass die Masse des Landes mit ihm gegen die Opposition sei, und deshalb hatte er sich so hartnäckig gezeigt, um seine Regierung aufrechtzuerhalten. Napoléon III würde, das wage ich zu schwören, nicht weniger weise sein als Louis-Philippe, allerdings mit dem Unterschied, dass er sich schnell auf die Seite der Mehrheit schlagen würde.

‹In der Theorie mag das alles sehr schön sein›, wird man sagen, ‹und es gibt keinen Zweifel daran, dass die Partei der Enthaltung den Vorzug erhalten müsste, und zwar um ein Vielfaches, wenn man auf die Mehrheit der Wähler zählen könnte. Leider ist dies nicht der Fall: Die Menge wird zur Wahl getrieben, die einen aus Ergebenheit der Macht gegenüber, die anderen aus der Überzeugung heraus, das Schweigen der Wähler sei eine verdeckte Fahnenflucht, um nicht zu sagen eine stumme Zustimmung zur Macht. Und genau das macht die Enthaltung, die fataler-

---

1 Vermutlich kein wörtliches Zitat.

weise auf eine Minderheit beschränkt bleibt, zu einem illusorischen Mittel. Es stimmt, dass wir nicht wirklich wählen können, und zwar in einem weiten Sinne des allgemeinen Wahlrechts, aus liberaler, verfassungsrechtlicher und logischer Sicht, aber wir können uns auch nicht enthalten, denn eine Enthaltung würde bedeuten, dass wir uns selber aufheben.› – Dies ist der beklagenswerte Irrtum, der aus unserer Unkenntnis der Prinzipien von [17] 89 und des Mechanismus der Gesellschaften resultiert; ihn gilt es jetzt zu widerlegen.

Die Enthaltung ist hier nicht mehr nur das Ergebnis von Wählern, die es versäumten, sich registrieren zu lassen, und deren Abwesenheit daher zu Zweifeln Anlass gibt, vielmehr das Ergebnis von registrierten Wählern, die, nachdem sie sich in die Lage versetzt haben, ihr Recht auszuüben, durch ihr Fernbleiben von der Wahl gegen den Umstand protestieren, der sie daran hindert, ihre Stimme abzugeben. Hinzu kommt, dass die Enthaltung ebenso wie die Stimmabgabe ihre Bürgerinitiativen und ihre Öffentlichkeitsarbeit haben, ihre Motive bekannt machen und sich schließlich als aktive, wenn auch stille Fraktion des allgemeinen Wahlrechts darstellen kann. Unter diesen Bedingungen erlangt die Partei der Wahlverweigerer einen hohen Stellenwert und ihr größter Vorteil besteht darin, dass ihre Stimmen, so klein ihr Anteil auch sein mag, niemals verloren gehen. Ich behaupte darüber hinaus sogar, in der gegenwärtigen Lage werde sie aufgrund der Größe ihrer Reserven die Ehre haben, die Stichwahl zu erreichen.

Die französische Gesellschaft hat derzeit keine andere Existenzform als die 1789 begründete, sie ist *de jure* und zum großen Teil *de facto* eine Demokratie; diese Demokratie findet ihren Ausdruck im allgemeinen Wahlrecht;

dessen Ausübung ist bloß erst die embryonale Form aller Institutionen, Freiheiten und Garantien des Landes in Gegenwart und in Zukunft; diesem Wahlrecht wohnt die Fähigkeit inne, sich selber zu revidieren, und mit dieser so bedeutend liberalen und revolutionären Fähigkeit zur Revision ist es unverjährbar und unabänderlich Grundlage der Regierung, die ihrerseits *de facto* und *de jure* ständigem Wandel unterliegt. Selbst wenn die Nation sich einigen würde, dies System zu ändern, könnte sie es nicht tun. Sie ist an ihre Verfassung gebunden wie ein Tier an seinen Organismus und eine Pflanze an ihre Form.

Daraus folgt, dass die Regierung, so autokratisch die Verfassung von 1852 auch sein mag, dennoch von der Gnade des allgemeinen Wahlrechts abhängt und daher eng mit der Demokratie verbunden ist; letztlich bildet die Demokratie die Seele und den Körper, die Intelligenz und die Kraft, das Fleisch, das Blut, den Knochenbau, das Nervensystem und die Idee der Regierung. Außerhalb der Demokratie ist die Gesellschaft ein Nichts, die Macht machtlos, das Reich eine Tyrannei. Nichts bleibt bestehen, außer dem, was die Demokratie unterstützt, sei es freiwillig und absichtlich oder auch nur durch ein Versehen, einen Unfall oder einen Irrtum. Wenn man auch nur einen Augenblick lang die Regierung von der Demokratie trennt, so fällt sie wie die Frucht vom Zweig.

Zweifellos brachte das revolutionäre Durcheinander die Idee 1848 und 1851 in gewissem Maße rückwärtsgewandt zum Ausdruck, oder sagen wir lieber ‹konservativ›, wenn Sie das besser verstehen. War es denn nicht der Club der Rue de Poitiers,[1] der als erster Louis-Napoléon zu seinem

1 *Club* (oder: *Comité*) *de la Rue Poitiers*, 1848 Versammlungsort der «Parti de l'Ordre», eine konservativ-liberale monarchistische (zum Teil aber auch republikanische) Strömung, der sogar der Literat Victor

Kandidaten wählte? Wurde derselbe Louis-Napoléon, der jetzt Kaiser der Franzosen ist, nach dem 2. Dezember 1852 nicht wie einst sein Onkel [Napoléon I] zum Retter der Kirche und der bürgerlichen Interessen? – Das ist alles, was jene vorbringen könnten, die für die kaiserliche Regierung eine Unterstützung außerhalb der Demokratie behaupten wollen. – Bei der Präsidentschaftswahl von 1848 erhielt er allerdings 5½ Millionen Stimmen, nach seinem Putsch im Plebiszit von 1851 7½ Millionen und im Plebiszit von 1852 nach der Krönung fast 8 Millionen; 1852 und 1857 fanden die Parlamentswahlen statt; die Verfassung von 1852 führt die Legitimität der kaiserlichen Regierung auf das allgemeine Wahlrecht zurück, und der erste Artikel dieser Verfassung, der die großen Prinzipien von [17]89 zur Grundlage des öffentlichen Rechts der Franzosen macht, drückte dem Kaiserreich gleichzeitig das unauslöschliche Siegel der Demokratie auf, so dass es, würde es seinen Ursprung verleugnen, gleichzeitig seine Daseinsberechtigung verlieren und sich selber zu einem Nichts machen würde. Wer könnte es retten, wenn es die Unterstützung der Demokratie verliert? Ist es die Kirche, die, um der Macht, die sie schützt, zu dienen, ihre Theorie des göttlichen Rechts beiseite lässt, sich in den Wahlkampf wirft, dem Volk predigt und die Wähler so gut es geht indoktriniert? Ist es die Partei der Monarchisten, die ihrerseits nichts lieber täte, als ebenfalls zu wählen, den Eid [auf den ihrer Meinung nach illegitimen Kaiser] aber verweigert? Ist es die Bourgeoisie der konstitutionellen Julimonarchie [1830 bis 1848], die Autorin des Gesetzes vom 31. Mai 1849 [zur zehnjährigen

Hugo und der Publizist Alexis de Tocqueville angehörten. In dem vorliegenden Text werden aus dieser Partei Adolphe Thiers und Odilon Barrot genannt (siehe S. 124, Fn. 1 und 2).

Präsidentschaft Louis-Napoléons] und geborene Feindin des Volkswahlrechts,[1] deren Charta sowohl das Prärogativ des Kaisers als auch seine bonapartistische Dynastie ausschließt?

Nach zehn Jahren Herrschaft, in denen die kaiserliche Regierung sich gleichzeitig als Vertreterin der Reaktion und als Vertreterin der Revolution betrachten konnte, ist der Moment gekommen, in dem sie sich zwischen der Demokratie von 1789 und dem göttlichen Recht des Feudalismus entscheiden muss. Eine Zweideutigkeit ist nicht mehr möglich, man muss sich entscheiden. So will es die Bewegung der Geschichte, die, ähnlich wie der Gott der Genesis, die Elemente trennt, die Intrigen lostritt und das Dilemma zwischen den Parteien aufwirft. Die Wahlen von 1863 werden uns bald zeigen, wie energisch die Freiheit in Frankreich ist und in welch eine Richtung die Macht zu gehen gedenkt.

Bisher stimmte die Demokratie, das heißt die nationale Masse, ohne Bedenken ab. Sie gab sich zufrieden mit dem allgemeinen Wahlrecht, wie es ihr vorgeschlagen wurde; sie ging ohne Hinführung, ohne Diskussionen in Bürgerinitiativen und in der Presse zur Wahl; sie leistete den Eid [auf den Kaiser], ohne spitze Bemerkungen zu machen; sie akzeptierte alle Kandidaten, außer fünf, die unmittelbar der Regierung angehörten; sie erhob keine Klage zugunsten ihrer Gemeinden, die in ihrer Unabhängigkeit angegriffen wurden; sie nahm die neuen Wahlkreise wie eine unbedeutende Sache hin und kümmerte sich nicht um die Aussagekraft der verschiedenen Plebiszite oder darum, ob die Stimmen spontan abgegeben wurden. Wenn ein Drittel der registrierten Wähler es versäumte zu

---

1 Die Bourgeoisie hielt an dem Prinzip des Zensuswahlrechts fest.

wählen oder sich absichtlich der Stimme enthielt, blieb dies weitgehend unbeachtet: die einen bezeichneten es als Ergebnis sträflicher Gleichgültigkeit, die anderen als Ausdruck des Vertrauens in die Regierung.

Nun verfliegt die Finsternis. Aus der vorliegenden Schrift und den Initiativen zur Stimmenthaltung, die sich, wie ich hoffe, unweigerlich bilden, erfährt man, dass es, während die demokratische Menge blind wählt und die Presse, die ihr als Organ dient, ihr gegenüber als Kupplerin fungiert, sowie ein beträchtlicher Teil der alten revolutionären Partei nichts Besseres zu tun weiß, als sich dieser Blindheit und Niedertracht anzuschließen und mit großem Oppositionsgeschrei die Rechte und Freiheiten des Volks und die Grundsätze von [17]89 einzufordern, eine Elite gibt, die sich mit mehr Intelligenz weigert zu wählen, und die ihre Weigerung damit begründet, dass das allgemeine Wahlrecht, das Instrument und Unterpfand der Freiheit, sich gegen sie wenden würde, würde es nicht die Fülle seiner Garantien und die Aufrichtigkeit seiner Formen wiedererlangen.

Selbst wenn im ungünstigsten Fall die Fraktion der Nichtwähler nur aus einigen hundert Personen besteht, genügt es, dass sie sich auf authentische Weise manifestiert, um ganz Europa zu zeigen: die rückwärtsgewandte Bewegung von 1848 und 1852 hat ihren Höhepunkt überschritten und für uns beginnt eine Periode der Regeneration.

Je mehr Nichtwähler es gibt, desto mehr Macht wird ihr Denken gewinnen. Es wäre ein Triumph, wenn sie durch Abzug einiger tausend intelligenter und freier Stimmen alle Kandidaturen dieser sogenannten Opposition zum Scheitern bringen könnte. Dann würde feststehen, dass die Partei, die [1848] die Februarrevolution gemacht und das allgemeine Wahlrecht eingeführt hatte und deren ungeschickte Opposition bisher als einziges Gegengewicht zur kaiserlichen Allmacht gedient hatte, zu versagen droht. Wenn sie an ihrer Politik festhalten wollte, wäre die Regierung des Kaisers verdonnert, dass sie Demokratie ohne Demokraten macht, mit Klerikalen, Saint-Simonisten, Bankokraten, liberalen Staatsanbetern[1] und Juden.[2]

§ XIV

Inkonsequenz und Sinnlosigkeit des Oppositionsvotums. – Die meisten Wähler, deren Eifer, sich registrieren zu lassen, nicht genug gelobt werden kann, denen man aber aus leicht zu durchschauenden Eigeninteressen nur eine beschränkte Art der Willensbekundung beigebracht hat, rechnen bei Erfolg einiger Gegenkandidaten auf wundersame Resultate. Diese so überaus edlen Wähler wurden mit Illusionen eingelullt. Dabei gehorchen sie nur dem alten jakobinischen Geist, der, nachdem er 1852 den Eid kühn verweigert hatte, 1857 plötzlich eine Kehrtwendung vollzog und heute nicht mehr weiß, wie er aus diesem Dilemma herauskommen soll. Wir erinnern uns an den Glauben, der uns das Kommen von Volksmassen verhieß: sie würden das Gericht Gottes ausüben und das Kaiserreich unter ihren Millionen Stimmen zermalmen. Wie zur Parodie auf das Lied [über die Athener Tyrannenmörder] Harmodios und Aristogeiton[3] wurde dem Volk gesagt: ‹Im

---

1 *doctrinaires*, Bezeichnung für die mit der Julimonarchie 1830-1848 verbundenen Liberalen.
2 Das letzte Glied dieser Aufzählung hätte Proudhon uns ersparen können, oder, schärfer gesagt, sollen. Während die anderen Glieder der Aufzählung Meinungen und Positionen betreffen, ist das letzte Glied eine durch Geburt definierte Volksgruppe.
3 514 v. Chr. In Friedrich Hölderlins Nachdichtung: Im Myrtenzweige tragen will ich mein Schwert, | so wie Harmodios und Aristogeiton, | da den Tyrannen sie erschlugen | gleiches Recht den Athenern schufen. |

Portemonnaie tiefer verborgen den Wahlzettel wollen wir tragen Patronen gleich, die den Despoten erschießen.›

Man muss diesen lachhaften Vorgang auf seinen eigentlichen Wert herunterbrechen und zeigen, welch wirkliche Schwäche unter dieser falschen Energie lauert.

Die demokratische Opposition, die durch die Eidleistung mit dem Tag, an dem sie ihre Kandidaten zur Wahl stellt, entschieden dynastisch geworden ist, möge dem Kaiser folgende Rede halten:

‹Sire, wir könnten uns der Teilnahme an den Wahlen enthalten, da die Enthaltung ein Recht ist und in der gegenwärtigen Situation das mächtigste Mittel wäre, um unsere Meinung zu zeigen und durchzusetzen. Wir könnten, so sagen wir, die moralische Grundlage und die verfassungsrechtliche Gültigkeit der Wahl in Frage stellen und Eure Verfassung in Widerspruch zu sich selber bringen. Bedenkt, Sire, dass es als Hüter der großen Prinzipien der Revolution sowie der Rechte und Freiheiten des Volks Eure kaiserliche Pflicht ist und Ihr persönlich das größte Interesse daran habt, das allgemeine Wahlrecht und das Land mit ihm auf seinen wahren Weg zurückzuführen, und dass es daher eher an Euch liegen würde, uns an die Prinzipien zu erinnern, als an uns, Eure Regierung darauf aufmerksam zu machen, dass sie von ihnen abweicht. Aber, Sire, wir fürchten, dass wir uns von Euren Gedanken trennen, das Ansehen Eurer Herrschaft schwächen und Euch durch eine zu scharfe Opposition gegen Euch in die

O Harmodios, Lieber, nicht bist du gestorben: | Auf der Seligen Insel, heißt es, weilst du | bei Achilleus, schnell von Füßen, | und dem tapferen Tydeussohn Diomedes. | Im Myrtenzweige tragen will ich mein Schwert, | sowie Harmodios und Aristogeiton, | da sie bei Athenes Opfer | den Tyrannen Hipparch erschlugen. | Ewig soll euer Ruhm auf Erden leben, | liebster Harmodios und Aristogeiton, | da den Tyrannen ihr erschluget, | gleiches Recht den Athenern schufet.

Arme unserer gemeinsamen Gegner, der ewigen Feinde der Revolution, treiben.

Vor allem hängen wir an Eurer väterlichen Autorität; wir sind, obwohl oder gerade weil wir Jakobiner sind, Eurer Dynastie mit Herz und Seele ergeben, so sehr, dass wir im Augenblick lieber unsere teuersten Sicherheiten opfern würden, als etwas zu tun, das Eure Autorität erschüttert. Als Anhänger starker Macht und strikter Zentralisierung, als diejenigen, die den Ruhm der französischen Waffen und Eure Vormachtstellung in Europa eifersüchtig bewahren wollen, bedauern wir nur eines, Sire, nämlich dass wir in einigen Details der Innen- und Außenpolitik nicht ganz mit Euch übereinstimmen. Wir wünschen uns von Eurer Regierung keinen Systemwechsel, Gott bewahre, sondern nur hier und da einen etwas revolutionäreren Akzent, ein etwas liberaleres Auftreten, eine etwas kraftvollere Färbung. Gewiss, wir hätten Eurer Majestät zahlreiche Klagen zu Gehör zu bringen, wenn wir uns zum getreuen Echo der Rechte des Volks machen wollten, wenn wir echte Vertreter des allgemeinen Wahlrechts wären. Aber weil uns das französische Volk nicht reif zu sein scheint; weil gewisse zu penibel eingehaltene Freiheiten dazu tendieren würden, den Provinzen und Gemeinden die ihnen durch unsere verschiedenen Regierungen vorenthaltene Autonomie zurückzugeben, und den Konflikt mit der zentralen Autorität heraufbeschwören könnten und wir darüber hinaus auch nicht böse wären, wenn wir selber die dem Kaiser übertragene Macht zu gegebener Zeit in ihrer ganzen Fülle übernehmen könnten, haben wir beschlossen, uns mit geringfügigen Beschwerden zu bescheiden. Um im Parlament 12 oder 15 Stimmen mehr zu gewinnen, organisieren wir in Paris und in einigen anderen Verwaltungsbezirken diese kleine Wahlkampagne.

Eure Klugheit, Sire, wird unsere Zurückhaltung verstehen und Eure treue Opposition Eurer Hingabe anempfehlen. Wir tun in dieser feierlichen Stunde mehr, als Eurer Majestät einen Eid zu schwören; wir vergeben Euch alle Behinderungen, Einschränkungen und Anomalien, die das allgemeine Wahlrecht lähmen.›

Man sieht, dass zwar niemand größere Worte schwingt als unsere Demokraten, aber niemand in Taten gemäßigter ist und der Regierung weniger grimmig gegenüber tritt. Aber vielleicht übertreibe ich es mit der Prosopopöie;[1] vielleicht ist die rechtliche Bedeutung der Abstimmung die eine und die Absicht der Opposition die andere Sache und das Wort von 20 zusätzlichen oppositionellen Abgeordneten wird mehr bewirken als das Schweigen von 500 000 Wählern.[2] Diese Abgeordneten werden zwar mit einem riesengroßen Tamtam gewählt, aber ich wage zu sagen, auf das Risiko und die Gefahr des allgemeinen Wahlrechts hin.

Was motiviert die Kandidaten der Opposition, bei dieser Wahl anzutreten?

Es ist offensichtlich, dass das Land nach Ansicht der Unzufriedenen nicht alle wünschenswerten Freiheiten und Garantien genießt; dass der wahre Geist der Nation, ihre Ideen, ihre Tendenzen und ihre Bedürfnisse verkannt werden; dass sie mehr Initiative braucht und dass es nach zehn Jahren eines so strengen Regimes an der Zeit wäre, die Bremse zu lockern. Alle Beschwerden laufen darauf hinaus, Staatsausgaben und -schulden, Größe der Armee, Macht der Polizei, klerikaler Einfluss, Zentralisation der Verwaltung usw. würden unaufhörlich steigen.

1 Rhetorische Figur, bei der man seine Position darstellt, indem man als jemand anderes spricht.
2 Nach meiner Kalkulation folgten über 1 Million Wähler Proudhon.

Aber was hätten die Oppositionsabgeordneten entgegenzusetzen, falls die Herrn de Morny, Billault oder Baroche,[1] eines Tages ihres Geredes überdrüssig, ihnen folgende Abfuhr erteilen würden:[2]

‹Die Beschwerden, die Sie im Parlament vorbringen, sind böswillig und müssen von der ehrenwerten Mehrheit als ungültig betrachtet werden; sie gehören nicht in dieses Haus, sondern in Ihre Wahlkampfveranstaltungen, bevor Sie zur Wahl schritten. Denn was Sie hier sagen, hätten Sie, von Ihrem eigenen Standpunkt aus gesehen, vor Ihren Wählern darlegen können oder müssen, sei es bezogen auf die Verfassung, auf die Vorgänge des allgemeinen Wahlrechts oder schließlich auf die Formalitäten, die den Kandidaten auferlegt wurden.

Wenn Sie die kaiserliche Machtstellung für übertrieben halten, warum haben Sie sie anerkannt, indem Sie dem Kaiser den Eid geschworen haben? Warum haben Sie, als es notwendig war, zu sprechen, zu protestieren und die Wähler aufzuklären, sich stattdessen beeilt, einen Eid zu schwören? Der Eid hat Ihr Gewissen nicht belastet, als es darum ging, gewählt zu werden; und jetzt, da Sie das Ziel Ihres Ehrgeizes erreicht haben, halten Sie ihn für eine Beleidigung der demokratischen Würde, für unvereinbar mit der Souveränität des Volks. Wen haben Sie getäuscht? Wissen Sie es? Es ist nicht die Regierung des Kaisers, die Sie von außen betrachtet und nichts von Ihnen erwartet. Es sind Ihre Wähler. Beginnen Sie also damit, auf dieser Tribüne Ihren kollektiven Rücktritt einzureichen, und gehen Sie dann zu Ihren Auftraggebern und erklären Sie ihnen, dass der von der Verfassung geforderte Eid ihnen

---

1 Charles, Duc de Morny (1811-1865), der Halbbruder von Napoléon III. Billault und Baroche siehe S. 185, Fn. 1, bzw. S. 204, Fn. 1.
2 Der ganze Text bis zum Ende dieses Paragraphen ist diese Rede.

Unrecht tut und dass er Ihnen zuwider ist. Der Regierung werfen Sie ihre Kandidaten vor und machen viel Aufhebens davon, die Einmischung in den Wahlkampf könne nicht mit der Position Seiner Majestät als großer Auserwählter in Einklang gebracht werden. Aber nehmen Sie nicht selber zentrale Positionen ein? Üben Sie nicht von Paris her einen entscheidenden Einfluss auf die Wahlen in den Landkreisen aus? Haben Sie etwa kein fünfköpfiges Führungsgremium?[1] Stellten Sie sich etwa nicht als unzertrennlich, einstimmig und unauflöslich dar? Warum ließen Sie der Demokratie ihren Lauf und nach Belieben abstimmen? Warum riefen Sie nicht, *bevor* Sie zur Wahl schritten, *bevor* Sie den Eid auf den Kaiser ablegten, *bevor* Sie um Stimmen warben, die Sie heute als manipuliert beschuldigen möchten, «Halt!» und zogen den Eid und alle Kandidaten der Regierungspartei in Zweifel?

Sie beschweren sich über die Polizeigesetze, die nichtgenehmigte öffentliche Versammlungen verbieten. Aber noch einmal: Auch hier war es der Fall, dass Sie sich zurückgehalten haben, und damit werden Sie zu den Hauptschuldigen. Behaupteten Sie denn damals nicht, diese Öffentlichkeit der Versammlungen, die Sie einfordern, hätten Sie durch Versammlungen mit geladenen Gästen kompensiert? Oder meinen Sie, die Unregelmäßigkeiten bei den Versammlungen seien hinlänglich dadurch ausgeglichen, dass Sie die glücklich Gewählten sind? Was für ein Licht wirft dieser Affentanz auf Sie, und wie bedauerlich ist es, dass es nicht bis in die ärmsten Hütten vorgedrungen ist! In Wahrheit fragt man sich, wie Sie, die aus der Wahllotterie hervorgegangenen Nummern, es wagen,

---

1 *le comité des Cinq*, bestehend aus Arago, Lamartine, Ledru-Rollin, Marie und Garnier-Pagès. (Nicht verwechseln mit dem fünfköpfigen Gremium, das ebenfalls 1863 in Genf das Rote Kreuz gründete!)

hier das Wort zu ergreifen. Wer sind Sie? Woher kommen Sie? Wollen Sie uns nochmal wegen Ihrer Pressefreiheit die Ohren vollheulen? Schließlich konnten Sie alles schreiben, drucken und veröffentlichen, was die Reklame für Ihre Kandidaten erforderte; aber Ihre Zeitungen, diese der Freiheit, dem Fortschritt und der Revolution so ergebenen Zeitungen, machen sich, laut Geheimnis ihrer Redaktionen, keine Konkurrenz. Zwar plädieren sie jeden Tag bei politischen und wirtschaftlichen Fragen, Unternehmungen und Projekten für Positionen, denen die Regierung sich nicht anschließt, aber die Regierung lässt sie es sagen. Zu allen inneren und äußeren Angelegenheiten dürfen Sie vorm Parlament Ihre Stellungnahmen abgeben, die das Land zur Kenntnis nehmen kann. Was wollen Sie noch mehr? Ah! Hätten Sie, *bevor* Sie diesen Raum betreten haben, den Wählern gesagt: «Ihr könnt nicht wählen; ihr könnt weder uns noch irgendjemanden ernennen, da ihr nicht ausreichend informiert seid; da wir, eure Kandidaten, nichts wissen; da als Abgeordnete wir nichts wissen; da die Zeitungen nichts wissen; da die Regierung selber nichts weiß»; wenn Sie damals ausnahmsweise die eigene und die allgemeine Unwissenheit zum Thema Ihrer Wiederwahl gemacht hätten, würden wir verstehen, dass Sie heute die Regierung des Kaisers beschuldigen. Ihre Wähler, durch Ihre Worte angezogen, hätten sich zumindest sagen können: «Nur eins ist bei all dem klar, nämlich dass keiner 'nen blassen Schimmer hat: Lasst uns also wählen, lasst uns die Fünf wählen.»[1] Aber

---

1 [Anmerkung von Proudhon:] Diese Bemerkung ist nicht persönlich gemeint und soll nicht als verletzend für die genannten Personen angesehen werden, deren Talent und Patriotismus der Autor als erster Gerechtigkeit widerfahren lässt. Sie werden jedoch verstehen, dass die ihnen geschuldete Anerkennung aus seiner Sicht nicht den Aus-

wer weiß nicht, dass die Kandidaten der Demokratie allesamt Redner, Publizisten, Gelehrte, Genies und Staatsmänner sind? Wer zweifelt daran, dass sie trotz der schrecklichen Unterdrückung, welche auf dem Denken lastet, eine unfehlbare Wissenschaft besitzen, die sie von den Gängelungen der Presse befreit und sie sogar der Inspiration des Volks überlegen macht? Gewiss, Sie sind geschickt, Sie sind fähig, Sie sind Koryphäen; indem sie Sie ernannten, trugen die Wähler Ihrer Aufgeklärtheit Rechnung und vollbrachten selber einen Akt von hoher Intelligenz, und Sie kommen, um uns der Verschleierung zu beschuldigen! Kommen Sie schon!

Es hat Ihnen in den letzten Jahren gefallen, sich zu Rittern kommunaler Freiheiten, Unabhängigkeit der Landkreise und Dezentralisierung zu machen, schließlich muss man Sie beim Wort nehmen. Was soll das bedeuten? Vergessen Sie, dass Sie die Nachfolger genau derer sind, die 1793 die Republik zu einer einzigen und unteilbaren Republik erklärten? Haben Sie nicht immer gegen den Einfluss der Ortschaften geschrien? Haben Sie nicht Hass auf den Föderalismus und den Geist der Dorfkirche geschworen? War es nicht Ihre Idee, das ganze Volk über eine einzige Liste abstimmen zu lassen? Wir haben auf Ihren Wunsch hin diese Gruppen zerschlagen, die im Land so viele Unruheherde schufen, und dafür machen Sie uns jetzt Vorwürfe! Narren, alle, Sie sehen nicht, dass das allgemeine Wahlrecht der Ausfluss des föderativen Prinzips ist,[1] dass

schlag für die Wahl geben kann, da das Talent und die Tugend von fünf Männern angesichts der Größe des Opfers unendlich klein werden.
1 [Anmerkung von Proudhon:] Siehe oben, §§ IV, VIII und IX, was zu den Wahlkreisen und der Unabhängigkeit der Gemeinden gesagt wurde. Diejenigen, die zwar das föderative Prinzip für ausgezeichnet halten, gleichwohl behaupten, die Bevölkerungen in Italien, Belgien und anderswo seien noch nicht reif dafür, sich zu föderieren; diese

es, wenn es in seinen Konsequenzen verfolgt und in der Strenge seiner Formel angewandt wird, zur Umwandlung Ihres eigenen Systems führt! Wollen Sie eine Revolution? Wenn Sie so denken, wenn Sie Ihrer alten demokratischen Tradition so untreu sind, dann sollten Sie Ihre Wünsche nicht vor das Parlament bringen. Kehren Sie zu Ihren Wählern zurück; sagen Sie ihnen, sagen Sie den guten Leuten von Paris, um deren Stimme Sie so heuchlerisch warben, dass sie unter den genannten Wahlbedingungen Unrecht taten, Sie zu wählen: dass das Stadtrecht hier dem kaiserlichen Recht vorgeht; dass Paris nicht dazu bestimmt ist, der Sitz eines großen Staats zu sein, sondern eines Staats in einem System von Staaten, der Sitz einer Koalition von Gemeinden; sagen Sie den Parisern alles, was Ihnen gefällt, und vergessen Sie nicht hinzuzufügen, dass die Regierung niemals zustimmen wird, sich einschränken zu lassen.[1] Fangen Sie allerdings damit an, Ihr

hochliberale Einrichtung dürfe nicht voreilig umgesetzt werden; sie benötige noch viele Jahre großer Disziplin, und der Staat würde ohne eine starke Einheit hier dem monarchistischen, dort dem klerikalen, weiter weg dem bürgerlichen oder adligen Einfluss zum Opfer fallen; diejenigen, sage ich, sollten wenigstens mit sich selber einig sein. Warum, falls die Föderation so gefährlich ist, hat man in Italien gegen den Papst, den König von Neapel und die Herzöge an das allgemeine Wahlrecht appelliert? Denn schließlich ist es offensichtlich, dass die Neapolitaner, indem sie als Neapolitaner wählten, die Sizilianer als Sizilianer, die Toskaner als Toskaner, die Lombarden als Lombarden, die Bologneser als Bologneser usw., implizit ihre Autonomie bestätigten und zusammen mit ihrer Zustimmung zu [König] Viktor Emanuel auch ihren Föderalismus postulierten. Was für eine Inkonsequenz! Als ob die Kombination dieser drei Mächte – das allgemeine Wahlrecht, die lokale Unabhängigkeit und die Zentralregierung – nicht auf jeden Fall gegen alle Fraktionen und Sekten die höchste Garantie für Fortschritt und Freiheit wäre! [Siehe auch Proudhons ausführliche Beschäftigung mit der Frage der italienischen Einheit: *Für dezentrale Nationen* (1862 und 1864), Berlin 2022.]
1 [Anmerkung von Proudhon:] Erklärung von Herrn Billault, Minister

Mandat erneuern zu lassen, wenn sich Wähler finden, die kühn genug sind, die Regierung herauszufordern.

Die Regierung des Kaisers ist zutiefst davon überzeugt, dass das Land sich frei genug fühlt und jede Neuerung verabscheut. Das Land hat durch die Plebiszite von 1851 und 1852 seine Souveränität in die Hände des Kaisers gelegt und niemandem den Auftrag gegeben, sie zurück zu erlangen. Das Land hat selber erkannt, dass es mehr Konzentration und Einheit braucht; es lacht über Ihre Klubs, Zeitungen und Broschüren; es hat genug von Ihrer angeblich parlamentarischen Agitation; es will nicht, dass seine Abgeordneten ihre Wahl zum Anlass nehmen, dem Staatsoberhaupt seine Rechte und sein Prärogativ streitig zu machen. Wenn das Land mit der Verfassung einräumt, dass das allgemeine Wahlrecht das Recht hat, sich selber zu revidieren, dann nicht, damit kleinkrämerische Abgeordnete die Möglichkeit der Revision als Mittel nutzen, um die Regierung in Verlegenheit zu bringen. Und der Beweis, dass dies die Bestimmung des Landes ist, wehrte Herrn Abgeordnete der Opposition, und dass Sie ebenso wie die Regierung hiervon überzeugt sind, der liegt darin, dass Sie nicht zurücktreten werden, dass Sie nicht den Schneid aufbringen, Ihre eigene These zu vertreten.›

§XV

Zusammenfassung und Schlussfolgerung. – Was ist dies allgemeine Wahlrecht? Ziehen wir das Manifest [der republikanischen Opposition] zur Wahl zu Rate, dann antwortet es uns: Es ist das Recht jedes volljährigen Bürgers, der sechs Monate in einer Gemeinde wohnt und nicht ge-

ohne Geschäftsbereich, auf dem Podium vor dem Parlament als Antwort auf Herrn [Ernest] Picard, Abgeordneter der Opposition.

schäftsunfähig ist, an der Ernennung erstens der Gemeinde-, zweitens der Kommunalräte und drittens der Abgeordneten des Parlaments teilzunehmen. 1851-52, im ersten Jahr des Zweiten Kaiserreichs, fügten die Bürger diesem dreifachen Wahlrecht noch das Recht hinzu, die Regierungszeit des Präsidenten der Republik um zehn Jahre zu verlängern und ihm dann die Kaiserwürde zu verleihen. In der Wahl des Kaisers, der nicht abgesetzt werden kann und dessen Amt erblich ist und in dem sich alle Befugnisse vereinen, der Wahl der Abgeordneten alle sechs Jahre, der Wahl der Gemeinde- und der Kommunalräte alle fünf Jahre, sowie der Wahl der Landräte, die nur ein Drittel der Mitglieder betrifft und alle drei Jahre stattfindet, erschöpft sich das politische Recht oder die Regierungsgewalt des französischen Bürgers und stellt in der Gesamtheit das allgemeine Wahlrecht dar. Dies wäre in etwa die Schul-Definition.

Aber es ist klar, dass wir mit ihr bloß die Außenseite, den mechanischen Teil der Institution erfassen. Der Gedanke fehlt, und um ihren ganzen Wert zu verstehen, ist ein wenig Philosophie unerlässlich. Wenn das Prärogativ der Bürger nur darin bestünde, alle drei, fünf oder sechs Jahre zwischen Eigennamen zu wählen, Namen, Vornamen und Parteizugehörigkeit eines Kandidaten mehr oder weniger korrekt auf ein quadratisches Stück Papier zu schreiben und diesen Wahlzettel dann schweigend in eine Urne zu werfen, die von einigen behördlichen Helfern bewacht wird, dann wäre das allgemeine Wahlrecht, so müsste man eingestehen, nichts als eine leere Zeremonie und käme einer regelmäßig erneuerten Abdankung des souveränen Volks gleich. Zu Recht würde das Volk sich von derartigen Wahlen fernhalten; man sollte es keiner Gleichgültigkeit anschuldigen, seinen gesunden Menschenverstand vielmehr loben. – Was wäre demzufolge das allgemeine Wahlrecht, wenn es nicht mehr in den materiellen Vorgängen, sondern im Leben, in der Idee betrachtet wird? Es stiftet die soziale Macht oder die kollektive Kraft der Nation und startet bereits die Aktivität ihrer Funktionen, d. h. in ihm übt sie ihre Souveränität aus. Hier zeigen sich alle Freiheiten, alle Rechte, alle Garantien und alle Fortschritte, die die Wesensmerkmale einer freien und zivilisierten Gesellschaft ausmachen, als keimende Fähigkeiten. Jede Institution, jede Gerechtigkeit, jeder Organismus ist in dieser Mutterinstitution von vornherein gegeben; was nicht regelmäßig und spontan aus ihr hervorgeht, oder was darüber hinaus ihre Bewegung einschränkt, muss als abtötend und illegitim angesehen werden. Zusammengefasst: Mit dem allgemeinen Wahlrecht haben wir das vollständige System der zukünftigen Gesellschaft, wenn auch in einem kleinen Maßstab; besser gesagt: in einem embryonalen Zustand. Es auf die Ernennung von ein paar hundert antriebslosen Abgeordneten durch das Volk zu reduzieren, von denen die meisten auf Empfehlung der Macht hin gewählt wurden, hieße, die gesellschaftliche Souveränität zur Fiktion zu machen und die Revolution in ihrem eigentlichen Prinzip zu ersticken.

Lassen Sie uns auf das zurückkommen, was wir über die *Formen*, *Bedingungen* und *Garantien* des allgemeinen Wahlrechts, seine Kompetenz, seine Reichweite, seinen Organismus, ich würde fast sagen, seine Physiologie, festgestellt haben.

1. Das allgemeine Wahlrecht ist die Grundlage unseres öffentlichen Rechts, das Fundament der Verfassung von 1852. Als solches ist es souverän, unabhängig und in seinen aufeinanderfolgenden Manifestationen immer identisch sich selber. Das bedeutet, dass alle Freiheit, alle

Macht und alles Recht in der Wählerschaft existieren, nicht wie die Schlussfolgerung eines Syllogismus in den Prämissen enthalten ist, auf abstrakte Weise, sondern real und in der Tat. Da die Rechte, Freiheiten und Garantien der Nation also *a priori* im allgemeinen Wahlrecht gegeben sind und durch die Tatsache seiner Ausübung verwirklicht werden, sind die Bürger in dieser Hinsicht der Regierung, der Kirche oder sonst jemandem gegenüber zu nichts verpflichtet. Die Nation ist oberste Autorität; die Bürger, die unter dem Namen ‹Wähler› zusammengefasst sind, sind ihre natürlichen und unmittelbaren Vertreter. In ihnen sind alle Befugnisse der Macht vereint; sie üben deren Funktionen aus und es kann nicht erwartet werden, dass sie diese jemals ablegen. Wenn sie später für die Regelung ihrer Angelegenheiten Regierungschefs, Abgeordnete, Stadt- und Gemeinderäte und andere Arten von Angestellten ernennen, geschieht dies aus Gründen der Verwaltung und der öffentlichen Wirtschaft, über die allein sie urteilen können, und nach ihrem Ermessen. Die Wahl dieser Bevollmächtigten kann niemals in einen Akt der Substituierung umgewandelt werden. Daraus folgt, dass Oberhaupt, Abgeordnete und Räte unter der Hand der Nation stehen, nicht die Nation unterm Befehl des Oberhaupts und der von ihm abhängigen Beamten; dass die Regierung im Dienst an den Wählern arbeitet, nicht die Wahl als Dienstleistung an der Regierung stattfindet; dass zwischen Parlament und Regierung die gleiche Unterordnung wie gegenüber den Wählern besteht, obwohl sie andere Aufgaben haben; dass daher die Leistung eines Treueeids auf ein Oberhaupt verfassungsrechtlich unvereinbar ist mit der Verantwortung des Kaisers und dem Mandat eines Abgeordneten, vielmehr in eine Verlegenheit bringt, einen Konflikt zwischen dem kaiserlichen Prärogativ und der Wählersouveränität aufwirft; dass, wenn ein Abgeordneter jemandem den Eid leisten müsste, dann seinen Auftraggebern gegenüber,[1] was jede Idee eines Lehnsverhältnisses zum Oberhaupt und jede Kandidatur von Mitgliedern der Verwaltung ausschließt, ebenso wie jede Einmischung der Macht in die Ordnung der Versammlungen und in den Ablauf der Wahl.

2. Durch das allgemeine Wahlrecht wurden die Bürger, die durch die Chartas 1814 und 1830 vor dem Gesetz für gleich erklärt worden waren, auch in ihrem politischen Prärogativ gleich gemacht, etwas, das die Chartas nicht vorgesehen hatten und das im Prinzip jede Möglichkeit einer Rückkehr zum göttlichen Recht, zu den Sitten und Gebräuchen des Feudalismus und zu den Übergriffen des Despotismus zunichte macht. Denn wenn die Bürger bei der Wahl so gleich wie vor dem Gesetz sind, gibt es keinen Vorwand mehr für Bevorzugung und Bezuschussung des Adels, Erstgeburtsrecht usw., für Industrieprivilegien, für ein dynastisches Prärogativ oder für die Allmacht der Exekutive. Daraus ergibt sich die Balance der Macht, die höchste Garantie der Freiheit und des öffentlichen Vermögens, die Begrenzung und der Ausgleich[2] der Steuern,

---

1 Ist es Spitzfindigkeit, wenn man hiermit auch den Eid auf ‹das (z. B. deutsche) Volk› für verfehlt hält?, denn der Abgeordnete ist ja nicht vom ganzen Volk, sondern nur von einem Teil gewählt worden. Nicht nur fehlten ihm dazu die Stimmen seiner politischen Gegner, vielmehr ist er auch in nur einem Wahlkreis gewählt worden, also einer regionalen Untergliederung. Proudhon zufolge stellt die Behauptung eines Abgeordneten (oder Regierungsmitglieds), das ganze Volk zu repräsentieren, während nach dem Geist des allgemeinen Wahlrechts tatsächlich nur ein Volksteil repräsentiert werden kann, den Rückfall in die Idee der monarchistischen Repräsentation ohne Auftrag dar.

2 Einen ‹Lastenausgleich› *(péréquation)* bei der Steuerzahlung bezeichnete Proudhon in seiner «Theorie der Steuer» (*Théorie de l'Impôt* [1860], Œuvres Complètes 15, Paris 1868, S. 220-222) als unlösbare

die Organisation des öffentlichen Dienstes nach dem Gesetz der staatsbürgerlichen Gleichheit und zum Besten gemeinsamer Interessen. Das allgemeine Wahlrecht, so sage ich, enthält all dieses und ist selber dies alles. Es wäre widersprüchlich, wenn ein Volk, das sich versammelt, um seine Angelegenheiten zu beraten und Vertreter zu ernennen, die statt seiner handeln, diese damit beauftragen würde, sein Vermögen zu verschwenden oder zu seinem Schaden Privilegien, Pfründe und Monopole zu schaffen und, was noch schlimmer ist, ihm den Mund zu verbieten und die Fakten zu verschleiern, wenn es sich redlich nach dem Tun seiner Vertreter erkundigen will.

3. Das allgemeine Wahlrecht, so fügten wir hinzu, setzt für seine freie und vollständige Ausübung die Aufteilung des Landes in seine natürlichen Gruppen voraus wie Provinzen oder Regionen, Kantone, Gemeinden, Bezirke, Kommunen, Körperschaften usw. Das Ergebnis der Abstimmung ist der vielfältige und zusammengefasste Gedanke, der von diesen Gruppen zum Ausdruck gebracht wird, die dazu aufgerufen sind, sich entsprechend ihrer jeweiligen Interessen zu äußern. Dies ist von äußerster Wichtigkeit. Daraus ergibt sich, dass auch in dieser Hinsicht die Organisation der Gesellschaft, sowohl in ihrer politischen als auch in ihrer wirtschaftlichen Ordnung, vollständig im allgemeinen Wahlrecht gegeben ist, eine Organisation, die nichts Utopisches oder Willkürliches an sich hat, da sie sich aus der Natur der Dinge ableitet, nicht aus eitlen Schulspekulationen, aus dem Antrieb der Massen oder aus der Entscheidung eines Staatsrats. Das allgemeine Wahlrecht mit den vernünftigen Wahlkreisen

Quadratur des Kreises. Es geht ihm hier nicht darum zu sagen, wie oder dass überhaupt er umgesetzt werden könne, sondern nur, dass die Forderung im Prinzip des allgemeinen Wahlrechts gegeben sei.

ist – warum sollten wir es hinterm Berg halten? – nicht nur eine politische, sondern auch eine wirtschaftliche Revolution, indem es Freiheit, Gerechtigkeit, Wissenschaft und einen besonnenen Fortschritt nahelegt. Alle landwirtschaftlichen und industriellen Verbände, alle Vereinigungen von Arbeitern oder Kapitalisten, alle Verträge auf Gegenseitigkeit leiten sich hieraus ab; noch mehr als zuvor muss die Regierung sich aus der Initiative heraushalten und die sozialen Energien für sich wirken lassen. Jede Einmischung der Macht würde die Autonomie der Massen Lügen strafen, das Schicksal der Nation verfälschen und ihre Existenz gefährden.

Wir wissen, dass die Wählergruppen zwar in einer gegenseitigen Interessensbeziehung stehen, die sie zu gemeinsamem Handeln auffordert, was sich in der Regierungszentrale oder im Staat manifestiert, dass sie allerdings gleichwohl unabhängig voneinander ebenso wie von der zentralen Behörde bleiben müssen, denn ohne diese Unabhängigkeit hätten die nun nicht mehr freien Wahlen einen nur noch fiktiven Wert, das allgemeine Wahlrecht wäre teilweise aufgehoben und trotz demokratischem Anschein würde alles wie früher unter das monarchische Prärogativ der zentralen Behörde fallen. Die Folge davon ist, dass die Bürger in jedem Ort das Recht haben, sich zu versammeln und zu beraten, wann und wie sie wollen, und sich mit Bürgern der Nachbarorte zu versammeln und zu beraten, sowohl in Bezug auf ihre eigenen Angelegenheiten als auch in Bezug auf die ihnen gemeinsamen Interessen und die des Staats; andererseits, dass, obwohl nichts, was die generellen Interessen betrifft, ohne die Regierung unternommen werden kann, die Regierung ihrerseits in Sachen Handel, Industrie, Landwirtschaft, öffentliche Baumaßnahmen, Kredit-, Versicherungs- und

Bankenwesen, Militär, öffentliches Schulsystem, Polizei usw. auch niemals Verordnungen erlassen darf, ohne vorher die Meinung der Gemeinden und Kommunen eingeholt zu haben; und erst recht darf sie sich unter keinem Vorwand in deren Verwaltung einmischen. Das ist das allgemeine Wahlrecht, das den Ursprung der verschiedenen Autonomien darstellt: gemeinsam bilden sie die Republik und durch ihre Bündelung entsteht das Reich[1] oder die Regierung. Weichen Sie von dieser Linie ab, zerschlagen die natürlichen Gruppen, verändern die Wahlbezirke, belasten den Wahlakt mit Hindernissen, ersetzen die Freiheit der Vereinigungen durch ein System von staatlichen Konzessionen, Subventionen,[2] Protektionen und Bürgschaften und richten Sie Überwachungen ein, dann verkennen Sie den Geist der Revolution: Sie kehren zum göttlichen Recht zurück und zerstören das allgemeine Wahlrecht.

4. Das allgemeine Wahlrecht setzt die Pressefreiheit voraus. Auch hier möchte ich darauf hinweisen, dass die Pressefreiheit nicht als ein Hilfsmittel betrachtet werden darf, das von außen herangezogen wird, um den Ablauf der Wahlvorgänge zu beleuchten. Sie ist dem allgemeinen Wahlrecht immanent wie das Attribut dem Wesen und kann nicht von ihm getrennt werden, ohne dass es auf-

---

1 [Anmerkung von Proudhon:] Das Wort *Empire* ist in der politischen Sprache älter als der Aufstieg von Napoléon I. Es wurde bereits 1789 von Autoren verwendet, denen der Name ‹Monarchie› ungenau erschien, aber sich noch nicht trauten, den Namen ‹Republik› zu verwenden. Nach dem 10. August [1792] wurden ‹Republik› und *Empire* zu Synonymen gemacht; diese Bedeutungsidentität wurde offiziell bis zur Krönung Napoléons beibehalten.

2 Zur Beachtung: Staatliche Wahlkampf- und Parteienfinanzierung widerspricht, Proudhon zufolge, dem Prinzip des allgemeinen Wahlrechts.

hört zu existieren. Die Pressefreiheit ist das allgemeine Wahlrecht in Person; sie übt die richterliche Funktion aus zu belehren, zu informieren, zu diskutieren, zu hinterfragen, zu urteilen, und jedes Handeln der unabhängigen und souveränen Vernunft zuzuführen. Wenn die Pressefreiheit abgeschafft werden würde, sage ich Ihnen nicht, dass das allgemeine Wahlrecht eine Eklipse erleiden wird, wie es auf der Erde geschieht, wenn der Mond den Weg der Sonnenstrahlen kreuzt, sondern ich sage, dass Sie das allgemeine Wahlrecht taub, stumm und blind gemacht haben.[1] Daraus schließe ich, dass das Zeitungsmonopol, die Zensur, die von den Zeitungen zu hinterlegenden Kautionen, die auf Publikationen erhobenen Stempelsteuern, die Beschränkung der Lizenzen für Drucker und Buchhändler, das Verbot des Zeitungsvertriebs durch fliegende Händler usw. mit dem allgemeinen Wahlrecht unvereinbar sind.

Nehmen wir eine Republik an, die aus einer einzigen Gemeinde mit einer Quadratmeile Gebiet und 500 Einwohnern besteht. In diesem mikroskopisch kleinen Staat sind alle Gewalten im Gemeinderat vereint und dieser besteht aus der Gesamtheit der Familienoberhäupter; es ist klar, dass das allgemeine Wahlrecht und die Regierung hier ein und dasselbe wären. Weil das allgemeine Wahlrecht zugleich Souverän, Haupt, Regierung, Parlament, Justiz, Armee, Arbeit, Industrie, Eigentum usw., Exekutive und Legislative, Steuerbehörde und Steuerzahler ist, ständig tagt und alles selber macht, wäre es nicht denkbar, dass es sich freiwillig verkleinert und sich der Hälfte oder drei Viertel seiner Befugnisse entledigt. Im Gegenteil, es würde mit größter Sorgfalt die Unversehrtheit seiner Zu-

---

1 Schöne Eindeutigkeit gegenüber den Zweideutigkeiten S. 191-198.

ständigkeiten wahren. Was für das allgemeine Wahlrecht in einem Staat mit 500 Seelen gilt, gilt auch in einem Reich mit 37 Millionen Menschen. Es ist immer noch die Gemeinschaft, die produziert, regiert, denkt, verwaltet, urteilt, mit einem Wort, die alles tut; nur tut sie es auf eine andere Art. Um Zeit zu sparen und um Engpässe zu vermeiden, werden in Anwendung des Prinzips der Arbeitsteilung besondere Angestellte eingesetzt, die im Namen des Volks öffentliche Aufgaben wahrnehmen. Wird das System dadurch etwa verändert und wäre es etwa denkbar, dass das Wahlrecht dadurch minder unabhängig, minder souverän, minder Herr über Regierung und sich selber wird?

Das allgemeine Wahlrecht ist also wirklich, wie gesagt, die schöpferische und formende Mutterinstitution, die nicht in der Hoffnung und Fiktion, sondern in der Realität und in der Tat alle Staatsmacht, alle Freiheiten und Rechte des Volks enthält. Es ist nicht etwa nur die erste Umsetzung der Versprechungen der Revolution, es ist die Revolution selber, die die Souveränität an sich gerissen hat, die Allmacht ausübt, ihre großen Prinzipien verwirklicht und bereit ist, den gesamten Inhalt an dem Tag zu liefern, an dem das Volk es will.

Wenn die Verfassung von 1852 das allgemeine Wahlrecht nicht so formell verankert hätte und wenn man glauben könnte, dass sie in dieser Hinsicht nur eine Variante der Chartas von 1814 und 1830 darstellen und der Macht der Wähler an Energie das nehmen wollte, was sie ihr an zusätzlichem Umfang zugestanden hatte, dann würde ich jetzt nicht meinen Protest gegen das seit zehn Jahren angewandte System erheben. Mit Herrn Baroche würde ich sagen, dass das verallgemeinerte Recht auf Wahl keine Art von Autokratie oder Selbstregierung der Nation darstellt;

dass man im 1848 eingeführten und 1852 fortgesetzten System bloß eine Befriedigung des Stolzes der Massen sehen darf, ohne jedoch das kaiserliche Prärogativ und die Oberleitung der Regierung zu beeinträchtigen;[1] und ich würde mich, wie viele andere, damit abfinden, die uns zugestandene Freiheit zu nutzen, um diskret eine größere Freiheit zu erbitten.

Aber eine solche Interpretation der Verfassung von 1852 ist unmöglich. Der 2. Dezember [1851],[2] der das Gesetz vom 31. Mai [1851][3] abschaffte, beanspruchte wie die Republik von 1848, mehr als nur eine bloße Änderung der Charta von 1830 vorzunehmen. Er stellte sich als Antithese auf und schuf eine neue Ordnung der Dinge, indem er das allgemeine Wahlrecht als die Grundlage der Verfassung nahm, die Regierung für abänderbar erklärte und das Staatsoberhaupt für verantwortlich und damit die bisherigen Rollen im politische System vertauschte. Wenn das allgemeine Wahlrecht nicht in seinem vollen Umfang verstanden und praktiziert werden sollte, läge der Nutzen des Staatsstreichs ganz bei der Regierung; die Verfassung von 1852 wäre für das Land, entgegen dem Wunsch ihres Verfassers, nur ein Rückschlag gewesen. Die Nation hätte

1 Siehe S. 185, Fn. 1. Vermutlich kein wörtliches Zitat.
2 Staatsstreich von Louis-Napoléon (der gewählte Präsident erklärt sich zum Diktator auf zehn Jahre).
3 Einschränkung des Wahlrechts: Voraussetzung für das Wahlrecht ist eine dreijährige (anstatt nach- wie vorher halbjährige) Residenz am Ort der Wahl. Die Partei, die dieses Gesetz durchbrachte, versprach sich davon eine Stärkung der Konservativen. Ironischerweise konnte Louis-Napoléon selber nun nicht mehr wählen, weil er keine drei Jahre ununterbrochen in Paris gelebt hatte. Die von Proudhon angesprochene Ironie: Einerseits beraubte der Staatsstreich die Bürger, innerhalb eines Zeitraums von zehn Jahren einen neuen Präsidenten zu wählen, andererseits wurde die Einschränkung des Wahlrechts für das Parlament wieder aufgehoben.

zwar nominell das allgemeine Wahlrecht wiedererlangt, in Wirklichkeit aber ihre politischen Garantien verloren. Diese Schlussfolgerung ist unzulässig und beleidigt die Nation und die Regierung.

Ich habe gesprochen. Jetzt hätte ich noch Überlegungen zu den Menschen und den Dingen anzustellen, zu dieser langen revolutionären Agonie, in der wir seit über sechzig Jahren gefangen gehalten werden, zu der Notwendigkeit, die öffentliche Vernunft so schnell wie möglich durch kräftige Maximen wiederzubeleben, bis es uns erlaubt ist, die Freiheit durch starke Institutionen zu festigen. Ich halte mich an die vorstehenden tatsächlichen und recht-lichen Erwägungen und schweige nun. Ich füge bloß ein Wort hinzu, das vielleicht gehört werden wird.

Das allgemeine Wahlrecht ist das demokratische Prinzip schlechthin. Als ich vielleicht zum ersten Mal versuchte, die Philosophie dieses Prinzips darzulegen, habe ich mir sicher nicht angemaßt, es zu meinem geistigen Eigentum zu erklären. Dies würde jedoch geschehen, ob ich es nun wollte oder nicht, wenn die Demokratie, was ich bis zum letzten Moment nicht glauben will, beharrlich dem Weg folgt, auf den dumme und tückische Ratschläge sie ge-trieben haben, und durch ihre Beteiligung an den Wahlen die Fahne, die sie verteidigen sollte, fallen ließe.

In der [republikanischen oder demokratischen] Partei gibt es, wie ich weiß, etliche Bürger, die zwar mitwirken bei den Wahlversammlungen, ihre eigene Stimme jedoch verweigern werden und um keinen Preis bereit sind, sich persönlich an das kaiserliche System zu binden. Aber warum folgen sie dieser Idee nicht bis zum Ende? Warum dieses zweideutige Verhalten? Glauben sie, dass sie damit ihrer Pflicht als führende Köpfe der Demokratie und dem

Protest ihres Gewissens nachkommen? Ich gebe nicht zu, dass Leute, die an der Spitze der Bewegung stehen, bestimmte Dinge für das Volk gut finden, während sie sie für sich selber ablehnen, dass der Großteil der Partei ehrenhaft an den Abstimmungen des Kaiserreichs teilnehmen kann, während die führenden Köpfe ihre republikanische Weste unbefleckt halten. Ich kann nicht zugestehen, dass jemand in einer Versammlungen öffentlich sagt, aus Erwägungen der persönlichen Würde und aus Gewissensskrupeln werde er sich der Stimme enthalten, aber dennoch aus tiefstem Herzen die Entschlossenheit derer, die wählen, und die Hingabe derer, die [dem Kaiser die Treue] schwören [um kandidieren zu dürfen], bewundert, als ob Wähler und Kandidaten, indem sie sich in den Abgrund des Eides stürzen, das Opfer des Curtius[1] erneuerten. Die Würde der Tribunen kann hier nicht von der des Volks getrennt werden, was dem einen zusteht, steht allen zu, alle haben entweder die gleiche Zurückhaltung zu üben oder aber die gleiche Pflicht zu erfüllen. Eine Aristokratie des Puritanismus ist unerträglich, sie grenzt an Heuchelei und Tyrannei.

Auf geht's, Bürger, fasst Mut zu eurer eigenen Kraft! Die Erwägungen der Würde und des Gewissens sind nur insoweit zulässig, als sie sich auf die gesamte Demokratie erstrecken. Ich habe euch in einer langen Diskussion gezeigt, welches das Recht und folglich die Pflicht der Massen ist. Ich habe euch gezeigt, wie dieses allgemeine Wahlrecht, das lange wegen der begriffsstutzigen Interpretationen verschmäht wurde, an Tiefe und an Fruchtbarkeit alles übertrifft, was das politische Genie je hervorgebracht hat. Werdet ihr dies große Prinzip verleugnen?

1 Siehe S. 217, Fn. 2.

Ihr denkt nicht daran. Warum solltet ihr es also durch eure zweideutige Haltung gefährden? Alles oder nichts – ihr habt dem Volk keinen anderen Rat zu geben.

Ihr sagt, das Volk sei nicht fähig, eine so ausgeklügelte Taktik zu verstehen. Es ist an euch, es zu warnen und es mit Stimme und Beispiel zu überzeugen. Oder werdet ihr, indem ihr der Leidenschaft des Volks nachgebt, seinem wahnsinnigen Instinkt des Kampfes, der es erregt, der Welt zu verstehen geben, dass das französische Volk nicht reif ist, dass es Führer braucht, dass ihr, wenn ihr an der Stelle von Herrn Baroche wärt, sprechen und handeln würdet wie er? Werdet ihr sagen, dass die Regierung das allgemeine Wahlrecht nicht sich selber überlassen kann und es ihr folglich zusteht, die Führung zu übernehmen? Dass eure Politik, was euch betrifft, ihr gefallenen Männer, die an nichts denken, als wieder ihren Platz im Parlament einzunehmen, darin besteht, allen Launen des Volks zu folgen, was das einzige Mittel darstellt, um wiedergewählt zu werden? Ist die Demokratie also eine Gaukelei und das allgemeine Wahlrecht in euren geheimen Gedanken ein Projektor? Wer das sagen würde, würde euch beleidigen: So weit habt ihr den Respekt vor den Massen und den Glauben an die Revolution nicht verloren. Ja, die Massen sind beschränkt und blind; welche Schande ist es, das zuzugeben? Es ist ihre Natur, ich würde gerne sagen, es ist ihr Titel. Sie brauchen einen Gedanken, der sie leitet, daran besteht kein Zweifel; aber woher soll dieser Gedanke kommen? Ist das die ganze Frage? Und darauf antworte ich, dass der leitende Gedanke des allgemeinen Wahlrechts aus dem allgemeinen Wahlrecht selber hervorgehen muss, das unter den ihm eigenen Bedingungen und Formen funktioniert; dass es weder der Macht noch sonst irgendjemandem zusteht, diesen Gedanken vor-

wegzunehmen; dass die einzigen und legitimen Grad-
messer des Volks alle Menschen sind, die ihre Meinung
durch Wort und Schrift öffentlich machen. Der wahre
führende Kopf des allgemeinen Wahlrechts ist also die
gemeinsame, unpersönliche, synthetische Vernunft, die
aus allen widerstreitenden Ideen hervorgeht und immer
dort auftritt, wo die Freiheit des Denkens, des Sprechens
und des Schreibens gewährleistet ist.

Das Volk, heißt es weiter, sei in Bewegung und erwarte,
wählen zu gehen; die Strömung sei mitreißend geworden.
Ich bestreite, dass es diesen Sog wirklich gibt. Jene, die
den Kopf der demokratischen Partei bilden, sollen umsetzen, was die Versammlungen als ruhigen und festen
Entschluss fassen; statt sich durch Demonstrationen
einer ebenso machtlosen wie zweideutigen Feindselig-
keit [zum Kaiser] täuschen zu lassen, sollen sie sich auf
den Glauben an ihr eigenes Prinzip besinnen, sollen
nicht davor zurückschrecken, sich an die Legalität zu
halten, die ihnen die Verfassung von 1852 eingeräumt: in
dieser Hinsicht wird sie von der Vernunft der Geschichte
beherrscht; vor allem sollen sie bedenken, dass es ihnen,
selbst wenn die Stimmenthaltung ein so unfruchtbarer
Akt wäre, wie behauptet wurde, bei der gegenwärtigen
Lage der Dinge immer noch verboten wäre, ihre Stimme
abzugeben, weil eine solche Stimmabgabe bei Leuten
der Freiheit bedeutet, die Rechte und Grundsätze, die sie
beanspruchen, preiszugeben. Wenn diese Erwägungen,
sage ich, laut ausgesprochen werden, wird Paris innerhalb
von vierundzwanzig Stunden wieder zum Paris der alten
Tage werden, es wird umkehren, und das demokratische
Frankreich, das Frankreich der Zukunft, wird sich mit ihm
der Stimme enthalten. Aber auch wenn das Volk sich noch
so sehr gegen die Stimme seiner führenden Köpfe auf-

lehnt, würde ich ihnen sagen: ‹Trennt euch kühn! Lasst diese vernunftlose Menge wählen, die weniger naiv ist, als euch dünkt; lasst, ohne euch zu rühren, die Kandidaten der Arbeiter neben den Kandidaten der Regierung antreten, sich mit diesen verbrüdern, und all diese Volksvertreter untereinander Debatten führen, bei denen die parlamentarische Initiative und die Wahlinspiration den geringsten Anteil haben werden; und, indem ihr euch mit einer schmerzhaften Säuberung abfindet, arbeitet ihr kühn mit einer um drei Viertel reduzierten Anhängerschaft daran, die Partei der Revolution auf neuen Kräften wieder aufzubauen. Mit der Revolution habt ihr die Idee, die Kraft, das Leben, ihr habt alles. Ihr steht nach eurer Niederlage wieder auf, ihr werdet in den Augen der Welt zur Partei der Erhaltung und der Ordnung sowie der Freiheit und des Fortschritts, ihr seid die Leute des öffentlichen Wohlergehens, und früher oder später werdet ihr sehen, wie die beschämte Menge euch auf Knien um Vergebung für ihre Untreue bittet.

Wenn ich diese Rede an euch, die Veteranen der Demokratie, richte, bin ich ohne Interesse, da ich mich von euch abgespalten habe und keine Annäherung anstrebe. Was könnte ich mir also für meinen eigenen Ruhm besseres wünschen, als dass ihr entehrt und in diesem Meer aus Tränen der Wahl ertränkt werdet? Weiß ich denn nicht, dass die Parteien sich oft verjüngen müssen, dass, wenn sie durch törichte Taktik untergehen, die Nachfolge offen wäre und dass es an meinen Freunden und mir wäre, die Fahne des allgemeinen Wahlrechts, die ihr nicht vermochtet zu tragen, wieder aufzugreifen? Aber ich sage euch ganz offen, dass dies nicht meine Ziele sind und auch nie waren. Ich bin vor allem, wie ihr wissen solltet, ein Mann der Prinzipien und Logik; für meine Ambitionen reichen meine Studien aus. Meine Belohnung wird in meinen Augen groß sein, wenn ich glücklich genug bin, um zum Triumph der gemeinsamen Idee beizutragen. In dieser Hinsicht gehe ich so weit zu sagen, dass ich der Revolution besser diene, dass ich sogar euch nützlicher und vor allem bequemer bin, wenn ich meine Unabhängigkeit behalte, als wenn ich bei euch bliebe. Wenn ich sehe, wie die Freiheit sich erhebt, die Prinzipien sich festigen, selbst durch rivalisierende Hände, bin ich zufrieden. Sucht, ihr Demokraten, keinen anderen Grund für diese ebenso uneigennützige wie loyale Ermahnung.›

Die Demokratie gibt sich liberal, republikanisch und sogar sozialistisch, natürlich im guten und wahren Sinne des Wortes, wie Herr de Lamartine sagte.[2]

Die Demokratie hat sich diesem Gedanken verschrieben, aber den revolutionären Dreiklang Freiheit-Gleichheit-Brüderlichkeit nie verstanden, den sie 1848 wie auch 1793 immer im Mund führte und aus dem sie sich so schöne Aushängeschilder machte. Ihr Motto allerdings, das endgültig angenommen wurde, besteht aus einem einzigen Begriff: Einheit.[3]

Um die Freiheit und vor allem um die Gleichheit zu verstehen, um als freier Mensch die Brüderlichkeit zu empfinden, bedarf es einer ganzen Philosophie, einer ganzen Jurisprudenz, einer ganzen Wissenschaft von Menschen und Dingen, von der Gesellschaft und ihrer Wirtschaft. Wie viele Menschen geben sich mit solchen Studien ab? Mit der Einheit, einer physischen, einer mathematischen Sache, die man sehen, berühren und zählen kann, weiß man alles in einem Augenblick. In schwierigen Fällen befreit sie sogar von der Notwendigkeit, zu argumentieren.

---

1 Aus: *Du Principe fédératif et de la Nécessité de reconstituer le Parti de la Révolution*, Paris 1863, S. 133-137. Vollständiges Kapitel.

2 Alphonse de Lamartine (1790-1869), Lyriker und sowohl in der Julimonarchie als auch nach 1848 politisch aktiv, bis die Diktatur von Napoléon III das Engagement beendete. Er tendierte im Spektrum der Revolution ebenso wie Proudhon zu den Girondisten (Föderalisten) und gegen die Jakobiner (Zentralisten).

3 Die Rede von einer einheitlichen und unteilbaren Republik, die die Jakobiner 1791 in die Verfassung schrieben, prägte seitdem sowohl die bürgerlichen wie die sozialistischen Bewegungen und Staaten, ausgenommen die Anarchisten, die von Proudhons Föderalismus ausgingen.

Mit der Einheit reduziert sich alle Politik auf den einfachen Mechanismus einer Maschine, bei der man bloß noch die Hebel stellen muss. Wer in das Getriebe gerät, ist kein wirklicher Politiker, sondern ein Amtserschleicher, der für seinen eitlen Ehrgeiz bestraft wird.

Wer Freiheit sagt, der sagt in der Sprache des öffentlichen Rechts ‹Garantie›: Garantie der Unverletzlichkeit der Person und der Wohnung, Garantie der kommunalen und industriellen Freiheiten, Garantie der Versammlungsfreiheit, Garantie der Rechtssicherheit mit Unschuldsvermutung und freier Wahl des Verteidigers. Wie lässt sich das alles mit der Hoheit der Regierung, mit der so geliebten Demokratie, mit der Einheit vereinbaren? Es ist die Demokratie und es sind ihre Politiker und ihr Organe, die 1843 die Militärgerichtsbarkeit einführten, die die Hausdurchsuchungen veranlassten, die die Gefängnisse überfüllten, die das Kriegsrecht verhängten und die die Deportation weißer Werktätiger ohne Gerichtsverfahren durchführten, so wie auch Herr Lincoln heute schwarze Werktätige ohne Gerichtsverfahren deportieren lässt.[1] Um die Freiheit des Einzelnen und um Einhaltung der Gesetze schert die Demokratie sich nicht, sie ist unfähig, unter anderen Bedingungen als denen der Einheit zu regieren, die nichts anderes als Despotismus ist.

Wer von Republik oder von gleichen politischen Rechten spricht, der spricht von administrativer Unabhängigkeit

1 Abraham Lincoln (1809-1865), 16. Präsident der USA. In seine Amtszeit fiel der Bürgerkrieg zwischen Nord- und Südstaaten, der zu der Zeit der Abfassung von Proudhons Buch noch unentschieden war. Da er vor allem als Sklavenbefreier in das Gedächtnis der Geschichte einging, ist diesem völlig entfallen, dass Lincoln die befreiten Sklaven in afrikanische oder südamerikanische Länder oder – bestenfalls –nach Texas deportieren lassen wollte und entsprechende Versuche startete. Siehe auch unten, S. 273f, Fußnote von Proudhon.

der politischen Gruppen, aus denen der Staat zusammengesetzt ist, und vor allem von Gewaltenteilung.[1] Dagegen ist die Demokratie in erster Linie zentralistisch und einheitlich; sie verabscheut den Föderalismus; sie hat unter [dem Bürgerkönig] Louis-Philippe den Geist des Kirchturms bis zum Äußersten getrieben; sie betrachtet die Ungeteiltheit der Macht als die große Triebfeder, als den Anker der Wohltätigkeit der Regierung; ihr Ideal wäre eine mit Inquisition unterfütterte Diktatur. Als 1848 der Aufstand auf den Straßen tobte, beeilte sie sich, alle Macht in der Hand von General Cavaignac zu vereinen.[2] Warum, so fragte sie sich, den Regierungs-Mechanismus ändern? Was die absolute Monarchie uns angetan hat, das sollten wir ihr und ihren Anhänger antun. Dazu brauchen wir die Instrumente nicht zu wechseln, es genügt, unsere eigenen Kanonen gegen den Feind zu richten. Nichts anderes als das ist die Revolution.

Wer Sozialismus im guten und wahren Sinne des Wortes sagt, meint natürlich Freiheit von Handel und Industrie, Gegenseitigkeit der Versicherung, Gegenseitigkeit des Kredits, Ausgleichung[3] von Steuern, Gleichgewicht und Sicherheit der Vermögen, Teilhabe des Arbeiters an den Gewinnen der Unternehmen[4] und Unverletzlichkeit der Familie bei der Weitergabe des Erbes. Die Demokratie

---

1 Die Gewaltenteilung betreffend änderte Proudhon seine Auffassung gegenüber dem Text von 1848 vermutlich. Siehe S. 47f.

2 Louis-Eugène Cavaignac (1802-1857), schlug am 23. Juni 1848 mit großer Härte einen Arbeiteraufstand nieder. Danach berief ihn das Parlament einstimmig zum Ministerpräsidenten. In der Präsidentschaftswahl Ende des Jahres unterlag er allerdings bei weitem Louis-Napoléon (dem späteren Napoléon III).

3 Gemeint ist jedenfalls nicht Steuerprogression (siehe S. 244, Fn. 2), die Proudhon dem Kommunismus zuschreibt (siehe S. 260).

4 Anders 1848, siehe S. 90: das sei «… Zerrüttung der Gesellschaft… »

dagegen neigt zum Kommunismus,[1] der wirtschaftlichen Formel der Einheit, und nur durch den Kommunismus kann sie sich Gleichheit vorstellen. Was sie sich wünscht, das sind Obergrenzen, Zwangsanleihen, progressive und verprasste Steuern, begleitet von philanthropischen Einrichtungen, Hospizen, Asylen, Kinderkrippen, von staatlichen Unternehmen und Rentenkassen, Spar- und Hilfsfonds, der ganzen Ausrüstung der Armutsverwaltung, der ganzen Uniformierung des Elends. Sie mag auch keinen Stücklohn; den Gratiskredit nennt sie eine Torheit;[2] sie würde vor einem Volk von gelehrten Arbeitern zittern, die gleichermaßen denken, schreiben und mit Hacke und Hobel umgehen können und deren Frauen in ihren Haushalten ohne Dienstboten auskommen würden. Sie freut sich über die Erbschaftssteuer, die die Familie zerschlägt und das Eigentum in die Hände des Staats legt.

Zusammenfassend lässt sich sagen, dass wer Freiheit sagt, auch Föderation sagt oder nichts sagt.

Wer Republik sagt, der muss auch Föderation sagen oder schweigen.

Und wer Sozialismus sagt, der muss eben auch Föderation sagen oder schweigen.

Aber die Demokratie, wie sie sich in den letzten Jahren manifestierte, ist nichts, kann nichts und will nichts von

---

1 Was Proudhon hier als Kommunismus bezeichnet, referiert offensichtlich auf die zehn Forderungen des *Kommunistischen Manifests* von Karl Marx und Friedrich Engels. Was die Bolschewisten in Russland umsetzten, hat er nur ansatzweise geahnt.

2 Eine Hauptidee von Proudhons Volksbank bestand in Umgehung des Zinses durch das Prinzip der Gegenseitigkeit (Mutualismus). Es sei hier nachdrücklich darauf hingewiesen, dass dies nichts zu tun hat mit einer Senkung des Zinses auf null (oder sogar darunter) durch inflationistische Geldpolitik. Proudhons Tauschmittel sollte auf Arbeit beruhen und wäre nicht (geldpolitisch willkürlich) zu vermehren.

dem, was die Föderation hervorbringt, was der Vertrag[1] voraussetzt, was das Recht und die Freiheit fordern. Die Demokratie hat als Prinzip die Einheit, ihr Ziel ist die Einheit, ihr Mittel ist die Einheit, ihr Gesetz ist immer die Einheit. Die Einheit ist ihr Alpha und ihr Omega, ihre höchste Formel, ihr letzter Grund. Sie ist alle Einheit und nichts als Einheit, wie ihre Reden und Taten zeigen.

Deshalb ist die Demokratie, die ihre Nichtigkeit spürt und vor ihrer Schwäche erschaudert, die einen revolutionären Unfall für die Idee der Revolution selbst hält und aus einer vorübergehenden Form der Diktatur ein Dogma macht, diese alte Demokratie von 1830, die diejenige von [17]93 erneuerte,[2] vor allem für die starke Macht, feindlich jeder Autonomie gegenüber, neidisch auf das Kaiserreich, das sie beschuldigt, ihr ihre Politik gestohlen zu haben; aber sie verspricht, uns die Melodie wieder vorzusingen, wie es Herr Thiers Herrn Guizot sagte,[3] mit kleinen Variationen zwar, aber ohne falsche Noten.

---

1 Zur Beachtung: 1848 hatte Proudhon noch im Sinne Hegels gegen die Vertragsidee als Grundlage der Gesellschaft votiert und auf eine recht schwammige Solidarität verwiesen (siehe S. 89), hier nimmt er sie konsequenterweise zum Ausgangspunkt der Föderation (siehe dazu auch sein Wahlmanifest, S. 200). Man kann sagen, dass Proudhon seine Auffassung in Richtung des liberalen Bürgertums korrigierte, während die Auffassung des liberale Bürgertums sich in die Richtung eines zentralistischen Nationalstaats verschob.
2 Eine besonders scharfzüngige Analyse, die das System der Jakobiner mit der Julimonarchie des ‹Bürgerkönigs› gleichsetzt.
3 Adolphe Thiers (1797-1877) war 1830 einer der Betreiber der Machtübergabe an den Bürgerkönig. 1850 weigerte er sich, den Staatsstreich Louis Bonapartes – dem späteren Napoléon III – zu unterstützen und musste ins Exil gehen. Nach dem Sturz von Napoléon III wurde er 1871 der erste Präsident der Dritten Republik. Er nutzte seine Ämter auch zur skrupellosen Selbstbereicherung. – François Guizot (1787-1874), Inhaber verschiedener Ministerposten, schließlich Ministerpräsident unter dem ‹Bürgerkönig› bis zur Februarrevolution 1848.

Keine Prinzipien, keine Organisation, keine Garantien; nur Einheit und Willkür, und das alles mit den Namen ‹Revolution› sowie ‹öffentliches Wohlergehen› geschmückt – das ist das Glaubensbekenntnis der heutigen Demokratie. Seit 1848 forderte ich sie mehrmals auf, ihr Programm vorzulegen; ich habe freilich kein Wort davon erhalten. Auf ein Programm könnte man ja festgenagelt werden, das ist unbequem. Von welchem Blickwinkel aus würde diese ideenlose Demokratie, die sich am Tag nach dem Zufall, der sie an die Macht brachte, wie noch alle Regierungen ihrer Vorgänger als konservativ bezeichnen würde, von welchem Blickwinkel aus, sage ich, würde sie heute die Verantwortung für eine Politik ablehnen, an der sie zugegebenermaßen keinen Anteil hat, die sie aber auf die gleiche Art und Weise ausgeführt hätte und die sie stets mit ihrem Einverständnis deckte?[1]

1 Kaiser Napoléon III regierte nicht demokratisch, erfreute sich allerdings Zeit seiner Amtsführung einer breiten (demokratischen) Zustimmung; und, wie Proudhon in *Zur Dialektik der Demokratie 1863* nachwies, sogar die Opposition sanktionierte indirekt und vielleicht ungewollt seine Herrschaft.

DEMOKRATIE UND KRIEG[1]

Die französische Demokratie, zumindest soweit sie durch bestimmte Zeitungen vertreten wird, denen die kaiserliche Regierung das Privileg der Veröffentlichung gewährte oder nicht entzog, herrscht seit rund zehn Jahren unkontrolliert über die öffentliche Meinung. Sie allein konnte zu den Massen sprechen, sie hat ihnen gesagt, was sie wollte, und sie hat sie nach ihren Ansichten und Interessen gelenkt. – Was waren ihre Ideen und Taten? – Es ist nicht unnütz, hier daran zu erinnern.

Die Demokratie hat durch die Art und Weise, wie sie den Staatsstreich [durch Louis-Napoléon, 1851] beurteilte, diesem ihre Zustimmung erteilt. Insofern die Politik des Präsidenten der Republik gut war, kann sie ihren Teil der Ehre beanspruchen, insofern sie schlecht war, muss sie auch ihren Teil der Verantwortung übernehmen. Was war der Vorwand für den Staatsstreich und gegen wen richtete er sich hauptsächlich? Die Gründe, die der Staatsstreich in der Öffentlichkeit für sich beanspruchte und ihm den Erfolg drei Jahre im Voraus sicherten, waren die Gefahr, die neue Theorien für die Gesellschaft bedeuteten, und der soziale Krieg, der dem Land durch sie drohte. Wer hat den Sozialismus mehr angeklagt als die Demokratie? Wer hat ihn grausamer gejagt? Wer verfolgt ihn auch heute noch mit größerer Verbissenheit? Ohne Louis-Napoléon oder den Prinzen von Joinville,[2] der als Präsidentschafts-

1 Aus: *Du Principe fédératif et de la Nécessité de reconstituer le Parti de la Révolution*, Paris 1863, S. 124-133. Vollständiges Kapitel.
2 François d'Orléans, prince de Joinville (1818-1900), dritter Sohn des ‹Bürgerkönigs›, Admiral, Gegner des Ministerpräsidenten Guizot, der seinem Vater diente, aufgrund der Revolution 1848 im englischen

kandidat für die Wahlen von 1852 vorgesehen war, wäre der Staatsstreich gegen die sozialistische Demokratie von der nicht-sozialistischen Demokratie ausgeführt worden, mit anderen Worten von jener Einheitsrepublik, die, wie wir gesehen haben, nichts anderes als eine verkappte konstitutionelle Monarchie ist. Die Zeitungen dieser sogenannten Republik haben in den letzten zehn Jahren so gut gearbeitet, dass viele Arbeiter, die noch 1848 an allen sozialistischen Kundgebungen teilnahmen, nach dem Beispiel ihrer Arbeitgeber sagen: ‹Wenn der Sozialismus nicht gewesen wäre, hätten wir die Republik behalten.› Aber was wäre das für eine Republik, ihr undankbaren Narren? Eine Republik der Ausbeuter. Ihr verdient keine andere, und ihr seid würdig, ihr als Küster zu dienen.

Zunächst weigerte die Demokratie sich, den Eid auf den Kaiser zu leisten,[1] warum? Dann legte sie den Eid ab und bezeichnete diejenigen, die sich weigerten, als schlechte Bürger – warum? Wie wurde das, was 1852 eine Schande war, 1857 zu einer Pflicht, einem Akt des öffentlichen Heils? Die Demokratie schloss sich der industriellen Bewegung an, die nach dem Staatsstreich in umgekehrter Richtung zur Wirtschaftsreform marschierte. Mit erbaulichem Eifer engagierte sie sich im Finanzfeudalismus, dessen Invasion der Sozialismus bereits zwanzig Jahre

Exil. Adolphe Thiers schlug ihn für die Präsidentschaftswahlen 1852 als Kandidaten der Opposition gegen Louis-Napoléon vor; aber Louis-Napoléon kam der Wahl mit seinem Staatsstreich zuvor. 1861, bei Ausbruch des amerikanischen Bürgerkriegs, stellte François d'Orléons sich in den Dienst der Nordstaaten. 1871, nach der Niederlage Frankreichs gegen Preußen, der Abdankung von Napoléon III und dem Sieg des französischen Reststaats über die Pariser Kommune wurde er ins Parlament gewählt.

1 Siehe die ausführliche Diskussion der Frage der Eidleistung in *Zur Dialektik der Demokratie 1863*, S. 206-212.

zuvor prophezeit hatte. Sie sprach sich nicht gegen die Fusion der Eisenbahngesellschaften aus, denn das wäre ein Angriff auf die Einheit der Republik gewesen. Als die Skandale an der Börse vom Sozialismus angeprangert wurden, der laut Oscar de Vallée[1] als erster die Fahne der öffentlichen Moral hisste, erklärte sie, dass die Feinde der Spekulation die Feinde des Fortschritts seien. Wer übernahm die Aufgabe, die malthusianische Moral,[2] die inmitten der Akademie entstand, gegen den Sozialismus zu verteidigen? Wer hat die verweichlichte Literatur, die romantische Zügellosigkeit und die gesamte literarische Bohème unter seine Schirmherrschaft genommen?

Die Demokratie applaudierte der Beteiligung Frankreichs am Krimkrieg[3] – das war nur natürlich. Ich möchte hier nicht der kaiserlichen Politik den Prozess machen, was außerhalb der Aufgabenstellung der Kritik in diesem Buch liegt. Die Regierung des Kaisers tat 1854 und 1855 in Bezug auf das Osmanische Reich, was sie für richtig hielt, und es wäre für mich zu riskant,[4] ihre Motive zu erörtern. Unsere Soldaten haben sich glorreich verhalten und ich zögere nicht, mein Lorbeerblatt zu ihren Kronen hinzuzufügen. Aber ich darf sagen, dass es einen Moment gab, in dem die Politik des Entgegenkommens, die von Herrn Drouyn de Lhuys,[5] damals wie heute Außenminister, ver-

---

1 Oscar de Vallée (1821-1892), bonapartistischer Politiker. Proudhon bezieht sich hier auf dessen Buch: *Les Manieurs d'Argent: Etudes historiques et morales 1720-1857* (1857).
2 Thomas Robert Malthus (1766-1834) vertrat die Ansicht, es werde immer mehr Menschen als Ressourcen zu ihrer Ernährung geben.
3 1853-1856, Osmanisches Reich mit Französischem Kaiserreich, Vereinigtem Königreich und Königreich Sardinien gegen das Russische Reich. Endete mit der Niederlage Russlands.
4 Ein Hinweis auf die nach wie vor ausgeübte Zensur.
5 Édouard Drouyn de Lhuys (1805-1881). Er setzte sich für eine fried-

treten wurde, beinahe die Oberhand gewonnen hätte, und dass, hätte die mächtige Stimme der Demokratie diesen Staatsmann unterstützt, Frankreich 1500 Millionen Francs und 120 000 Soldaten[1] – ich kenne die genauen Zahlen nicht – erspart geblieben wären, die hingegeben wurden zur Unterstützung des türkischen Nationalismus. Eine von einem echten republikanischen Geist beseelte Demokratie, die mehr auf die Freiheiten des Landes als auf die Verherrlichung der Zentralmacht bedacht gewesen wäre und die vor allem mit dem Blut des Volks gegeizt hätte, hätte aber leidenschaftlich jede Chance auf Frieden ergriffen. Der Einheitseifer unserer Bürger-Publizisten entschied anders. Ihr kriegerischer Patriotismus ließ die Waage auf die Seite Englands kippen. Der Krieg gegen Russland, so sagten sie, ist die Revolution. Sie führten die Revolution stets im Mund, mehr wussten sie nicht. 1854 hätten sie die doch so klare Tatsache verstehen müssen, dass Louis-Napoléon am Tage nach dem zweiten Dezember [1851] durch seine Oberhoheit über die Situation, durch die unweigerliche Bedeutung, die man dem Staatsstreich verlieh, zum Führer der Konservativen in Europa geworden war. Als solcher wurde er von den Kaisern und Königen sowie, soll ich es sagen?, von den Republikanern begrüßt. Oh, keiner sollte heute die französische Nation der Leichtfertigkeit beschuldigen. Das Kaiserreich ist das Werk von ganz Europa. Unsere Demokraten hätten dies

liche Lösung ein und wurde hierfür zwischenzeitlich vom Kaiser entlassen, dann aber zurückgeholt. 1866 erfolgte erneut eine Entlassung, diesmal aber umgekehrt, weil Drouyn de Lhuys die Preußen provoziert habe, obwohl Frankreich für einen Krieg nicht gerüstet sei.
1 Militärhistoriker geben heute an, ca. 300 000 französische Soldaten hätten im Krimkrieg gedient und 100 000 seien gestorben (das sind ein Drittel!), viele auf allen Seiten jedoch nicht aufgrund von Kampfhandlungen sondern der Cholera.

erkennen müssen, als die alliierten Mächte beschlossen, dass der Krieg auf ein Mittel der Politik begrenzt werden[1] sollte und man die Hilfe der Tapferen, die aus allen Teilen Europas herbeigeeilt waren,[2] zurückweisen würde.

Die Demokratie schrie ein ‹Bravo!› auf den Krieg in der Lombardei und den gegen Österreich, denn immer noch war das die Revolution.[3] Dies werden wir später untersuchen. Aber ich kann im Voraus sagen, dass Napoléon III ohne die Demokratie, die Orsinis[4] Forderung nach Unterstützung[5] das Plazet gab,[6] höchstwahrscheinlich davon Abstand genommen hätte, sich in diese Abhängigkeit zu stürzen, bei welcher wir für die Brille des Herrn Cavour[7] 500 Millionen Francs und 40 000 Mann opferten.

Obwohl die Demokratie das Eingreifen der Regierung in die Angelegenheiten Mexikos getadelt hatte, wollte sie die gegenwärtige Expedition, die die kaiserliche Regierung auf Initiative von Jules Favre[8] vielleicht abgeblasen hätte,

---

1 … also nicht in eine soziale Revolution übergehen …
2 … um die französische Demokratie zu verteidigen …
3 Eingreifen auf Seiten des italienischen Risorgimento. Vgl. Proudhon, *Für dezentrale Nationen* (Essays 1862 bis 1864), Berlin 2022.
4 Felice Orsini (1819-1858) verübte am 14. Januar 1858 ein erfolgloses Attentat auf Napoléon III, da er nicht genug für das Risorgimento tue.
5 … im Kampf um die italienische Einigung …
6 Die demokratischen, liberalen und republikanischen Kräfte unterstützten in Frankreich das Risorgimento und forderten Napoléon III auf, noch energischer für die italienische Einigungsbewegung einzutreten, als er es vorhatte.
7 Camillo Benso von Cavour (1810-1862), Ministerpräsident erst des Königsreichs Sardinien, dann der des geeinigten Italien; gewissermaßen der italienische Bismarck. Eine elegante Brille war soetwas sein Markenzeichen.
8 Jules Favre (1809-1880), Parlamentarier der republikanischen Partei, Mitstreiter von Adolphe Thiers (siehe S. 261, Fn. 3). Nach der Niederlage Frankreichs gegen Preußen 1871 kurzfristig Außenminister, der den Friedensvertrag mit Bismarck aushandelte und unterzeichnete.

hätte die Demokratie *diesen* Politiker mit ihren Zeitungen energisch unterstützt.[1] Aber nein, unsere demokratische Presse behauptete, die Regierung könne, sogar nachdem sie zugegeben hatte, über die Gefühle der mexikanischen Bevölkerung getäuscht worden zu sein, trotz dieses Misserfolgs in Mexiko ehrenhaft handeln. War es immer noch die Revolution, die uns nach Mexiko rief? – Punkt. – Die Mexikaner streben nach einer föderativen Republik, sie wollen keinen Fürsten – weder einen deutschen[2] noch einen spanischen – und ihr derzeitiger Präsident Juarez[3] ist zufällig der fähigste, ehrlichste und beliebteste, den sie je hatten. Republikaner, die diesen Namen verdienen, hätten verstanden, dass die wahre Würde einer starken Regierung wie unserer darin besteht, selbst nach einer Niederlage einen Fehler einzugestehen, und hätten auf einem Rückzug bestanden. Doch die Republik, wie unsere Demokraten sie verstehen, verabscheut den Föderalismus und sieht sich schnell in ihrer Ehre gekränkt.

Im Grunde genommen ist die Demokratie militaristisch; die Prätorianer[4] bleiben von ihr unberührt. Ihre Politiker und Journalisten können mit den Grognards[5] des ersten Kaiserreichs verglichen werden, die zwar die Abenteuer

1 1862 eroberten französische Truppen Teile Mexikos und errichteten dort 1864 das Zweite Kaiserreich. Zwar gab es in Frankreich einerseits Kritik, andererseits aber auch solche Stimmen, die darüber hinaus die Rückeroberung der in dem Amerikanisch-Mexikanischen Krieg von 1846-1848 an die USA verlorenen Territorien forderten (die Gelegenheit war günstig: in den USA wütete der Bürgerkrieg).
2 Es wurde ein Österreicher.
3 Benito Juárez (1806-1872). 1867, also zwei Jahre nach dem Tod von Proudhon, triumphierte er über den österreichischen und 1864 durch Napoléon III installierten Kaiser.
4 Schutztruppe der römischen Kaiser (bis 312), die Thronfolge und Politik stark beeinflusste.
5 Von Napoléon I 1804 aufgestellte kaiserliche Gardesoldaten.

des großen Mannes immer kritisieren, aber im Grunde mit Leib und Seele seinen Zielen ergeben sind, stets bereit, ihn zu verteidigen, mit dem Arm, dem Gedanken und dem Herzen. Vergeblich führt man ihnen vor Augen, dass stehende Heere für die Völker nur noch Instrumente der Unterdrückung und Anlass zu Misstrauen sind, vergeblich zeigt man ihnen mit Gründen und mit Zahlen, dass der Kolonialismus dem Reichtum der Nationen absolut nichts nützt, dass Annexionen mehr kosten als sie einbringen, vergeblich sagt man ihnen, dass das Kriegsrecht selber, das Recht der Gewalt, wenn es in seiner Wahrheit angewandt werden würde, zur Beendigung des Krieges und zu einer Umwandlung der Gewalt führen würde.[1] Sie sind taub auf diesem Ohr. Napoléon I, so sagen sie, sei das Schwert der Revolution gewesen.

Die Demokratie entfesselte den Freihandel, dessen gänzliche Umsetzung, wenn man deren Vorzüge zusammenrechnet, einem der gloriosen Feldzüge des Ersten Kaiserreichs gleichkommt und unweigerlich Menschen und Geld mit neuer Energie krönt. So sind wir mit all unseren Bemühungen England dicht auf den Fersen, mal für den Krieg gegen Russland, mal für den Freihandel, mal für die italienische Einheit. Konnten unsere Patrioten weniger für Cobdens Theorie, Bastiats Traum, Jean Dolfus' Spleen, Chevaliers Dada tun,[2] der derart penetrant auf der «Gold-

---

[1] Anspielung auf seine dialektische Theorie des Kriegs, wie er sie in *La Guerre et la Paix* (1861) entwickelte.
[2] Richard Cobden (1804-1865), englischer Vertreter des Freihandels. – Frédéric Bastiat (1801-1850), französischer liberaler Ökonom, mit dem Proudhon eine erbitterte Debatte über Einzelheiten in der ökonomischen Theorie geführt hatte, durch die die politische Gemeinsamkeit beider leider verdunkelt wurde. – Jean Dolfus (1800-1887), französisch-deutscher Unternehmer und Politiker, der auf eigene Kosten Arbeitersiedlungen errichten ließ. – Michel Chevalier (1806-

frage» herumreitet?[1] Gehört der Freihandel, das heißt der Krieg gegen die Monopolisten *en masse*, nicht auch zur Revolution? Nie werden diese mächtigen Advokaten begreifen, dass die Masse der Monopolisten eines Landes die Masse einer Nation ist und dass ein Krieg gegen sie immer eine große Gefahr darstellt, wenn nicht sogar eine selbstherrliche Ungerechtigkeit.[2,3]

1879), französischer Ökonom und Politiker, der mit Cobden 1860 ein englisch-französisches Freihandelsabkommen entwickelte. – Hinter dieser Aufzählung versteckt sich das ganze Ausmaß der Katastrophe der zweiten Hälfte des 19. Jahrhunderts, dass die Liberalen Partei für zentralistische und militaristische Nationen ergriffen und deswegen kein Brückenschlag zum aufkommenden Anarchismus möglich war, während die Anarchisten ihre Koalitionen mit zutiefst antiliberalen Kräften schmiedeten, bei denen sie schnell unter die Räder kamen. Vgl. Stefan Blankertz, *Nur ein altmodisches Liebeslied? Glanz und Elend des klassischen Anarchismus*, Berlin 2023.

1 Es ging um die Etablierung nationalstaatlicher Monopolwährungen mit der Einrichtung von Zentralbanken, die die Abhängigkeit vom Gold überwinden sollten. Michel Chevalier, *Question de l'Or* (1853).

2 [Fußnote von Proudhon:] Kürzlich sagte ein Fabrikant, dem gegenüber der Krieg in Nordamerika aus Sicht der französischen Interessen bedauert wurde, dass dieser Krieg, in dem alle nur Unglück sahen, für unseren Handel und unsere Industrie ein Segen sein würde. Und wie ist das gemeint? Er fügte hinzu, dass England, dem es ebenso wie uns an Rohstoffen mangelt, seine Waren zurückhält und dass unsere Hersteller und Händler zwischenzeitlich in der Lage sein werden, ihren Vorteil gegenüber England daraus zu ziehen. – Was für eine Eloge auf den Freihandel!

3 Der Sinn des Satzes erschließt sich mir nur bedingt. Verständlicher wäre (anknüpfend an die Schlussworte von Proudhons nächster Fußnote, siehe S. 272): ‹Gehört Freihandel, das heißt der Krieg gegen die Monopolisten *vor Ort*, nicht auch zur Revolution? Nie werden die mächtigen Advokaten begreifen, dass die *lokalen* Monopolisten eines Landes der *Reichtum* einer Nation sind und dass ein Krieg gegen sie stets eine große Gefahr darstellt, wenn nicht gar eine selbstherrliche Ungerechtigkeit.› – Ich würde eher den Satz, Freihandel hieße ‹Krieg der Monopolisten gegen die Massen› erwarten; aber genau *diese* Erwartung bedient Proudhon nicht und das ist bemerkenswert für einen Sozialisten.

Was wollte die Demokratie, als sie auf die Art und Weise, wie sie es tat, Partei im Krieg der Vereinigten Staaten ergriff? Sie wollte ihre Menschenfreundlichkeit zur Schau stellen und vor allem ihren Einheitswahn befriedigen. ‹Freiheit, Gleichheit, Brüderlichkeit!›, rief sie aus: Krieg gegen die Sklaverei, Krieg gegen die Spaltung, das ist die ganze Revolution. Um dies zu erreichen, hetzte sie den Norden gegen den Süden auf, entfesselte Zorn, schürte Hass und machte den Krieg zehnmal schrecklicher. Einen Teil des Blutvergießens und des Elends, das in Europa die Gegenwirkung dieses Bruderkriegs ist, muss man ihr anlasten, sodass sie vor der Geschichte die Verantwortung dafür trägt.[1]

1 [Fußnote von Proudhon:] Durch die unterschiedlichen Wirtschaftsordnungen [im Norden und Süden des Landes] und die Mischung der Rassen hatten sich in den Vereinigten Staaten zwei heterogene, auseinander driftende Gesellschaften entwickelt, deren Zusammenleben in ein und derselben Konföderation früher oder später als unvereinbar erscheinen musste. Der Bund würde also zerbrechen oder die Sklaverei musste abgeschafft werden. Nichts wäre einfacher gewesen als diese Abschaffung, notfalls mit Gewalt, hätte der Norden sie ernsthaft gewollt. Vorgeschlagen war ein Plan schrittweiser Emanzipation mit Entschädigung; in dem Falle, dass der Süden dem Plan seine Zustimmung verweigern würde, sollte der Norden die Sklaven im Namen des Gesetzes zu freien Bürgern der Vereinigten Staaten erklären, eine Blockade gegen die Sklavenhalterstaaten verhängen und die Flüchtlinge aufnehmen. Gegen einen derartigen Plan wäre es unmöglich gewesen, moralisch und materiell Stand zu halten. Jedoch war absehbar, dass eine so hohe Wohltätigkeit die Tugend der Amerikaner überfordern würde, sowohl im Norden als auch im Süden. Man darf von einer Rasse nicht mehr verlangen, als ihr Temperament zulässt: der Schwarze sei dem Weißen an philosophischem Genie und an Schönheit des Gesichts unterlegen, vielleicht aber dem Angelsachsen an Herzenswärme und Fügsamkeit überlegen. Wir sollten uns hier davor hüten, dem menschlichen Willen die Schuld für die Reaktion der Natur zu geben, denn das ist nicht der Weg, um Brüderlichkeit unter den Völkern zu schaffen. Die Abneigung des Angelsachsen gegen den Schwarzen beruht auf dessen germanischem Charakter, also auf

Oh!, ich höre, wie sie sich beschweren, die tollen Politiker. ‹Ja, wir wollten den Krim- und den Lombardei-Krieg, weil diese Kriege an sich nützlich und revolutionär waren. Aber wir protestierten gegen die Art und Weise, wie man sie durchgeführte – sollen wir uns etwa für eine Politik verantworten müssen, die nicht die unsere war? Ja, wir wollten die Eroberung Mexikos, obwohl sie gegen eine republikanische Nation gerichtet war, wir wollten sie, weil es wichtig war, das Prestige Frankreichs, höchstes Organ der Revolution, nicht sinken zu lassen. Und ja, wir wollten den Freihandel – um der Ehre des Prinzips willen und weil wir nicht zulassen können, dass gesagt wird, Frankreich

der natürlichen Prüderie der Rassen im Norden und ihrem Familiengeist, der sie jede Verschmelzung und Kreuzung als eine Promiskuität verabscheuen lässt. Auch der Einfluss der Bibel, die jeglichen Handel zwischen Reinen und Unreinen verbietet, ist hier zu erkennen. Wie dem auch sei, Europa weiß heute, dass der Norden keineswegs die Absicht verfolgt, die Sklaven des Südens in Bürger, Bundesgenossen und Brüder zu verwandeln, sondern sie schlicht zu deportieren – das Wort stammt von Herrn Lincoln [s. S. 258, Fn. 1] – und durch weiße Werktätige zu ersetzen; oder, wenn man vor einem derart großen Unterfangen wie der Deportation von viereinhalb Millionen Menschen über zweitausend Meilen zurückschreckt, denjenigen, die den Wunsch äußern, zu erlauben, sich im Land aufzuhalten, wo sie aber in einem niedrigeren Status verharren müssen, dem der Ausgestoßenen. Für solch ein Wunderwerk wird in beiden Hemisphären das Bewusstsein geschärft. Auf der Grundlage dieses nunmehr offiziell verfügten Verfalls der schwarzen Rasse, der weitaus tiefer und irreparabler geht als die gegenwärtige Knechtschaft, träumt man davon, die Union wieder aufzubauen. Das ist es, was die liberale Presse, die auf Einheit fixierte Demokratie, die akademische Wissenschaft und die malthusianische Ökonomie nach Kräften fördern. Das amerikanische Vorurteil ließ sich heranziehen, der Unvereinbarkeit des Blutes Rechnung tragen: Man fachte die Zwietracht an und applaudierte dem Pharisäertum. Ist diese Freiheit der Arbeit nicht das würdige Gegenstück zum Freihandel? Die eine verallgemeinert und festigt das Proletariat; der andre macht das Monopol, das einst lokal begrenzt war, kosmopolitisch; nun umfasst es den ganzen Globus.

fürchte England, was wir nicht tun, weder auf den Märkten noch auf den Schlachtfeldern. Ja, wir wollen, dass die Revolution bewaffnet bleibt, die Republik *eine* und *unteilbar*, denn die Revolution ohne Armee wäre nicht fähig, unter den Nationen ihr Mandat auszuüben, Gerechtigkeit walten zu lassen; denn die Republik ohne Einheit würde nicht mehr wie ein einziger Mensch marschieren,[1] sondern zur trägen und nutzlosen Menge werden. Aber wir wollen, dass die Armee aus Bürgern besteht, und dass jeder Bürger seine Freiheit in der Einheit wiederfindet.› Ihr elenden Schwätzer! Wenn die Politik, die im Orient und in Italien verfolgt wird, nicht die eure ist, weswegen billigt ihr dann die kriegerischen Eingriffe dort? Worin mischt ihr euch ein? Ihr sprecht von nationaler Ehre – was hat diese Ehre mit den Intrigen gemeinsam, die die Intervention in Mexiko vielleicht überraschenderweise vorbereitet haben? Habt ihr es jemals gelernt, Regierungsverantwortung zu übernehmen? Ihr unterstützt den Freihandel aus Prinzip. Das mag sein, aber opfert ihm nicht das ebenso achtbare Prinzip wirtschaftlicher Solidarität. Ihr wollt, dass die Revolution bewaffnet bleibt, aber wer bedroht die Revolution, wenn nicht ihr?

[1] Zur Beachtung: 1848 hatte Proudhon zustimmend geschrieben, in der Republik denke und handle das Volk wie eine einzige Person (siehe S. 85). Hat er seine Meinung geändert? Dort meinte er es im Sinne des größten gemeinsamen Nenners aller unterschiedlicher Ideen, hier kritisiert er es im Sinne eines zentralstaatlichen Zwangs. Vermutlich ist Proudhon aber tatsächlich hinsichtlich der Verherrlichung ‹des Volks› deutlich zurückhaltender geworden.

«Was könnte gerechter sein, als den Beitritt zur Republik den Kommunen [*départements*] vorzubehalten? Könnte der gute Wille einiger hundert Aufständischer das Recht von 35 Millionen Menschen aufheben und die in Paris erfolgte Ausrufung der Republik die monarchischen Herzen der Kommunen verpflichten? Wäre das etwa kein Widerspruch zum republikanischen Prinzip?»[1]

– Proudhon, 1848

---

1 Siehe S. 130.

FÜR UNERSCHROCKENE LESER

«Wir müssen die Demokratie abbauen, so wie wir die Monarchie abgebaut haben.»[1]

«Vor der Revolution hatte jede Provinz eigene Stände. Der König berief diese Stände zur Generalversammlung ein, die sogenannten *États-Généraux*. Seitdem hatten wir Wahlkollegien der *Departements* (Landkreise) und der *Arrondissements* (Bezirke); deren Abgeordnete bildeten in einer einzigen Kammer die Nationalvertretung. Dort kamen die lokalen Gedanken alle zum Ausdruck und verschmolzen miteinander – es gab den Gedanken von Bordeaux, Burgund, den Gedanken des Languedoc, den Gedanken der Provence, der Bretagne, der Normandie, der Dauphiné, der Picardie, den Gedanken Lothringens, den Gedanken des Elsass und so weiter. Aus diesen Gedanken bildete sich der Gedanke des ganzen Landes, der wahre französische Gedanke.

Heute [1863] ist dieses System fast verschwunden, es gibt keine lokale Idee mehr und damit auch keine nationale Idee. Das sieht man an der Willensschwäche und der Verfärbung des Gesetzgebers, der, seines alten Prärogativs beraubt, durch die Abhängigkeit seiner Position dazu gebracht wurde, immer mehr hinters Denken der Regierung zurückzutreten. Die kaiserliche Autorität ist in der Tat das nationale Denken. Und es muss gesagt werden, dass es die Demokratie war, die durch ihre Abneigung gegen jede dezentrale Möglichkeit und ihre Anbetung der Einheit den Geist der neuen Verfassung in der Hinsicht bestimmte. Die alten, von der Natur vorgegebenen Gruppen, die man

---

1 Siehe S. 58.

einst als moralische Personen betrachtete, deren freies Handeln ebenso respektabel war wie das des Individuums, wurden aufgelöst.

Was haben wir getan? Man schuf Wahlkreise, welche das lokale Denken unterbrechen und verfälschen und die Tragweite der Stimme neutralisieren. Die Folgen dieser Neuerung sind schwerwiegend: Sie zielen ab auf nichts Geringeres, als das politische Leben in den Städten, Gemeinden und Provinzen zu vernichten und durch diese Zerstörung kommunaler und regionaler Autonomie das allgemeine Wahlrecht in der Entwicklung zu behindern. Statt einen lebendigen Organismus zu bilden, in dem das Denken mit umso größerem Glanz auftritt, je komplexer die Organisation wird, bildet der Körper der Nation bloß noch eine Ansammlung von Elementarmolekülen, einen Staubhaufen, der von einem äußeren und übergeordneten Gedanken, dem Zentralgedanken, in Bewegung gesetzt wird. Weil wir nach Einheit streben, haben wir die Einheit selbst geopfert.

Also, was passiert? Der Verwaltungsbezirk fühlt sich ohne eigenes Genie und sucht seine Inspirationen außerhalb; die Bezirkshauptstadt folgt dem Beispiel. Alle Welt kreist um den Regierungssitz, weil man sich zuhause als ein Nichts fühlt.»[1]

«Das sicherste Mittel, um das Volk zum Lügen zu bringen, ist die Einführung des allgemeinen Wahlrechts.»[2]

---

[1] Siehe S. 198-200. Eine der Stellen, auf die Martin Buber in *Pfade in Utopia* (1945) Bezug nimmt.
[2] Siehe S. 79. Wahrlich, dies erfordert *unerschrockene* Leser.

PERSONENREGISTER

Das * hinter einem Eintrag bedeutet, dass sich zu der Person an dieser Stelle eine Fußnote befindet; ein n, dass die Person nur in der Fußnote auf der Seite erwähnt wird.

SACHREGISTER

Pierre-Joseph Proudhon
Für dezentrale Nationen
herausgegeben von Stefan Blankertz

Zentralisierung der politischen, sozialen und wirtschaftlichen Strukturen erscheint heute wie ein Naturgesetz.
Dass sie das nicht ist, zeigt die Analyse der italienischen
Einigungsbewegung, die Proudhon als Zeitgenosse vorlegte. Der Band enthält drei bisher nicht ins Deutsche
übertragene Essays von Proudhon aus den Jahren 1862 bis
1864. Proudhon legt dar, dass eine Zentralisierung nach
dem Vorbild Frankreichs (damals führende europäische
Macht) als Ideal falsch und gegen das Wohlergehen der
Bevölkerung, gegen ihr Streben nach Selbstbestimmung,
Freiheit und Gleichheit gerichtet sei. Der bessere Weg
wäre auch die Auflösung der falschen Einheit, die Staatsgewalt und Krieg den großen Nationen abgenötigt habe.
Wie viel Leid und Krieg wäre der Welt erspart geblieben,
hätte man damals auf Proudhon gehört. Und für die Zukunft eine Warnung: Hände weg von den Visionen eines
Welteinheitsstaats! Denn «Einheit ist moderne Knecht-
schaft, machtrationale, gegenseitige, verfassungsgemäße
Knechtschaft», wie Proudhon schrieb.

168 Seiten · [D] 10,00 € · edition g. 122
editiongpunkt.de

Stefan Blankertz
Nur ein altmodisches Liebeslied?
Glanz & Elend des klassischen Anarchismus

Diese Studie bietet eine Sozial- und Ideengeschichte des Anarchismus für Europa von seiner Begründung durch Proudhon 1840 bis zur Niederlage in Spanien 1939 sowie für die USA von den Anfängen während der 1830er Jahre bis zum Tod Murray Bookchins 2006. Weil die Historiografie Verlierer schäbig behandelt, ist heute kaum im Bewusstsein, dass der Marxismus vor 1917 einen größeren Einfluss fast nur in Deutschland ausübte und auch danach der Anarchismus bis zum Zweiten Weltkrieg eine stärkere Kraft in den westeuropäischen revolutionären Bewegungen verkörperte.

Der Ertrag der hier vorgelegten Studie zur Sozial- und Ideengeschichte des Anarchismus lautet: Aufgrund ihres Antikapitalismus waren die klassischen Anarchisten anfällig dafür, falsche Koalitionen zu schließen; nämlich mit denen, die den Staat nicht abschaffen, nicht einmal ein kleines bisschen reduzieren, sondern in bis dahin unbekannter Weise ausbauen wollten. Daran waren sie freilich nicht nur selber schuld. Denn die bürgerlichen, aufklärerischen, liberalen Kräfte übten sich im Distanzieren. Die oftmals ausgestreckte Hand der Anarchisten wiesen sie zurück. Lässt etwas sich für die Zukunft daraus ableiten? eine bessere Strategie? Überlegungen zu dieser Frage schließen die Studie ab. Denn der Anarchismus sei mehr als nur ein altmodisches Liebeslied.

324 Seiten · [D] 20,00 € · edition g. 127
editiongpunkt.de